重庆市人文社会科学重点基地：武陵山区特色资源开发与利用研究中心
重庆市协同创新中心：武陵山片区绿色发展协同创新中心

武陵研究文库

熊正贤　吴黎围　著

特色文化产业扶贫问题研究

——以武陵山连片特困地区为例

Research on Poverty Alleviation in Characteristic Cultural Industries

-Take Wuling Mountain Area as an example

中国财经出版传媒集团
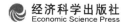
经济科学出版社
Economic Science Press

图书在版编目（CIP）数据

特色文化产业扶贫问题研究：以武陵山连片特困地区为例/
熊正贤，吴黎围著．—北京：经济科学出版社，2019.7
ISBN 978 - 7 - 5218 - 0690 - 8

Ⅰ．①特…　Ⅱ．①熊…②吴…　Ⅲ．①贫困区 - 文化产业 -
扶贫 - 研究 - 中国　Ⅳ．①F127

中国版本图书馆 CIP 数据核字（2019）第 141860 号

责任编辑：王　娟　张立莉
责任校对：郑淑艳
责任印制：邱　天

特色文化产业扶贫问题研究

——以武陵山连片特困地区为例

熊正贤　吴黎围　著

经济科学出版社出版、发行　新华书店经销
社址：北京市海淀区阜成路甲 28 号　邮编：100142
总编部电话：010 - 88191217　发行部电话：010 - 88191522
网址：www. esp. com. cn
电子邮件：esp@ esp. com. cn
天猫网店：经济科学出版社旗舰店
网址：http：//jjkxcbs. tmall. com
北京季蜂印刷有限公司印装
710×1000　16 开　11 印张　200000 字
2019 年 9 月第 1 版　2019 年 9 月第 1 次印刷
ISBN 978 - 7 - 5218 - 0690 - 8　定价：58.00 元
（图书出现印装问题，本社负责调换。电话：010 - 88191510）
（版权所有　侵权必究　打击盗版　举报热线：010 - 88191661
QQ：2242791300　营销中心电话：010 - 88191537
电子邮箱：dbts@ esp. com. cn）

序

　　党的十八大以来，以习近平同志为核心的党中央高度重视继续推进扶贫开发。把精准扶贫、脱贫攻坚放到治国理政的重要位置，纳入"四个全面"战略布局，作为全面建成小康社会重要要求，提升到贯彻落实五大发展理念的高度，作出了一系列决策部署。中国的扶贫开发推进到了一个新的战略进程，精准扶贫、脱贫攻坚取得世人瞩目的显著成就。2013～2016年，我国农村贫困人口由9899万人减少至4335万人，年均减少1391万人，每年减贫幅度都在1000万人以上。贫困地区农村居民人均可支配收入连续保持两位数增长，年均实际增长10.7%。① 同时，贫困地区特色产业发展不断加快，特色农牧业、资源精深加工业、特色旅游业等不断壮大，对于促进贫困人口脱贫致富发挥着越来越重要的作用。近年来，贫困地区农村医疗卫生服务体系逐步健全，新农合参保率达到98%以上，贫困人口看病难、看病贵的问题得到一定程度的缓解。农村低保和基本养老保险覆盖全部贫困地区，保障水平不断提高。全面实施贫困人口免费就业服务、贫困地区就业服务的能力明显提高。

　　武陵山区是全国11个连片特困地区之一，贫困类型多、致贫原因复杂，但本质上还是文化贫穷，即思想文化和教育落后，核心价值缺失。因此"扶贫先扶志"，文化扶贫可以在精准扶贫中发挥基础性、引领性和造血性的作用。各级政府及社会力量通过文化扶贫尤其是特色文化产业扶贫，让老百姓在参与文化资源开发和产业发展过程中"看到希望、尝到甜头"，从而建立自信心，并改变当地的文

---

① 三年农村贫困人口由9899万人减至4335万人［EB/OL］. http：//www. sohu. com/a/168252188_162758.

化生态，增强创新创业氛围，促使贫困人口逐步实现脱贫致富，走上可持续发展的轨道。武陵山区文化资源类型丰富，尤其是旅游资源非常突出，发展特色文化产业契合当地人文和自然生态条件，是一种符合区情的内生性、造血性和可持续的扶贫方式，在"十三五"扶贫攻坚中发挥了重要作用。大力发展特色文化产业，有利于推动贫困地区和群众强化脱贫的主体意识，增强文化自信；有利于挖掘特色文化资源，提高文化创意人才技能，发展文化产业新兴业态，创新文化产品和服务，拓宽脱贫攻坚路子。值得期待的是，特色文化产业必将在脱贫攻坚最后阶段做出重要贡献，并探索出一些有效途径和模式。

熊正贤教授以特色文化产业扶贫为切入点，以武陵山区特有的文化资源开发为路径，以翔实的一手调查资料为基础，为武陵山区扶贫攻坚中的产业扶贫提供了理论支撑和实践坐标。在以下几个方面颇有见地：一是借鉴产品生命周期规律的理论，构建了特色文化产业扶贫的倒"U"形模型，虽然该理论还需大量的实践来检验，但该理论的提出对产业扶贫的学术探索具有非常重要的意义。二是对武陵地区的文化资源类型进行系统性的归纳，并提出显性文化资源、半显性文化资源和隐性文化资源三种类型，从文化产业发展的角度来讲，这项工作具有很重要的作用，尤其是对地方的文旅委的实践工作具有启发作用。三是通过大量的走访和实地调查，得到了很多一手资料，并提出了一些独到的见解。如提出了文化旅游开发过程中部分地方存在"挤出现象"，认为该现象的存在不利于扶贫的深入推进，"挤出现象"的原罪不是旅游开发本身，而是旅游开发中各利益主体的关系没处理好，存在乱象。四是从供给侧和需求侧角度提出比较系统的对策建议，具有较好的实践指导价值。但武陵山区作为一个跨三省一市的集中连片特困地区，对该地区的研究面临两个重大难题：一个难题是数据的采集没有独立的官方统计部门，数据难以统一口径、难以系统化、难以规范化，只能像散落的珍珠般一颗一颗地去收捡，并串联起来；另一个难题是考察样本广度和深度问题，武陵山区有71个区县，全部走完一遍至少需要1年多时间。此外，旅游公司因为涉及商业秘密或者扶贫敏感问题，访谈过程或多或少会回避一些问题。

总的来讲，本书在理论上具有较大的探索性，在实践层面具有较好的操作性，愿熊教授能在这一领域继续探索，再接再厉，期待更多更好的成果问世。

王志章

2018 年 10 月于西南大学竹园

目　　录

第一章

导　　论

第一节　整体脱贫是全面建成小康社会的基本前提

2002年，党的十六大报告提出，2001~2020年，用20年的时间，全面建设惠及十几亿人口的更高水平的小康社会，这是实现现代化建设第三步战略目标必经的承上启下的阶段，也是完善社会主义市场经济体制和扩大对外开放的关键阶段。党的十七大报告又进一步提出，到2020年全面建设小康社会的新要求，从而有了更加清晰、完整的2020年宏伟蓝图。在党的十八大报告中，提出要确保到2020年实现全面建成小康社会的宏伟目标，要在党的十六大、十七大确立的全面建设小康社会目标的基础上努力实现新的要求，首次提出"实现国内生产总值和城乡居民人均收入比2010年翻一番"的新指标要求。党的十九大报告提出，决胜全面建成小康社会，开启全面建设社会主义现代化国家新征程。提出到建党一百年时建成经济更加发展、民主更加健全、科教更加进步、文化更加繁荣、社会更加和谐、人民生活更加殷实的小康社会，然后再奋斗30年，到新中国成立一百年时，基本实现现代化，把我国建成社会主义现代化国家。从现在到2020年，是全面建成小康社会决胜期。要按照党的十六大、十七大、十八大提出的全面建成小康社会各项要求，紧扣我国社会主要矛盾变化，统筹推进经济建设、政治建设、文化建设、社会建设、生态文明建设，坚定实施科教兴国战略、人才强国战略、创新驱动发展战略、乡村振兴战略、区域协调发展战略、可持续发展战略、军民融合发展战略，突出抓重点、补短板、强弱项，特别是要坚决打好防范化解重大风险、精准脱贫、污染防治的攻坚战，使全面建成小康社会得到人民认可、经得起历史检验。从党的十九大到二十大，是"两个一百年"奋斗目标的历史交汇期。我们既要全面建成小康社会、实现第一个百年奋斗目标，又要乘势而上开启全面建设社会主义现代化国家新征程，向第二个百年奋斗目标进军。综合分析国际国内形势和我国发展条件，从 2020 年到 21 世纪中叶可以分两个阶段来安排：第一阶段，从 2020 年到 2035 年，在全面建成小康社会的基础上，再奋斗 15 年，基本实现社会主义现代化。到那时，我国经济实力、科技实力将大幅跃升，跻身创新型国家前列；人民平等参与、平等发展权利得到充分保障，法治国家、法治政府、法治社会基本建成，各方面制度更加完善，国家治理体系和治理能力现代化基本实现；社会文明程度达到新的高度，国家文化软实力显著增强，中华文化影响更加广泛深入；人民生活更为宽裕，中等收入群体比例明显提高，城乡区域发展差距和居民生活水平差距显著缩小，基本公共服务均等化基本实现，全体人民共同富裕迈出坚实步伐；现代社会治理格局基本形成，社会充满活力又和谐有序；生态环境得到根本好转，美丽中国目标基本实现。第二阶段，从 2035 年到 21 世纪中叶，在基本实现现代化的基础上，再奋斗 15 年，把我国建成富强、民主、文明、和谐、美丽的社会主义现代化强国。到那时，我国物质文明、政治文明、精神文明、社会文明、生态文明将全面提升，实现国家治理体系和治理能力现代化，成为综合国力和国际影响力领先的国家，全体人民共同富裕基本实现，我国人民将享有更加幸福安康的生活，中华民族将以更加昂扬的姿态屹立于世界民族之林。

全面建成小康社会的根本前提在于全面脱贫，2013 年 11 月，习近平总书记在湖南考察时，首次提出了"精准扶贫"。其后，总书记又就精准扶贫工作发表了一系列重要讲话，精准扶贫上升为国家战略①。中共中央办公厅印发《关于创新机制扎实推进农村扶贫开发工作的意见的通知》，国务院出台《关于印发〈建立精准扶贫工作机制实施方案〉的通知》《关于印发〈扶贫开发建档立卡工作方案〉的通知》，对精准扶贫工作模式的顶层设计、总体布局和工作机制等方面都做了详尽安排。

2015 年 6 月，习近平总书记在贵州召集 7 省市"一把手"谈扶贫的工作座谈会上指出，"十三五"时期是我国发展的重要阶段。要聚焦如期全面建成小康社会这个既定目标，着眼于我国未来 5 年乃至更长远的发展，深刻把握世界经济发展新趋向新态势，深刻把握我国经济发展新特点新要求，深刻把握我国经济社会发展新目标新任务，深刻把握我们面临的新挑战新机遇，突出前瞻性和引领性，既不能脱离实际、提过高的目标和要求，也不能囿于一时困难和问题而缩手缩脚。会上，习近平就加大力度推进扶贫开发工作提出"4 个切实"的具体要求。第一，切实落实领导责任。坚持党的领导，发挥社会主义制度可以集中力量办大事的优势，这是我们的最大政治优势。要强化扶贫开发工作领导责任制，把

① 杨光．湖南：探索精准扶贫新途径［N］.湖南日报，2016 – 5 – 24.

中央统筹、省负总责、市（地）县抓落实的管理体制，片为重点、工作到村、扶贫到户的工作机制，党政一把手负总责的扶贫开发工作责任制，真正落到实处。中央要做好政策制定、项目规划、资金筹备、考核评价、总体运筹等工作，省级要做好目标确定、项目下达、资金投放、组织动员、检查指导等工作，市（地）县要做好进度安排、项目落地、资金使用、人力调配、推进实施等工作。党政一把手要当好扶贫开发工作第一责任人，深入贫困乡村调查研究，亲自部署和协调任务落实。第二，切实做到精准扶贫。扶贫开发贵在精准，重在精准，成败之举在于精准。各地都要在扶持对象精准、项目安排精准、资金使用精准、措施到户精准、因村派人（第一书记）精准、脱贫成效精准上想办法、出实招、见真效。要坚持因人因地施策，因贫困原因施策，因贫困类型施策，区别不同情况，做到对症下药、精准滴灌、靶向治疗，不搞大水漫灌、走马观花、大而化之。要因地制宜研究实施"四个一批"的扶贫攻坚行动计划，即通过扶持生产和就业发展一批，通过移民搬迁安置一批，通过低保政策兜底一批，通过医疗救助扶持一批，实现贫困人口精准脱贫。第三，切实强化社会合力。扶贫开发是全党全社会的共同责任，要动员和凝聚全社会力量广泛参与。要坚持专项扶贫、行业扶贫、社会扶贫等多方力量、多种举措有机结合和互为支撑的"三位一体"大扶贫格局，健全东西部协作、党政机关定点扶贫机制，广泛调动社会各界参与扶贫开发积极性。要加大中央和省级财政扶贫投入，坚持政府投入在扶贫开发中的主体和主导作用，增加金融资金对扶贫开发的投放，吸引社会资金参与扶贫开发。要积极开辟扶贫开发新的资金渠道，多渠道增加扶贫开发资金。第四，切实加强基层组织。做好扶贫开发工作，基层是基础。要把扶贫开发同基层组织建设有机结合起来，抓好以村党组织为核心的村级组织配套建设，鼓励和选派思想好、作风正、能力强、愿意为群众服务的优秀年轻干部、退伍军人、高校毕业生到贫困村工作，真正把基层党组织建设成带领群众脱贫致富的坚强战斗堡垒。选派扶贫工作队是加强基层扶贫工作的有效组织措施，要做到每个贫困村都有驻村工作队、每个贫困户都有帮扶责任人。工作队和驻村干部要一心扑在扶贫开发工作上，有效发挥作用。[1]

　　党的十八大以来，党中央把扶贫开发工作摆到了前所未有的高度。习近平总书记深入基层考察30多次，18次涉及扶贫，其中有8次把扶贫作为重点考察内容，并就扶贫开发工作发表了一系列重要讲话，形成了新时期我国扶贫开发重要战略思想。党的十八届五中全会提出了共享发展理念，强调必须坚持发展为了人

　　① 习近平在贵州召集7省市"一把手"谈扶贫［EB/OL］．［2015-6-19］．https：//user.qzone.qq.com/253026295？source=namecardhoverqzone．

民、发展依靠人民、发展成果由人民共享，作出更有效的制度安排，使全体人民在共建共享发展中有更多获得感，增强发展动力，增进人民团结，朝着共同富裕方向稳步前进。农村贫困人口脱贫是全面建成小康社会最艰巨的任务，习近平总书记提出的精准扶贫理论体系，为欠发达地区推进扶贫攻坚、实现与全国同步全面建成小康社会提供了重要遵循。脱贫攻坚战的冲锋号已经吹响，我们要立下愚公移山之志，咬定目标、苦干实干，坚决打赢脱贫攻坚战，确保到 2020 年所有贫困地区和贫困人口一道迈入全面小康社会。但与此同时，扶贫过程是一项系统性工程，不断调试与纠错是必要手段，2015 年 8 月至 2016 年 6 月，全国动员近200 万人开展建档立卡"回头看"，共补录贫困人口 807 万人，提出识别不精准人口 929 万人。2016 年，全国 249 万人"挪穷窝""换穷业""拔穷根"工作及时跟进。截至 2016 年 10 月底，异地搬迁的贫困人口本地落实就业岗位 45.18 万个，产业扶持 126.19 万人。2017 年，中央和地方政府专项扶贫资金规模超过1400 亿元，其中，中央财政安排补助地方专项扶贫资金 860.95 亿元，比 2016 年增加 200 亿元。"靶向治疗"瞄准因病致贫的 2000 万人群，仅 2016 年，新农合人均财政补助标准就达到 420 元，政策范围内门诊和住院费用报销比例稳定在50% 和 75% 左右，大病保险和医疗救助制度防大病、兜底线作用也进一步增强。截至 2016 年 10 月，全国共有 18.8 万名第一书记驻守在近 13 万多个贫困村。2013 ~ 2016 年，我国贫困人口每年减少 1000 万人，累计 5546 万人，相当于一个中等发达国家的人口总量，贫困发生率从 10.2% 下降到 4% 以下①。2017 年 6 月25 日，习近平在山西太原市召开的深度贫困地区脱贫攻坚座谈会上强调，脱贫攻坚工作进入目前阶段，要重点研究解决深度贫困问题。各级党委务必深刻认识深度贫困地区如期完成脱贫攻坚任务的艰巨性、重要性、紧迫性，以解决突出制约问题为重点，强化支撑体系，加大政策倾斜，聚焦精准发力，攻克坚中之坚，确保深度贫困地区和贫困群众同全国人民一道进入全面小康社会②。

党的十九大报告指出，要动员全党全国全社会力量，坚持精准扶贫、精准脱贫，坚持中央统筹省负总责、市县抓落实的工作机制，强化党政一把手负总责的责任制，坚持大扶贫格局，注重扶贫同扶志、扶智相结合，深入实施东西部扶贫协作，重点攻克深度贫困地区脱贫任务，确保到 2020 年我国现行标准下农村贫困人口实现脱贫，贫困县全部摘帽，解决区域性整体贫困，做到脱真贫、真脱贫。据财政部初步统计，2017 年中央和地方财政专项扶贫资金规模超过 1400 亿

---

① 习近平用"六个精准"把脉扶贫攻坚　全面小康指日可待 ［EB/OL］. ［2017 – 11 – 05］. http：// www. ce. cn/xwzx/gnsz/szyw/201711/05/t20171105_26762589. shtml.

② 习近平：在深度贫困地区脱贫攻坚座谈会上的讲话 ［EB/OL］. ［2017 – 06 – 25］. http：//country. cnr. cn/gundong/20170625/t20170625_523817697. shtml.

元。其中，中央财政安排补助地方专项扶贫资金 860.95 亿元，比上年增加 200 亿元；有扶贫任务的 28 个省份省级财政专项扶贫资金规模达到约 540 亿元①。2018 年 2 月 12 日，习近平总书记在四川成都市主持召开打好精准脱贫攻坚战座谈会，习近平强调，打好脱贫攻坚战是党的十九大提出的三大攻坚战之一，对如期全面建成小康社会、实现我们党第一个百年奋斗目标具有十分重要的意义。要清醒认识把握打赢脱贫攻坚战面临任务的艰巨性，清醒认识把握实践中存在的突出问题和解决这些问题的紧迫性，不放松、不停顿、不懈怠，提高脱贫质量，聚焦深贫地区，扎扎实实把脱贫攻坚战推向前进。脱贫攻坚面临的困难挑战依然巨大，需要解决的突出问题依然不少。今后 3 年要实现脱贫 3000 多万人，压力不小，难度不小，而且越往后遇到的越是难啃的硬骨头。脱贫攻坚工作中的形式主义、官僚主义、弄虚作假、急躁和厌战情绪以及消极腐败现象仍然存在，有的还很严重。行百里者半九十。必须再接再厉，发扬连续作战作风，做好应对和战胜各种困难挑战的准备②。2018 年，6 月 11 日，总书记习近平对脱贫攻坚工作作出重要指示强调，脱贫攻坚时间紧、任务重，必须真抓实干、埋头苦干。各级党委和政府要以更加昂扬的精神状态、更加扎实的工作作风，团结带领广大干部群众坚定信心、顽强奋斗，万众一心夺取脱贫攻坚战全面胜利。打赢脱贫攻坚战，对全面建成小康社会、实现"两个一百年"奋斗目标具有十分重要的意义。行百里者半九十，各级党委和政府要把打赢脱贫攻坚战作为重大政治任务，强化中央统筹、省负总责、市县抓落实的管理体制，强化党政一把手负总责的领导责任制，明确责任、尽锐出战、狠抓实效。要坚持党中央确定的脱贫攻坚目标和扶贫标准，贯彻精准扶贫精准脱贫基本方略，既不急躁蛮干，也不消极拖延，既不降低标准，也不吊高胃口，确保焦点不散、靶心不变。要聚焦深度贫困地区和特殊贫困群体，确保不漏一村不落一人。要深化东西部扶贫协作和党政机关定点扶贫，调动社会各界参与脱贫攻坚积极性，实现政府、市场、社会互动和行业扶贫、专项扶贫、社会扶贫联动③。

2019 年 4 月 18 日，中共中央总书记、国家主席、中央军委主席习近平 4 月 15～17 日在重庆考察，主持召开解决"两不愁三保障"突出问题座谈会并发表

———————————

① 李华林. 据财政部初步统计，2017 年中央和地方财政专项扶贫资金规模超过 1400 亿元——"靶向治疗"瞄准脱贫死角 [N]. 经济日报，2017 - 6 - 1.

② 习近平主持召开打好精准脱贫攻坚战座谈会提出 8 条要求. 新华网，2018 - 2 - 14.

③ 习近平对脱贫攻坚工作作出重要指示强调　真抓实干埋头苦干万众一心　夺取脱贫攻坚战全面胜利. 央视网（新闻联播），2018 - 6 - 11.

重要讲话①。提出"党中央制定了支持深度贫困地区脱贫攻坚的实施意见，各方面都加大了力度，但不能放松。要逐一研究细化实化攻坚举措，攻城拔寨，确保完成脱贫任务"。"脱贫既要看数量，更要看质量。要严把贫困退出关，严格执行退出的标准和程序，确保脱真贫、真脱贫。要把防止返贫摆在重要位置，适时组织对脱贫人口开展'回头看'"。"贫困县党政正职要保持稳定，做到"摘帽"不摘责任。脱贫攻坚主要政策要继续执行，做到"摘帽"不摘政策。扶贫工作队不能撤，做到"摘帽"不摘帮扶。要把防止返贫放在重要位置，做到"摘帽"不摘监管。要保持政策稳定性、连续性"。4月17日上午，在听取重庆市委和市政府工作汇报时的讲话，强调"要从最困难的群体入手，从最突出的问题着眼，从最具体的工作抓起，通堵点、疏痛点、消盲点，全面解决好同老百姓生活息息相关的教育、就业、社保、医疗、住房、环保、社会治安等问题，集中全力做好普惠性、基础性、兜底性民生建设"。"要坚决整治形式主义、官僚主义，让基层干部从繁文缛节、文山会海、迎来送往中解脱出来。要保持惩治腐败高压态势，巩固反腐败斗争压倒性胜利"。

做好扶贫开发工作是全面建成小康社会的必然要求，关系到全面建成小康社会目标实现的进程和实现的质量。农村贫困人口脱贫是全面建成小康社会最艰巨的任务，习近平总书记提出的精准扶贫理论体系，为推进扶贫攻坚、实现与全国同步全面建成小康社会提供了重要遵循。全面建成小康社会最艰巨、最繁重的任务在农村，特别是在深度贫困地区。没有农村贫困地区的小康，是不完整的小康。

第二节　特色产业是贫困地区扶贫攻坚的内在动力

2016年5月，农业部、国家发展改革委、财政部、中国人民银行等九部门联合印发了《贫困地区发展特色产业促进精准脱贫指导意见》（以下简称《意见》），提出发展特色产业是提高贫困地区自我发展能力的根本举措。产业扶贫涉及对象最广、涵盖面最大，易地搬迁脱贫、生态保护脱贫、发展教育脱贫都需要通过发展产业实现长期稳定就业增收。当前贫困地区特色产业发展总体水平不高，资源优势尚未有效转化为产业优势、经济优势，成为农村贫困人口增收脱贫的瓶颈。做好产业扶贫工作是党中央国务院赋予我们的光荣职责和神圣使命，对于贯彻落实中央扶贫开发工作的重大部署、全面建成小康社会具有重大的现实意

---

① 再赴重庆考察，习近平这15句话说进了百姓心坎里［EB/OL］.［2019 - 04 - 18］. http://cpc. people. com. cn/n1/2019/0418/c164113 - 31037072. html.

义。《意见》明确，重点从八个方面推进产业扶贫。一是科学确定特色产业。科学分析贫困县资源禀赋、产业现状、市场空间、环境容量、新型主体带动能力和产业覆盖面，选准适合自身发展的特色产业。二是促进第一、第二、第三产业融合发展。积极发展特色产品加工，拓展产业多种功能，大力发展休闲农业、乡村旅游和森林旅游休闲康养，拓宽贫困户就业增收渠道。三是发挥新型经营主体带动作用。支持新型经营主体在贫困地区发展特色产业，与贫困户建立稳定带动关系，向贫困户提供全产业链服务，提高产业增值能力和吸纳贫困劳动力就业能力。四是完善利益联结机制。鼓励开展股份合作，农村承包土地经营权、农民住房财产权等可以折价入股，集体经济组织成员享受集体收益分配权；有关财政资金在不改变用途的情况下，投入设施农业、养殖、光伏、水电、乡村旅游等项目形成的资产，具备条件的可折股量化给贫困村和贫困户。五是增强产业支撑保障能力。大力发展电子商务，积极培育特色产品品牌。加快有关科研成果转化应用，推进信息进村入户。加强贫困地区新型职业农民培育和农村实用人才带头人培养。六是加大产业扶贫投入力度。各级各类涉农专项资金可以向贫困地区特色产业倾斜的，要加大倾斜力度；使用财政专项扶贫资金发展种养业的，扶贫部门应会同农业、林业等部门加强指导。财政专项扶贫资金进一步加大对产业精准扶贫的支持力度。七是创新金融扶持机制。鼓励金融机构创新符合贫困地区特色产业发展特点的金融产品和服务方式，鼓励地方积极创新金融扶贫模式。八是加大保险支持力度。积极发展特色产品保险，探索开展价格保险试点，鼓励保险机构和贫困地区开展特色产品保险和扶贫小额贷款保证保险。产业扶贫强调以市场为导向，以经济效益为中心，以产业发展为杠杆的扶贫开发过程，是促进贫困地区发展、增加贫困农户收入的有效途径，是扶贫开发的战略重点和主要任务[①]。产业扶贫是一种内生发展机制，目的在于促进贫困个体（家庭）与贫困区域协同发展，根植发展基因，激活发展动力，阻断贫困发生的动因。其发展内容为：在一定区域范围，培育主导产业，发展县域、镇域经济、村域经济，增加资本积累能力；在村镇范围，增加公共投资，改善基础设施，培育产业环境；在贫困户层面，提供就业岗位，提升人力资本，积极参与产业价值链的各个环节。本质上讲，产业扶贫可看成是对落后区域发展的一种政策倾斜。产业扶贫具有很强的造血功能，可以从根本上解决贫困群众的生存发展问题，使其具备增加经济收入的可持续性"造血"功能。

产业是脱贫之基、致富之源。我国多年的扶贫经验充分证明，产业扶贫是脱贫的必由之路。没有产业发展带动，很难脱贫；缺乏产业支撑，脱贫难以持续。

---

① 林鄂平．产业扶贫再认识［Z］．中国扶贫杂志网，2014－12－31．

给钱给物只能是救急解渴，兴办产业才能开流活源。产业扶贫，必须坚持把建档立卡贫困群众固化在产业链上，注重激发贫困户内生动力，注重引进和培育市场主体，注重构建利益联结机制，才能确保贫困群众通过产业发展实现长久稳定脱贫。通过产业扶贫，可以从思想上"拔穷根"，唤醒建档立卡贫困群众的进取意识、市场意识和主体意识，进一步坚定信心决心，激发勇气斗志，催生内生动力，确保产业扶贫方向正确、行动得力。一是唤醒进取意识。通过产业扶贫的示范作用，能有效缓解"等、靠、要"和"依赖、依靠、依附"思想，产业扶贫可以引导贫困群众树立"贫穷可耻、致富光荣"的理念，变"要我脱贫"为"我要脱贫"，变"人人争当贫困户"为"人人争当富裕户"。二是唤醒市场意识。产业扶贫坚持市场在资源配置中起决定性作用，产业扶贫最终效果如何，还是要看市场这个"无形之手"。坚持以市场为导向，遵循市场和产业发展规律，可以确保产业发展方向、项目引进、品种选择等方面精准无误。通过构建市场主体与贫困户的利益共同体、利益联结机制，鼓励种养大户、农民合作社、龙头企业等新型经营主体与贫困户建立长期稳定的带动关系，向贫困户提供全产业链服务，可以切实提高产业增值能力和吸纳贫困劳动力就业能力。三是唤醒主体意识。贫困户自身是产业扶贫的主体。脱贫致富终究要靠贫困群众用自己的辛勤劳动来实现。过去，我们一味地"输血式""填鸭式"扶贫，使部分贫困群众坐享其成，坐等救济和资助，对自身脱贫特别是"造血式"产业脱贫反而无动于衷、袖手旁观。因此，通过产业扶贫，坚持"以奖代补、先干后补""大干大支持、小干小支持、不干不支持"等原则，可以最大限度地调动贫困群众的积极性和主动性，激发其脱贫致富的内生动力①。产业扶贫一直是我国扶贫开发的主要模式之一，特别是当前我国扶贫开发已由大范围的扶贫转向集中连片特困地区扶贫攻坚的阶段，产业扶贫由于其本身固有的灵活性、多样性、适应性和快速性，被各类贫困地区广泛采纳②。从贫困地区的扶贫实践来看，各地产业扶贫模式频出，尤其是我国 11 个连片特困地区布局了具体产业，制定了详细的扶贫规划。

《六盘山片区区域发展与扶贫攻坚规划（2011～2020 年）》提出扶持特色优势产业。立足资源特点、市场和劳动力条件，重点支持马铃薯、草畜、果蔬、经济林、中药材和旅游等覆盖面大、带动力强、比较优势突出、扶贫效益明显的产业发展。加大政策支持和资金投入力度，强化基地建设，促进加工转化。加强对贫困农户的技术指导和资金扶持。创新产业组织形式。按照产业化扶贫要求，重点支持农民专业合作社、专业技术协会和扶贫龙头企业、小微企业等能够直接带

① 龙良文．产业扶贫是脱贫的必由之路［J］. 中国扶贫，2016（24）.
② 胡振光，向德平．参与式治理视角下产业扶贫的发展瓶颈及完善路径［J］. 学习与实践，2014（4）.

动贫困农户增收的产业组织发展。鼓励社会企业等新型产业组织发展。完善利益联结机制。建立健全扶贫龙头企业、农民专业合作社等产业组织与贫困农户的利益联结机制，支持农户积极参与产业化全过程并分享收益，促进企业和贫困农户形成稳定利益关系，实现共同发展。支持扶贫龙头企业与农民专业合作组织有效对接。鼓励企业在区域内建立产业基地，带动贫困农户增收。支持企业优先吸纳安置贫困地区富余劳动力就地就近转移就业。积极探索增加农民财产性收入的新形式。特色产业方面，一是大力发展旱作节水农业，建设一批旱作节水农业示范基地。围绕市场需求，按照规模化、标准化、品牌化的要求，推进地域特色农业生产基地建设。稳定粮食生产。大力发展马铃薯、小杂粮、玉米、中药材、苹果、红枣等地方优势农产品，加强专用小麦、马铃薯和油菜等种子生产基地建设。积极推进高原夏菜、球根花卉、压砂瓜、啤酒大麦、酿造葡萄和苦水玫瑰等特色农产品生产。有序发展优质牧草业和牛、羊等畜牧业。合理发展库区生态渔业和冷水性特色渔业。推动绿色和有机产品认证及国家地理保护标志的申请和认证。依托特色优势农产品基地，因地制宜发展农产品初级加工和深加工，做大做强龙头企业。二是生物医药与加工制造业。依托区域内丰富的当归、黄芪、党参、枸杞等中药材资源，利用现代生物技术，重点发展中药饮片加工和成药制剂加工，积极发展食品、保健品、化妆品等相关产业。积极发展电工电气、太阳能光伏材料等产业和矿山机械等装备制造产业。大力发展民族特需用品生产加工，适度发展制革和皮革制品业。三是壮大文化产业。加大扶持力度，深入发掘始祖文化、丝路文化、河湟文化和红色文化等文化资源。结合传统民族节庆，开展多种形式的民族文化活动。推进特色鲜明、内涵丰富文化产业聚集区发展，做大做强以丝路花雨等为代表的歌舞、影视、戏剧文化品牌，开发特色文化艺术精品，构建文化产业体系，形成多层次的文化产业格局。采取政府扶持、社会投入和市场化运作的方式，多途径培育壮大文化市场主体。四是发掘旅游资源。发挥文化资源优势，以国家风景名胜区、国家级森林公园、重要历史文化古迹、陕甘宁革命旧址等为依托，以六盘山、麦积山、崆峒山、法门寺、塔尔寺、会宁红军长征会师旧址等为重点，加大旅游景区开发力度。突出主题旅游，大力发展红色经典、民族风情、佛道教文化、生态休闲旅游，打造精品旅游线路，形成特色品牌。加强旅游资源区域合作和资源共享，增强旅游产业的整体活力和综合实力，继续支持六盘山旅游扶贫试验区建设。

《秦巴山片区区域发展和扶贫攻坚规划（2011～2020年）》提出培育农民专业合作组织，鼓励和扶持农民专业合作社、专业技术协会发展，加强辅导服务和技术资金支持，提高生产组织能力、管理能力和抗风险能力。发挥各种合作组织在带动贫困户和协调企业方面的纽带聚合作用，逐步形成"企业＋农民专业合作

组织 + 农户""农民专业合作组织 + 农户"等模式，促进农村分散生产向组织化、规模化、现代化生产方式的转变。建立健全企业与农户的利益联结机制。加大对扶贫龙头企业的扶贫贴息贷款支持力度，鼓励企业在贫困村建立产业基地，优先吸纳安置贫困地区富余劳动力就地就近转移就业，为贫困农户提供技术、市场、信息等服务，帮助扶贫对象参与特色产业开发。积极推行订单农业，促进企业和贫困农户形成利益共同体，实现共同发展。特色产业方面，一是大力发展草食畜牧业等特色畜牧水产业，按照规模化、标准化、品牌化的要求，建设地域特色农业基地，发展设施农业，推进农业机械化。做大做优油橄榄、核桃、油茶、板栗、猕猴桃、脐橙、食用菌、蚕桑、茶叶、魔芋、杜仲、天麻、贝母、木瓜、蔬菜、苗木花卉等优势产业，开发富硒农产品。推动绿色和有机产品认证及国家地理保护标志的申请和认证。培育特色山珍、道地中药材、山地杂粮、经济林果等特色产业，扩大规模，创建市场品牌。大力发展生态畜牧业，健康水产养殖业，重点发展地方优良品种和特种养殖业，逐步形成规模，培育高端市场。二是旅游产业，以武当山、大小三峡、古蜀道等为重点，大力发展绿色生态、历史文化、红色旅游、乡村旅游，构建七大特色旅游圈。三是加快文化产业发展。依托丰富的文化资源，大力挖掘先秦两汉三国等历史文化、红色文化、道教文化、河洛文化、根亲文化、民俗文化的内涵，扶持"大戏、大片、大剧、大作"的策划与创作生产，加快发展文化创意、影视制作、演艺娱乐、新闻出版、会展产业。规范发展大秦岭、楼观台道等文化园区。鼓励文化产业龙头企业以资本为纽带，跨区域、跨行业兼并重组，发展一批有特色、有实力的骨干企业，培育多元化的文化市场主体。

《武陵山片区区域发展与扶贫攻坚规划（2011~2020 年）》提出大力发展贫困地区农村合作经济组织和专业技术协会，对贫困村建立和贫困农户加入农村合作组织给予特殊扶持。发挥各种合作组织、农村致富带头人、经纪人等在带动贫困农户和协调企业方面的纽带聚合作用，促进企业和贫困农户结成利益共同体，实现共同发展。加大扶贫贴息贷款的投放力度，创新扶贫项目贷款贴息管理机制，完善小额信贷扶贫到户形式，进一步完善贫困村互助资金试点，帮助扶贫对象参与特色产业开发。鼓励企业在贫困村建产业基地，为贫困农民提供技术、市场、信息等服务，优先吸纳安置贫困劳动力就业，优先收购贫困农户农副产品。积极推行订单农业，促进农超对接。特色产业方面，一是大力发展特色高效农业。加快推进区域性特色农林产品基地建设，实施一批重大特色农林业项目，建设一批特色农林产品标准化良种繁育基地。抓好"节粮型"特色畜产品养殖基地建设。大力发展中药材种植，建设一批符合中药材生产质量管理规范（GAP）的生产基地。二是发展民族文化产业。扶持体现民族特色和国家水准的重大民族文化产业项目，建设具有浓郁民族特色的少数民族文化产业园区和民族传统体育基地。大力支持具有浓郁民族风情和地方民俗文化特色手工艺品、特色旅游纪念品发展，重点支持具有非物质文化遗产认证的手工艺发展，推进民族手工艺传承与创新，对非物质文化遗产传承人发展工艺品业给予优惠政策和优先支持。鼓励扶贫对象参与民族传统手工艺品生产。三是旅游产业。加强张家界、黔江、恩施、吉首、怀化、铜仁等中心城市旅游接待和服务功能建设，把张家界建设成为片区旅游综合服务中心和对外形象窗口。支持具有地方民族文化特色的中小旅游企业发展，繁荣旅游市场。发展民族文化旅游，实施特色民族村镇和古村镇保护与发展工程，形成一批文化内涵丰富的特色旅游村镇和跨区域旅游网络。进一步开发少数民族特殊医疗的康体健身旅游、科普旅游和红色旅游，大力支持休闲度假养生、农业生态及会展等旅游项目，形成有效带动群众就业和增收的支柱产业。

《乌蒙山片区区域发展与扶贫攻坚规划（2011～2020年）》。提出建立健全产业化发展带动贫困农户增收的利益联结和分享机制。大力发展贫困地区农村经济合作组织和专业技术协会，积极推进有利于贫困户增收致富的各种产业发展模式。大力扶持贫困村建立互助合作组织，积极引导贫困农户加入合作经济组织。发挥各种合作组织、农村致富带头人、经纪人在带动贫困户与协调企业方面的纽带和聚合作用，促进企业与贫困户结成利益共同体，实现共同发展。加大扶贫贴息贷款的投放力度，创新扶贫项目贷款贴息管理机制，完善小额信贷扶贫到户形式，进一步完善贫困村互助资金试点，帮助扶贫对象参与特色产业开发。鼓励企业在贫困村建立产业基地，为贫困农民提供技术、市场、信息等服务，优先吸纳安置贫困劳动力就业，优先收购贫困户农副产品。特色产业方面，一是特色农业方面。重点发展绿色有机食品，建设酿酒专用粮、优质烤烟、中药材、山地马铃薯、蔬菜、竹林、油茶、茶叶、核桃、花椒、辣椒、苦荞、苹果、脐橙、生态畜牧业等区域性特色农业基地，推进设施农业建设，促进规模化、标准化、产业化发展。农林产品加工业方面进一步提高粮食酿造等既有优势产业的产能和质量，深入挖掘品牌优势，促进产业集聚和产品结构升级，不断扩大市场占有率。发展壮大特色畜禽、特色干果、小杂粮、茶叶、中药材、林竹、烟叶、竹荪等农林产品加工业，培育形成新的市场品牌。二是生物医药产业。挖掘地方特色生物资源、民族医药资源，引进高新技术和现代制药企业，培育发展天麻、半夏、党参、滇红花、杜仲、草乌、重楼等优势中药材加工产业，壮大现代生物制药产业。三是旅游产业，深度挖掘和整合旅游资源，大力发展赤水河红色旅游，大小凉山民族文化旅游，黄荆、织金洞、轿子山、百里杜鹃、竹海、燕子岩、习水、赫章夜郎、天星等生态旅游，打造精品旅游线路。四是民族文化产业。加强少数民族文化遗产的挖掘与保护，建立完善特色文化遗产保护网络和非物质文化遗产保护体系。提升民间传统节庆活动水平，挖掘市场潜力，塑造区域文化产业形象。建设一批重大民族特色文化产业项目。积极发展具有浓郁民族风情的手工艺品和特色旅游产品。大力扶持扶贫对象参与民族传统手工艺品生产。

《滇桂黔石漠化片区区域发展与扶贫攻坚规划（2011～2020年）》提出积极推进订单农业，促进企业和贫困农户形成利益共同体，实现共同发展。特色产业方面，一是发展特色农业，巩固发展糖料蔗、油菜、马铃薯、茶叶、蔬菜、烤烟等传统优势产业，积极发展三七、咖啡、芒果等热带作物产业和桑蚕、油茶、核桃、小桐子等特色农林产业，稳步发展山坡种草养羊、牛等草地生态畜牧业，积极促进农产品就地加工转化，尽快形成产业带动力。推进野生动植物的繁育利用。推动绿色、有机农产品认证与国家地理保护标志的申请和认证。二是发展医药与保健品产业，依托丰富的三七、石斛、青蒿、鸡血藤、太子参、金银花等中药材资源，积极发展中药和壮、苗、瑶、布依等民族特色药品以及保健食品等。引进高新技术，培育壮大现代制药企业，整合现有医药产业资源，利用现代生物技术，积极发展中药材饮片、中间体、制剂和保健食品生产，逐步形成种植、加工及销售一体化的生物医药和现代中药产业体系，加快推进生物产业基地等建设。三是旅游产业，依托区域内多彩民族民俗文化资源和丰富的自然环境资源、红色旅游资源，突出长寿养生和生态休闲特色，大力发展旅游产业。以城市为依托，以交通为纽带，以国家级风景名胜区、森林公园、历史文化名城、少数民族特色村寨等为主体，突出主题旅游，打造精品旅游线路，形成特色品牌，建成重要的喀斯特山水观光、生态休闲、养生度假、民俗体验、边关览胜、红色教育旅游目的地。重点发展民族文化旅游、养生休闲旅游、生态旅游、森林旅游、会展旅游、科普旅游、乡村旅游、户外运动探险旅游等项目，积极发展壮锦、铜鼓、绣球、银饰、刺绣、蜡染等民族工艺品和民族服饰、地方特色食品等特色旅游产品，支持开发新产品，提高产品附加值，有效带动农民就业和增收。四是民族特色文化产业，依托民族文化资源，建设一批文化产业基地，培育一批有特色的骨干文化企业，推进区域特色文化产业集聚发展。充分开发利用非物质文化遗产等资源，形成民族民俗文化品牌。做大做强侗族大歌、苗族岭飞古歌、龙州天琴等民族歌舞品牌，重点办好壮族"三月三"、苗族芦笙节、瑶族盘王节等节庆活动，打造民族民俗文化亮点。努力打造坡芽歌书、水族水书等民族文学精品。大力发展农村文化产业合作社，扶持扶贫对象参与民族传统手工艺品生产。

《滇西边境山区片区区域发展与扶贫攻坚规划（2011～2020年）》提出扶持特色优势产业发展，立足资源环境、市场和劳动力条件，重点支持经济林木种植、特色农业基地建设、中药材栽培、特种养殖和旅游等覆盖面大、带动力强、比较优势突出、扶贫效益明显的产业发展。加大政策支持和资金投入力度，强化基地建设，促进加工转化。加强对贫困农户的技术指导和资金扶持。创新产业组织形式。按照产业化扶贫要求，重点支持农民专业合作社、专业技术协会和扶贫龙头企业、小微型企业等能够直接带动贫困农户增收的产业组织发展。鼓励社会企业等新型产业组织发展。完善利益联结机制。建立健全扶贫龙头企业、农民专业合作社等产业组织与贫困农户的利益联结机制，支持农户积极参与产业化全过程并分享收益。支持扶贫龙头企业与农民专业合作组织有效对接。鼓励企业在贫困村建立产业基地，带动贫困农户增收。支持企业优先吸纳安置贫困地区富余劳动力就地就近转移就业。积极推行订单农业，促进企业和贫困农户形成稳定利益关系，实现共同发展。鼓励农村集体和农户在当地资源开发项目中入股，探索增加农民财产性收入的新形式。特色农业方面，一是稳定发展粮食生产。提高茶叶、橡胶、甘蔗、烟草、咖啡等传统作物生产水平；大力发展石斛、重楼、滇红花等道地中药材及香蕉、菠萝等热带水果。推进生猪、肉牛和家禽的规模化养殖，提升集聚度。因地制宜发展水奶牛、乌骨羊特色养殖和野猪、竹鼠等特种养殖及水产养殖。支持特色种养殖基地建设，积极促进农产品就地加工转化，推动绿色（有机）认证和国家地理保护标志认证，做大做强区域品牌。鼓励云南农垦企业整合以天然橡胶为主的优势产业，培养橡胶龙头企业集团，建设立足国内、辐射东南亚和南亚的橡胶主产区。二是积极发展林木产业，大力发展核桃、油茶和小桐子等木本油料，逐步培育红豆杉、柚木、铁力木、红椿等珍贵木用材林，积极发展竹藤生产。鼓励发展林间种药、养畜及野生菌采集等林下经济。三是旅游产业，依托多彩民族民俗文化资源和丰富的自然资源，以国家级自然保护区、国家级风景名胜区、国家森林公园、国家级湿地公园等为主体，以交通为纽带，构建旅游组团和精品旅游线路。突出旅游主题，打造热带风光、高原画廊、民族风情、原始生态、神秘边境等特色旅游品牌。加强旅游区域合作和资源共享，增强旅游产业的整体活力和综合实力。建设一批旅游强县、名县和旅游小镇、旅游特色村。加强行业自律，提高旅游服务水平。四是民族文化产业，培育一批骨干文化企业，发掘区域特色文化资源，打造文化产业基地，促进文化产业集聚发展。充分利用非物质文化遗产和民族音乐、歌舞等资源，综合运用影视、大型山水实景演出、原生态歌舞及音乐节目等多种形式，弘扬民族文化，塑造民族文化品牌。

《大兴安岭南麓山片区区域发展与扶贫攻坚规划（2011～2020年）》提出扶持扶贫特色产业，立足资源特点、市场和劳动力条件，重点支持粮食、畜禽和果蔬等覆盖面大、带动力强、比较优势突出、扶贫优势明显的产业发展。加大政策支持和资金投入力度，强化基地建设，促进加工转化。加强对贫困农户的技术指导和资金扶持。积极发展劳动密集型第二、第三产业，带动农村劳动力转移就业。创新产业组织形式。按照产业化扶贫要求，重点支持农民专业合作社、专业技术协会和扶贫龙头企业、小微企业等能够直接带动贫困农户增收的产业组织发展。鼓励社会企业等新型产业组织发展。完善利益联结机制。特色产业方面，一是旅游产业，以国家级自然保护区、国家森林公园、国家地质公园和湿地公园为依托，以阿尔山、科尔沁草原和向海、扎龙湿地为重点，在保护区域整体生态功能的前提下大力发展生态旅游、度假休闲、民俗风情、湿地科考和红色文化等主题旅游，加强与呼伦贝尔、黑河等区域外旅游线路的链接和跨省区、跨境旅游协作，着力构建四大旅游组团。提出以阿尔山市为区域旅游对外形象窗口，提升乌兰浩特、白城等城市旅游服务功能，增强景区旅游接待能力。加强旅游景区对内对外交通联结，积极推进精品旅游线路交通建设，改善旅游交通条件，构建安全、快捷、舒适的核心旅游线路。完善景区基础设施、安全防护设施。规划建设一批旅游汽车营地。加强旅游宣传、旅游接洽、导游服务体系、标识系统建设。开发多元化旅游产品。大力发展森林旅游、养生旅游、户外运动、康体健身等项目，培育地方特色旅游品牌，重点开发地域特色突出的土特产品、工艺品、文化制品等旅游商品，有效增强旅游产业的整体活力和综合实力，带动群众就业和增收。二是特色农业与农产品加工。充分利用饲草资源及丰富的秸秆资源，开发新型饲草饲料，大力发展肉牛、肉羊、奶牛等生态畜牧业。积极发展猪、鸡等畜禽产业和鹿、野猪等特色养殖业。壮大农畜产品加工业。加大大豆、葵花籽、马铃薯等产品的精深加工，形成高附加值产品，提高综合效益。整合现有畜禽加工企业，积极推进细分割和深加工。做优做强乳品等加工产业，大力发展婴儿配方奶粉和原料奶粉生产，加快酸奶、奶酪、乳珍、奶油等产品开发。引进和培育一批市场影响力大、产品开发能力强的龙头企业，发挥龙头企业的带动作用。

《燕山—太行山片区区域发展与扶贫攻坚规划（2011～2020年）》提出扶持扶贫特色优势产业。立足资源特点、市场和劳动力条件，重点支持蔬菜、马铃薯、干鲜果、中药材种植、畜禽养殖和旅游等覆盖面大、带动性强、比较优势突出、扶贫效益明显的产业。加大政策支持和资金投入力度，强化基地建设，促进加工转化。积极探索增加农民财产性收入的新形式。特色产业方面，一是实施农业品牌战略，瞄准京津等周边城市市场，打造绿色和有机食品基地。综合运用农业科技成果、信息手段及现代农业装备，提升农业生产水平。推动规模化、标准化生产，促进优势产品集聚发展。重点打造错季蔬菜、马铃薯、杂粮、食用菌、中药材、肉蛋奶等优势产业，大力发展黄花菜、万寿菊、黄芪等地方特色优势农产品，推动绿色和有机产品认证及农产品地理标志登记保护。二是发掘旅游资源。加强旅游资源整合和开发，在现有宗教文化、历史文化、红色文化和自然风光等主要旅游资源的基础上，进一步开发适合周边城市消费者休闲度假的旅游产品。重点发掘山水休闲游、农事民俗体验游、自然探险游、康体健身游、科普游、节庆游等，培育个性化、差异化的旅游产品，形成点面结合的旅游产品体系。加强旅游资源区域合作和资源共享，构建跨区域旅游协作网。三是壮大文化产业。大力挖掘宗教文化、历史文化、红色文化等文化内涵，开展多种形式的宗教、历史、民族、民俗文化活动，发掘市场潜力，塑造区域文化产业品牌形象。推进蔚县剪纸、广灵剪纸和平泉契丹文化等特色文化产业集聚区建设。做大做强张北草原音乐节等文化活动，推动文化创意、影视制作、演艺娱乐、新闻出版、会展产业快速发展，建设一批重大文化产业项目。重点扶持曲阳石雕、五台山砚、易水砚等品牌建设。

《吕梁山片区区域发展与扶贫攻坚规划（2011～2020年）》提出扶持特色优势产业。立足资源特点、市场和劳动力条件，重点支持果品、杂粮、畜禽、蔬菜和旅游等带动能力强、比较优势突出、扶贫效益明显的产业发展。积极探索增加农民财产性收入的新形式。特色产业方面，一是做大做强红枣、核桃、杂粮、苹果、马铃薯、黄芪等地方特色优势产业。二是发展特色手工业，依托横山、米脂等地轻纺产业基础，进一步扩大羊毛防寒服等生产规模，形成有较强竞争力的区域轻工产业群。促进绥德石雕、兴县根雕、清涧石板画、岢岚手工地毯和砂岩雕刻等工艺美术产业集聚发展。三是文化与旅游业。加强伞头秧歌、二人台、信天游、民乐鼓吹、三弦书等民间非物质文化遗产的保护与传承。挖掘黄河文化、红色文化、陕北民俗文化内涵，打造特色文化产业与旅游产业。大力引进和培育文化产业龙头企业，推动民俗产品开发等文化产业发展。在保护生态环境的前提下，进一步开发旅游资源，培育优质旅游景区，打造精品旅游线路，促进片区内外景区连接互通，加强旅游资源整合和旅游产业区域合作，构建旅游开发协作网络，做强旅游产业。支持黄河壶口瀑布申报世界地质公园。

《大别山片区区域发展与扶贫攻坚规划（2011～2020年）》提出鼓励和扶持农民专业合作社、专业技术协会发展，提高农业生产组织能力、管理能力和抗风险能力。发挥各种合作组织在带动贫困户和联结企业方面的纽带聚合作用，促进农村分散生产向组织化、规模化、现代化生产方式的转变。鼓励社会企业等新型产业组织发展。完善利益联结机制。特色产业方面，一是特色生态农业。大力发展林下经济，推进山区茶叶、油茶、板栗、核桃、中药材等特色林产品规模化发展，培育市场品牌。鼓励平原地区扩大蔬菜瓜果、花卉苗木等种植规模，提升产品档次。加快发展现代畜牧业，重点支持畜禽标准化规模养殖小区建设，积极促进皖西白鹅、江淮黑猪、樱桃谷鸭、固始鸡、大别山黑山羊、鸿翔肉鸭等地方特色畜禽品种产业化发展。发展生态水产养殖，支持以鲟鱼和鳜鱼为主的大别山名贵鱼养殖基地的产业化发展。推动绿色（有机）农产品认证及国家农产品地理标志登记保护。二是旅游与文化产业。深度发掘整合红色文化、历史文化及生态旅游资源，以革命纪念场馆、革命旧址、历史文化遗产和国家级自然保护区、国家级风景名胜区、世界地质公园、森林公园等为依托，以交通主通道为纽带，着力打造重点景区和精品旅游线路。加强片区内外旅游热线的连接和旅游区域合作，增强旅游产业综合实力。深入挖掘景区旅游亮点，强化旅游宣传推介，积极拓展旅游市场。开发具有地方特色的旅游纪念品，重点扶持土特产品、手工艺品等特色旅游商品的生产和加工，有效带动农户就业和增收。依托地方戏曲、根亲文化、姓氏文化等文化资源，打造文化产业。办好李时珍中医药节、茶文化节、豆腐文化节、大别山杜鹃花节、孝文化节、板栗节等文化节庆活动，扩大文化影响力，促进经济发展。支持民俗工艺品开发。

《罗霄山片区区域发展与扶贫攻坚规划（2011～2020年）》提出扶持扶贫特色产业。重点支持柑橘、油茶、茶叶、毛竹、畜禽养殖和旅游业等覆盖面大、带动力强、扶贫效益明显的产业发展。加大政策支持和资金投入力度，强化基地建设，促进加工转化。加强对贫困农户的技术指导和资金支持。创新产业组织形式。特色产业方面，一是依托特色基地，大力发展农林产品加工业。培育壮大本地龙头企业，积极引进科技水平高、综合实力强的加工企业，推进资源整合和企业技术改造升级。实施品牌战略，提升发展茶产业，积极推进油茶、果蔬、食用菌和畜禽水产品加工。大力促进竹林产品深加工和精细加工，积极发展竹纤维制品、竹制地板、集装箱底板等加工业。二是生物医药产业。发挥茯苓、杜仲、厚朴、丹参等中药材资源优势，积极引进制药企业，利用现代生物技术，大力发展中药材饮片、中药有效成分提取和成药制剂加工。支持药品、食品等企业直接参与中药材生产基地建设，培育壮大种植、加工及销售一体化的现代医药产业。三是壮大文化产业。提升井冈山精神、苏区精神影响力，推动红色文化发展创新，创作一批红色题材的优秀作品，做大做强以《井冈山》实景演出为代表的歌舞、影视、戏剧文化品牌，支持红色影视基地建设。推进客家文化、庐陵文化的挖掘、整理、保护和传播，加强炎帝陵等文化遗迹的保护和利用，加强少数民族文化的挖掘与保护，积极开展非物质文化遗产保护和申报工作，支持文化产品出版发行。培育和引进文化龙头企业，打造文化精品工程，推动文化产业集聚发展。四是旅游产业，依托红色教育基地、古村古镇和风景名胜区、森林公园、湿地公园、自然保护区等旅游资源，重点发展红色旅游、生态旅游、乡村旅游、历史文化游。加强旅游资源整合和旅游产业区域合作，构建旅游开发协作网络。以瑞金为中心，构建原中央苏区旅游圈；以井冈山为中心，推进井冈山市和遂川、万安、永新、莲花、茶陵、炎陵、桂东、安仁等县旅游产业统筹规划与协同发展，构建大井冈山红色与生态文化旅游协作区。开发建设精品旅游线路，加强旅游宣传推介，增强旅游产业整体活力和综合实力。如表1-1所示。

表1-1　　　　　　　连片特困地区特色产业发展规划

地区	特色产业发展	政策文件
六盘山片区	一是大力发展旱作节水农业，建设一批旱作节水农业示范基地。二是生物医药与加工制造业。三是壮大文化产业。加大扶持力度，深入发掘始祖文化、丝路文化、河湟文化和红色文化等文化资源。结合传统民族节庆，开展多种形式的民族文化活动。四是发掘旅游资源。以六盘山、麦积山、崆峒山、法门寺、塔尔寺、会宁红军长征会师旧址等为重点，加大旅游景区开发力度。加强旅游资源区域合作和资源共享，增强旅游产业的整体活力和综合实力，继续支持六盘山旅游扶贫试验区建设	《六盘山片区区域发展与扶贫攻坚规划（2011~2020年）》
秦巴山片区	一是大力发展草食畜牧业等特色畜牧水产业，按照规模化、标准化、品牌化的要求，建设地域特色农业基地，发展设施农业，推进农业机械化。二是旅游产业，以武当山、大小三峡、古蜀道等为重点，大力发展绿色生态、历史文化、红色旅游、乡村旅游，构建七大特色旅游圈。三是加快文化产业发展。依托丰富的文化资源，大力挖掘先秦两汉三国等历史文化、红色文化、道教文化、河洛文化、根亲文化、民俗文化的内涵，扶持"大戏、大片、大剧、大作"的策划与创作生产，加快发展文化创意、影视制作、演艺娱乐、新闻出版、会展产业	《秦巴山片区区域发展和扶贫攻坚规划（2011~2020年）》
武陵山片区	一是大力发展特色高效农业。抓好"节粮型"特色畜产品养殖基地建设。大力发展中药材种植，建设一批符合中药材生产质量管理规范（GAP）的生产基地。二是发展民族文化产业。大力支持具有浓郁民族风情和地方民俗文化特色手工艺品、特色旅游纪念品发展，重点支持具有非物质文化遗产认证的手工艺发展，鼓励扶贫对象参与民族传统手工艺品生产。三是旅游产业。发展民族文化旅游，实施特色民族村镇和古村镇保护与发展工程，大力支持休闲度假养生、农业生态及会展等旅游项目，形成有效带动群众就业和增收的支柱产业	《武陵山片区区域发展与扶贫攻坚规划（2011~2020年）》

地区	特色产业发展	政策文件
乌蒙山片区	一是特色农业方面。重点发展绿色有机食品，建设酿酒专用粮等区域性特色农业基地，推进设施农业建设，促进规模化、标准化、产业化发展。二是生物医药产业。挖掘地方特色生物资源、民族医药资源，引进高新技术和现代制药企业，培育发展天麻、半夏、党参等优势中药材加工产业，壮大现代生物制药产业。三是旅游产业，大力发展赤水河红色旅游，大小凉山民族文化旅游，黄荆、织金洞等生态旅游，打造精品旅游线路。四是民族文化产业。建设一批重大民族特色文化产业项目。积极发展具有浓郁民族风情的手工艺品和特色旅游产品。大力扶持扶贫对象参与民族传统手工艺品生产	《乌蒙山片区区域发展与扶贫攻坚规划（2011~2020年)》
滇桂黔石漠化片区	一是发展特色农业，巩固发展糖料蔗、油菜、马铃薯、茶叶等传统优势产业，积极发展三七、咖啡、芒果、桑蚕、油茶、核桃、小桐子等特色农林产业。二是发展医药与保健品产业，依托丰富的三七、石斛、青蒿、鸡血藤、太子参、金银花等中药材资源，积极发展中药和壮、苗、瑶、布依等民族特色药品以及保健食品等。三是旅游产业，重点发展民族文化旅游、养生休闲旅游、生态旅游、森林旅游、会展旅游、科普旅游、乡村旅游、户外运动探险旅游等项目，积极发展壮锦、绣球、银饰、刺绣、蜡染等民族工艺品和民族服饰、地方特色食品等特色旅游产品。四是民族特色文化产业，大力发展农村文化产业合作社，扶持扶贫对象参与民族传统手工艺品生产	《滇桂黔石漠化片区区域发展与扶贫攻坚规划（2011~2020年)》
滇西边境山区片区	一是稳定发展粮食生产。因地制宜发展水奶牛、乌骨羊特色养殖和野猪、竹鼠等特种养殖及水产养殖。支持特色种养殖基地建设，积极促进农产品就地加工转化，推动绿色（有机）认证和国家地理保护标志认证，做大做强区域品牌。二是积极发展林木产业，大力发展核桃、油茶和小桐子等木本油料，鼓励发展林间种药、养畜及野生菌采集等林下经济。三是旅游产业，打造热带风光、高原画廊、民族风情、原始生态、神秘边境等特色旅游品牌。加强旅游区域合作和资源共享，增强旅游产业的整体活力和综合实力。建设一批旅游强县、名县和旅游小镇、旅游特色村。加强行业自律，提高旅游服务水平。四是民族文化产业，培育一批骨干文化企业，发掘区域特色文化资源，打造文化产业基地，促进文化产业集聚发展。充分利用非物质文化遗产和民族音乐、歌舞等资源，综合运用影视、大型山水实景演出、原生态歌舞及音乐节目等多种形式，弘扬民族文化，塑造民族文化品牌	《滇西边境山区片区区域发展与扶贫攻坚规划（2011~2020年)》

地区	特色产业发展	政策文件
大兴安岭南麓山片区	一是旅游产业，以阿尔山、科尔沁草原和向海、扎龙湿地为重点，在保护区域整体生态功能的前提下大力发展生态旅游、度假休闲、民俗风情、湿地科考和红色文化等主题旅游，加强与呼伦贝尔、黑河等区域外旅游线路的链接和跨省区、跨境旅游协作，着力构建四大旅游组团。二是特色农业与农产品加工。充分利用饲草资源及丰富的秸秆资源，开发新型饲草饲料，大力发展肉牛、肉羊、奶牛等生态畜牧业。积极发展猪、鸡等畜禽产业和鹿、野猪等特色养殖业。壮大农畜产品加工业。加大大豆、葵花籽、马铃薯等产品的精深加工，形成高附加值产品，提高综合效益。整合现有畜禽加工企业，积极推进细分割和深加工。做优做强乳品等加工产业，大力发展婴儿配方奶粉和原料奶粉生产，加快酸奶、奶酪、乳珍、奶油等产品开发。引进和培育一批市场影响力大、产品开发能力强的龙头企业，发挥龙头企业的带动作用	《大兴安岭南麓山片区区域发展与扶贫攻坚规划（2011～2020年）》
燕山—太行山片区	一是实施农业品牌战略，瞄准京津等周边城市市场，打造绿色和有机食品基地。综合运用农业科技成果、信息手段及现代农业装备，提升农业生产水平。二是发掘旅游资源。重点发掘山水休闲游、农事民俗体验、自然探险游、康体健身游、科普游、节庆游等，培育个性化、差异化的旅游产品，形成点面结合的旅游产品体系。加强旅游资源区域合作和资源共享，构建跨区域旅游协作网。三是壮大文化产业。开展多种形式的宗教、历史、民族、民俗文化活动，发掘市场潜力，塑造区域文化产业品牌形象。推进蔚县剪纸、广灵剪纸和平泉契丹文化等特色文化产业集聚区建设。做大做强张北草原音乐节等文化活动，推动文化创意、影视制作、演艺娱乐、新闻出版、会展产业快速发展，建设一批重大文化产业项目。重点扶持曲阳石雕、五台山砚、易水砚等品牌建设	《燕山—太行山片区区域发展与扶贫攻坚规划（2011～2020年）》
吕梁山片区	一是做大做强红枣、核桃、杂粮、苹果、马铃薯、黄芪等地方特色优势产业。二是发展特色手工业，依托横山、米脂等地轻纺产业基础，进一步扩大羊毛防寒服等生产规模，形成有较强竞争力的区域轻工业群。促进绥德石雕、兴县根雕、清涧石板画、岢岚手工地毯和砂岩雕刻等工艺美术产业集聚发展。三是文化与旅游业。加强岢头秧歌、二人台、信天游、民乐鼓吹、三弦书等民间非物质文化遗产的保护与传承。挖掘黄河文化、红色文化、陕北民俗文化内涵，打造特色文化产业与旅游产业。大力引进和培育文化产业龙头企业，推动民俗产品开发等文化产业发展。在保护生态环境的前提下，进一步开发旅游资源，培育优质旅游景区，打造精品旅游线路，促进片区内外景区连接互通，加快旅游资源整合和旅游产业区域合作，构建旅游开发协作网络，做强旅游产业。支持黄河壶口瀑布申报世界地质公园	《吕梁山片区区域发展与扶贫攻坚规划（2011～2020年）》

地区	特色产业发展	政策文件
大别山片区	一是特色生态农业。大力发展林下经济，推进山区茶叶、油茶、板栗、核桃、中药材等特色林产品规模化发展，培育市场品牌。鼓励平原地区扩大蔬菜瓜果、花卉苗木等种植规模，提升产品档次。二是旅游与文化产业。深度发掘整合红色文化、历史文化及生态旅游资源，以革命纪念场馆、革命旧址、国家级风景名胜区、世界地质公园、森林公园等为依托，着力打造重点景区和精品旅游线路。开发具有地方特色的旅游纪念品，重点扶持土特产品、手工艺品等特色旅游商品的生产和加工，有效带动农户就业和增收。办好李时珍中医药节、茶文化节、豆腐文化节、大别山杜鹃花节、孝文化节、板栗节等文化节庆活动，扩大文化影响力，促进经济发展。支持民俗工艺品开发	《大别山片区区域发展与扶贫攻坚规划（2011～2020年)》
罗霄山片区	一是依托特色基地，大力发展农林产品加工业。大力促进竹林产品深加工和精细加工，积极发展竹纤维制品、竹制地板、集装箱底板等加工业。二是生物医药产业。发挥茯苓、杜仲、厚朴、丹参等中药材资源优势，积极引进制药企业，利用现代生物技术大力发展中药材饮片、中药有效成分提取和成药制剂加工。三是壮大文化产业。提升井冈山精神、苏区精神影响力，推动红色文化发展创新，创作一批红色题材的优秀作品，做大做强以《井冈山》实景演出为代表的歌舞、影视、戏剧文化品牌，支持红色影视基地建设。四是旅游产业，以瑞金为中心，构建原中央苏区旅游圈，以井冈山为中心，推进井冈山市和遂川、万安、永新、莲花、茶陵、炎陵、桂东、安仁等县旅游产业统筹规划与协同发展，构建大井冈山红色与生态文化旅游协作区。开发建设精品旅游线路，加强旅游宣传推介，增强旅游产业整体活力和综合实力	《罗霄山片区区域发展与扶贫攻坚规划（2011～2020年)》

资料来源：根据11个全国连片特困地区区域发展与扶贫攻坚规划整理。

第三节 特色文化产业是乡村振兴和贫困减缓的重要手段

《乡村振兴战略规划（2018～2022年)》提出："以各地资源禀赋和独特的历史文化为基础，有序开发优势特色资源，做大做强优势特色产业""实施产业兴村强县行动，打造'一乡一业、一村一品'的发展格局"。特色文化产业兼具文化与产业的双重特征，特色文化产业扶贫具有文化扶贫的属性，同时也具有产业扶贫的所有特征。

　　文化扶贫是运用文化的手段和力量，促进贫困地区脱贫致富以及经济社会全面发展的扶贫方式方法。它包含了思想观念教育、科学技术教育和文化资源的挖掘开发。文化扶贫突出了扶贫的主体——人，通过文化手段和力量作用于人来发挥扶贫功效；同时也突出了文化和经济的互动，促使文化与经济发展相结合，更好地服务和推动经济发展。2018 年 2 月，中央"一号文件"《中共中央　国务院关于实施乡村振兴战略的意见》的出台，提出乡村振兴，乡风文明是保障。必须坚持物质文明和精神文明一起抓，提升农民精神风貌，培育文明乡风、良好家风、淳朴民风，不断提高乡村社会文明程度。一是加强农村思想道德建设。以社会主义核心价值观为引领，坚持教育引导、实践养成、制度保障三管齐下，采取符合农村特点的有效方式，深化中国特色社会主义和中国梦宣传教育，大力弘扬民族精神和时代精神。加强爱国主义、集体主义、社会主义教育，深化民族团结进步教育，加强农村思想文化阵地建设。深入实施公民道德建设工程，挖掘农村传统道德教育资源，推进社会公德、职业道德、家庭美德、个人品德建设。推进诚信建设，强化农民的社会责任意识、规则意识、集体意识、主人翁意识。二是传承发展提升农村优秀传统文化。立足乡村文明，吸取城市文明及外来文化优秀成果，在保护传承的基础上，创造性转化、创新性发展，不断赋予时代内涵、丰富表现形式。切实保护好优秀农耕文化遗产，推动优秀农耕文化遗产合理适度利用。深入挖掘农耕文化蕴含的优秀思想观念、人文精神、道德规范，充分发挥其在凝聚人心、教化群众、淳化民风中的重要作用。划定乡村建设的历史文化保护线，保护好文物古迹、传统村落、民族村寨、传统建筑、农业遗迹、灌溉工程遗产。支持农村地区优秀戏曲曲艺、少数民族文化、民间文化等的传承发展。三是加强农村公共文化建设。按照有标准、有网络、有内容、有人才的要求，健全乡村公共文化服务体系。发挥县级公共文化机构辐射作用，推进基层综合性文化服务中心建设，实现乡村两级公共文化服务全覆盖，提升服务效能。深入推进文化惠民，公共文化资源要重点向乡村倾斜，提供更多更好的农村公共文化产品和服务。支持"三农"题材文艺创作生产，鼓励文艺工作者不断推出反映农民生产生活尤其是乡村振兴实践的优秀文艺作品，充分展示新时代农村农民的精神面貌。培育挖掘乡土文化本土人才，开展文化结对帮扶，引导社会各界人士投身乡村文化建设。活跃繁荣农村文化市场，丰富农村文化业态，加强农村文化市场监管。四是开展移风易俗行动。广泛开展文明村镇、星级文明户、文明家庭等群众性精神文明创建活动。遏制大操大办、厚葬薄养、人情攀比等陈规陋习。加强无神论宣传教育，丰富农民群众精神文化生活，抵制封建迷信活动。深化农村殡葬改革。加强农村科普工作，提高农民科学文化素养。

　　文化资源的挖掘和开发就是要促使文化资源走市场化、产业化的发展道路，也就是通过文化产业来扶贫攻坚。文化产业扶贫同时具有文化扶贫和产业扶贫两个方面的功能，但它更加强调文化与经济的结合和互动，是文化与经济结合最为紧密的类型，是文化扶贫中最能体现和创造经济、扶贫效益的类型，是文化扶贫最为直接的突破口。文化产业具有产业链长、辐射面广、群众参与性强、投资见效快、资金回收周期短等特点，民族贫困地区发展文化产业，不仅可以推动文化事业的繁荣和思想素质的提升，还可以推动整个地区经济社会的全面可持续发展。文化产业扶贫有利于文化与经济的互动，从而推动经济社会全面可持续发展。文化产业由于产业链长、带动性强，其对经济发展贡献较大。如文化旅游业不仅其自身发展可以创造巨大的经济贡献，而且还可以带动相关的娱乐表演业、工艺产品业的发展，甚至还可以带动相关的餐饮、住宿等其他第三产业的发展①。《关于推动特色文化产业发展的指导意见》提出："鼓励文化资源丰富的村镇因地制宜发展特色文化产业，建设一批文化特点鲜明和主导产业突出的特色文化产业示范乡镇、特色文化街区、特色文化乡村，促进城镇居民、农业转移人口和农民就业增收。"近年来，学术界针对文化产业扶贫问题召开了多次大型的学术论坛。2016 年 10 月，《首届特色文化产业与扶贫攻坚高峰论坛》在西安召开，专家认为，一些贫困地区依托其民间手工艺等非物质文化遗产、文化衍生品、历史遗存、特色乡村等文化资源，以及森林、山地、湖泊、湿地等生态资源优势特色，将发展特色文化产业与农民脱贫致富紧密结合，实现了资源保护、利用、脱贫致富等多重效益，在发挥特色化产业扶贫脱贫方面进行了有益探索，积累了丰富的经验。发展特色文化产业契合当地人文和自然生态条件，是一种符合我国国情特点的内生性、造血性和可持续的扶贫方式，在扶贫攻坚中可以大有作为。专家提出，要制定特色文化产业精准扶贫规划方案和行动计划，以及特色文化产业在精准扶贫方面的财税、金融和相关保障政策措施，建立健全特色文化产业精准扶贫的公共服务平台，鼓励各方社会力量参与到精准扶贫工程中来，开展多种形式的特色文化产业精准扶贫的教育和人才培训，从而促进特色文化产业转型升级，在扶贫攻坚中发挥更大的作用。发达地区的文化产业是以创意创新型等高科技文化产业为主；贫困地区的文化产业，是以资源依托型文化产业为主。资源型文化产业就是利用优质的自然风光、自然山水，利用丰富的民族文化资源，发展特色文化产业。将贫困地区丰富多彩的民族文化资源转化为优势的特色文化产业，正是贫困地区实现精准扶贫的有效路径。连片特困地区贫困程度深、扶贫成本高、脱贫难度大，是脱贫攻坚的短板。通过政府主导与社会参与相结合、创新人才培养与产品创新相结合、资源整合与区域合作相结合，将贫困地区秀美壮丽

---

① 李云，张永亮. 大湘西地区文化产业扶贫探讨 [J]. 民族论坛，2013 (11)：48 – 49.

的自然风光资源有效转化为具有市场化开发的文化旅游产品，这将大大有利于贫困地区人民脱贫致富。发展特色文化产业和实现精准扶贫之间有着必然的内在联系。在具有一定旅游资源条件、区位优势和市场基础的西部贫困地区，通过旅游渠道，将发达地区的消费吸引到贫困地区，实现国民财富的转移和再分配，将财富通过旅游渠道从先富起来的人群转移到贫困人群，实现先富带后富。特色文化产业既扶文化又扶经济，能够发挥经济扶贫和文化扶贫的两个作用，同时能够实现可持续发展，可持续改善生活，防止脱贫之后反贫，因此特色文化产业是实现扶贫的重要着力点。当然，特色文化产业也不可能包揽天下，扶贫攻坚也不是一招就灵。对于有丰富文化资源的贫困地区，特色文化产业是一种见效较快、发展较好的方式①。2017 年 8 月，《特色文化产业与扶贫攻坚高峰论坛》在贵州召开。华中师范大学教授范建华认为，相对东部地区，西部地区是中国民族文化最聚集的地区，又是世界文化与自然遗产聚集的"遗产走廊"，发展特色文化产业具有先天优势。西部地区特别是民族地区、边疆地区、革命老区、连片贫困地区贫困程度深、扶贫成本高、脱贫难度大，是脱贫攻坚的短板。而将西部丰富的民族文化资源转换成优势的特色文化产业，正是西部贫困地区实现精准扶贫的有效路径，目前只有发展特色文化产业，才能更好地助力脱贫攻坚，"文化产业发展的关键在于人才，面对如此优质的特色文化资源，西部地区优秀特色传承人不仅是发展特色文化产业的智力支撑，同时也是获得国际国内异文化消费市场的巨大支撑"。当前，西部地区特色文化产业发展的困境在于产业集聚度不足，缺少龙头企业，缺乏战略眼光与工匠精神，同时也缺乏相应的国家政策扶贫的有效体制机遇。面对如此现状，政府观念的进一步开放，社会力量和资本参与形式多元化，体系化和可持续化的培训，以及"公司＋艺人＋农户"模式的广泛推广，都需要去做更多的工作。更重要的是，面对当前旅游大发展、特色小镇发展的新浪潮与时代机遇，如何与国际大市场接轨，如何利用资源，开发更好的文旅产品，创造成功的文化品牌，推动西部文化产业的跨域发展，需要每一位西部人认真思考②。

特色文化产业源于民间，贴近民众，具备内容、社会、艺术、经济、传承、就业创业和脱贫等多层次、多方面的复合价值，与当地群众的生产、生活息息相关，有利于改善和优化贫困地区的文化生态环境。特色文化产业精准扶贫事业具有文化传承、产业发展、创业就业、生态涵养等再生性功能特点，有利于利用差异性带来市场可持续的发展能力和脱贫效益。大力发展特色文化产业，有利于贫困地区的贫困人群增强对自身特色文化的自我觉醒、重新认知与文化自信，有效

---

① 根据《首届特色文化产业与扶贫攻坚高峰论坛》专家发言资料整理，2016－10－21.
② 根据《2017 年特色文化产业与扶贫攻坚（贵州）高峰论坛》专家发言资料整理，2017－8－15.

提高摆脱贫困的内生动力与能力，实现从根本铲除贫困的原动力。我国特色文化产业发展及其脱贫效益由于具有普遍价值，因而能够产生巨大的区域和国际溢出效应，从而对诸多类似国情的发展中国家开展脱贫工作，实现可持续发展具有一定的借鉴价值和强烈的示范意义。特色文化产业作为一种新的精准扶贫方式，是符合中国国情特点、兼具公益性和产业化脱贫的重要路径和战略选择。特色文化产业精准扶贫应从贫困地区现有文化资源入手，不断改造和提高、增强区域文化生态活力，促进经济社会文化全面发展，从而实现物质富裕，并提高贫困人口的文化素质和造血功能，以确保"精准扶贫"取得实效，实现可持续发展。

第二章

基础理论与分析框架

第一节　特色文化产业的基础理论

一、特色文化产业的概念

"文化产业"概念源自 20 世纪二三十年代法兰克福学派的批判理论，特色文化产业是从文化产业引申出来的子概念，什么是特色文化产业？它有哪些内涵？目前学界见仁见智。王国胜（2006）认为，特色文化产业具有三个基本特征：一是具有极强的区外辐射力；二是具有极强的区外影响力；三是具有区域性特征。它的形成和发展受到市场需求大小、文化资源丰裕度、机制体制制度安排和科学技术应用等因素的影响。特色文化产业的形成与发展有三条途径，分别是特色文化资源的开发与转化、经营方式创新和高新技术应用以及独特的内容创意。特色文化产业兼具精神内涵与产业生产双重属性，是文化、经济与科技的融合，是特色和开放的统一，它既是区域特色经济的具体形式，又是特定地域特色文化产业载体，通常也是区域经济中的主导产业①。齐勇锋（2013）认为，特色文化产业的"特"体现在两个方面，一是民族性，二是区域性，他强调特色文化产业是民间自发产生形成的，是"大众文化产业"，其产品品质、品种、品相和工艺方面都具有民族性和区域性的特点，包括特色文化旅游、戏剧演艺、节庆会展、工艺美术和健身运动，以及文化遗产性质的影视、动漫、出版产业等，其关联产业涉及特色文化饮食、服饰、酒茶文化产业等②。姜长宝（2009）认为，特色文化产

---

① 周建军，张爱民．论特色文化产业的内涵和发展途径［J］．社会科学研究，2010（6）：119.
② 齐勇锋，吴莉．特色文化产业发展研究［J］．中国特色社会主义研究，2013（5）：90.

业是文化产业的重要组成部分，它指具有较大区域内外影响力，相比其他区域文化产业具有独特性和比较优势。他强调特色文化产业要具有发展潜力大、价值大、不可替代三大特点，如有些特色文化产业虽然具有不可替代性和不能复制性，但它的产业开发价值不大，发展潜力较小，只能作为文化遗产来保护①。李树启（2012）认为，在市场化、全球化背景下，民族特色文化产业是一种文化载体，通过借助民族特色文化产业的发展，可以弘扬中华文化。民族特色文化产业不是一般意义上的产业，而是具有文化和产业的双重属性，首先是要遵循文化规律，体现中华文化的功能和使命，它如同教育产业一样，不能全盘产业化，必须坚持社会效益与经济效益的统一，以社会效益优先。特色文化产业是基于民族特色文化资源，综合运用金融、科技、营销等商业运作手段，创造性地提供民族特色文化产品和服务的行业。民族特色文化产业是一个特定的细分行业，划分边界较一般性文化产业要窄，承载和传播中华优秀文化是其基本内容，也是其产业发展的魂②。纪明辉（2013）认为，特色文化产业是基于民族和地域的特色文化资源优势，并具有一定核心市场竞争力和产业规模的文化产业形态，是各地区文化产业发展的重中之重③。李炎（2012）认为，特色文化产业是文化产业发展到一定阶段的产物、是在产业规模和区域特点的基础上形成和提升出来的一种产业形态。它依托区域性的优势资源，通过产业之间的联动互促和融合，资源优化整合与配置，区域产业结构调整和延伸，实施差异化竞争。特色文化产业强调满足不同层次的文化消费需求。避免标准化和规模化生产所带来的普泛化和表浅化，重点强调民族文化元素和多元个性的文化内涵和品位，如民族演艺业、民族民间工艺品业等④。李建柱（2013）从特色文化产业提出的背景和意义展开了分析，认为特色文化产业的发展是国家战略"转方式、调结构"的产物，是提升文化竞争力和软实力的必然选择，是区域错位竞争的有效途径，同时也是地域文化传承和缩小区域差距的重要渠道。在实施过程中，特色文化产业的发展离不开政策法规的完善、协调机制的建立、特色文化产品的准确定位，尤其在金融支持和品牌建设方面，要多加强中外合作⑤。文化部、财政部《关于推动特色文化产业发展的指导意见（2014）》认为，特色文化产业是指依托各地独特的文化资源，通过创

---

① 姜长宝. 区域特色文化产业集聚发展的制约因素及对策［J］. 特区经济，2009（9）：218－220.

② 李树启. 面向文化复兴的民族特色文化产业建设：路径与策略［J］. 中国浦东干部学院学报，2012（6）：87－89.

③ 纪明辉. 关于吉林省特色文化产业的调查与思考［J］. 吉林工程技术师范学院学报，2013（4）：31－33.

④ 李炎，王佳. 文化需求与特色文化产业发展［J］. 学习与探索，2012（1）：22.

⑤ 李建柱. 论区域特色文化产业发展的困境与对策——以吉林省为例［J］. 延边大学学报（社会科学版），2013（5）：118－120.

意转化、科技提升和市场运作，提供具有鲜明区域特点和民族特色的文化产品和服务的产业形态。

由此可见，到底什么是特色文化产业，特色文化产业具有怎样的内涵和外延，学界并未有统一的认识，总体来看，特色文化产业具有以下一些共同的特点：一是依托的资源具有特色，它不是单纯的"内容产业"和"创意产业"，它是在现有文化积淀的基础上产生的，而且这种文化积淀不是普遍存在的文化，而是带有民族特色或者地域特色的文化资源。二是它的文化产品或文化服务具有特色，它的表现形式不是在大型超市或者网络购物就可以随便实现的，更多的是要实地体验、观赏、融入其中才能实现"购买"的产品。如特色文化旅游、特色演艺会展、特色工艺技艺等，它们属于非遍在性产品。三是具有重要的区域经济影响力，要形成"产业形态"，而非"产品形态"，如有些地方有特色产品，但是规模过小，生产和销售过于分散，这不叫特色文化产业；有些地方形成了小作坊式的特色文化产业形态，但区域经济影响力太小，知名度不高，它也不属于真正意义上的特色文化产业。总结起来，特色文化产业具有三大要素，即特色文化元素、特别产品形态、特殊区域影响，符合这三个条件的文化产业可以称为特色文化产业①。

二、特色文化产业的特征

特色文化产业是区域经济、文化和科技的融合，是特色和开放的统一，具有精神内涵和产业生产的双重属性，它既是特定地域特色文化的产业载体，又是区域特色经济的具体形式，具有极强的区外辐射力和影响力，一般也是区域文化领域中的主导产业②。特色文化产业与新闻出版、网络信息、广电传媒、影视等文化产业不同，后者采用现代技术，大规模、机械化生产，而特色文化产业具有自发性、资源性、文化产品供需错位、社会化小生产、社会效益与经济效益并重等特点。

一是自发性特征。特色文化产业根植于深厚的民族文化土壤，依托特殊的文化资源和自然资源优势，从民间自发产生，自主发展，具有广泛的社会基础，不仅具有鲜明的活态性，也是民族文化的记忆载体。特色文化产业的各类产业形态都是以地方文化元素为主体发展而形成的文化集聚形态。这也就形成了以地方特色、地方条件、地方人才为基础，同时又以地方本身利益作为理论推演为出发

---

① 熊正贤，吴黎围. 我国特色文化产业研究综述与展望 [J]. 中华文化论坛，2015（6）：101-107.
② 周建军，张爱民. 论特色文化产业的内涵和发展途径 [J]. 社会科学研究，2010（6）：119.

点，考虑以地方既有的文化资源，并且参考外来的知识、技术、制度等，自主地创造出适合本身经济社会生态系统的发展方向的目标来推动特色文化产业的发展①。

二是资源性特征。特色文化产业的发展主要借助区域内特色优势文化资源，具有鲜明的民族性和地域性，文化资源的特色具有决定性影响。特色文化产业是社会特定群体文化传承的产物，是对具有当地特色文化生态的历史延续。依靠师徒传承，家族或宗族内部的心口相传，如民族手工艺、民间戏曲表演、体育健身、饮食、茶酒和中医药等非物质文化遗产，产品形态源远流长，生命力顽强②。

三是供需错位特征。特色文化产品是特色文化的载体，体现区域之间的文化差异，特色文化产品的需求者往往是异地消费者，是异民族群体消费者，消费流往往从大城市流向村寨和小城镇，从国内外经济发达地区流向经济欠发达地区，从一个民族消费群体流向另一个民族区域。而特色文化产品的供给往往是民族地区和西部地区的中小城镇、村落、族群、家庭和个人。这就导致了产品供给者与产品消费者的错位，文化产品供给地区的消费者不是消费的主流，所占消费份额较少，文化产品的消费者来自全国乃至全世界的各个地区，这就注定了特色文化产业的发展注定要走外向型经济。

四是社会化小生产。特色文化产业在生产上不同于西方工业化当中的社会化大生产，不是以厂房集中来进行，而是把主要的生产者放在民间，以社会化、小规模生产为主要的生产方式，在小产品的开发中逐渐形成大产业的差异性竞争。广大的农村、民族地区的发展，需要工业的带动，而在这些地区进行传统工业化模式可能带来污染，而对特色文化产业来说，很多发展的基础在民间。因此，多数特色文化产业群是从中西部地区群众的文化需求以及到中西部地区观光旅游的消费群体的文化需求发起的，东部地区在工业化道路上造就了传统文化的消失，东部沿海地区、大中城市当中的人群缺少对中西部独特的文化资源的体验，因此加快发展中西部地区特色文化产业，能够在一定程度上缓解对传统民族民间文化产品、原生态文化产品和文化服务的渴求③。通常而言，特色文化产业规模都不大，消费群体有限，属于小众产业，但也不排除部分特色文化产品经过现代转换而发展成为大众文化消费产品。

五是社会效益与经济效益并重。特色文化产业在国民经济增长中发挥了不可忽视的促进作用，也成为现代化国家在全球化竞争中的重要战略支点之一。作为

① 杨敏芝. 地方文化产业与地域活化互动模式研究 ［D］. 台北：台北大学，2002：69.
② 齐勇锋. 中国文化的根基：特色文化产业研究 ［M］. 北京：光明日报出版社，2014.
③ 云南大学国家文化产业研究中心. 中国特色文化产业培育与设计规划研究 ［A］. 文化部文化产业司. 国家文化产业课题研究报告 ［M］. 昆明：云南大学出版社，2011.

发展较快的朝阳产业和支柱性产业，特色文化产业在我国有着广阔的发展前景，尤其在拉动地方就业、促进居民增收等方面有较好的辐射作用，但因其起步时间较晚，实践经验不足，尚未形成规模优势。由于意识形态性和经济性的双重属性，特色文化产业游走于社会效益和经济效益之间，二者既有统一的一面，又有相脱节甚至背离的一面。在实际生产经营中，经济效益的提高有时会以损害社会效益为代价。文化是民族生命力、凝聚力和创造力的重要体现，是综合国力竞争的重要方面。特色文化产业与当地民众的生活、生产习惯和社会风俗息息相关，是历史上不同民族、区域的社会群体的物质和精神生活、文化风貌的集中体现，承载着中华民族一体多元的价值取向和审美情趣，因此具有深远的社会效益。

三、特色文化产业的类型

特色文化产业的外延非常广，产业类型丰富，但很多类型还停留在"有产品，无产业"的阶段，如有些民族节庆、民族习俗尽管融入了旅游开发过程中，但规模较少，开发较粗浅。结合当前我国区域经济发展中较为凸显的特色文化产业业态，特色文化产业主要有如下几种类型。

一是民族民间演艺产业。以民族民间演出的创作、生产、表演、销售、消费及经纪代理、艺术表演场地等配套服务构成的产业体系。演艺的产品包括民族民间音乐、民族民间歌舞、民族民间戏剧戏曲、民族民间曲艺、民族民间杂技等。演艺产业在文化产业中占据重要地位。国家近年来的多项重要规划都将发展文艺产业定位为发展文化产业的重点之一；随着经济的发展，民众的文化消费需求增长，观看娱乐性强、影响力大的演出节目成为百姓最普遍的文化消遣方式之一，民族民间演艺产业链包括文艺表演团体、演出场所、演出中介和演出票务。整体上，该产业是一个创意密集和劳动力密集的产业，也是一项能耗低的低碳产业，具有较大的就业辐射作用和扶贫效益。

二是民族民间工艺产业。民间传统工艺是指围绕民间手工艺生产的习俗惯制，包括人工制作的工艺品的传统方法、质料处理、行业信仰、手工艺人的师承关系、禁忌崇拜，以及工艺产品本身的民俗功能和含义。从其功能来看，可分为实用类工艺、欣赏类工艺、宗教类工艺。民间传统工艺的手工形态是传统的自然经济、农耕社会的产物，也是与特定环境相适应的智慧的体现。民间传统工艺往往与各民族人民的生产生活密切相关，在一个传统工艺活跃的年代，可以想象，一个制作人和使用者和谐共处的气氛。那些产品、工艺品都是工艺者"手工"制作的作品，它不仅为人民提供了生活、生产的需要，更通过产品传递了人与人之间的一种关系，密切了社会成员之间的互动，是一定社会中人群交往的重要方式①。

三是特色文化体验产业。文化生产者为消费者提供自主化、个性化的休闲方式，使消费者能够运用感官或思维能力对文化环境和过程进行感受，并将这种休闲方式大规模生产推广的产业。它强调消费者参与文化活动的主观感受，使消费者摆脱了以往文化产业活动中被动接受的"子弹论"困境，过一种高质量、多元化的创意生活。这种创意生活是一种无形的服务，是一种内在的文化消费形态，文化工作者用灵感换取创意想法，他们在获得精神体验的同时，给予消费者物质和精神体验。他们将服务作为自己赖以生存的法宝，同时将所要售出的商品作为依托，使消费者成为服务的获利者和享受者，给消费者难以忘记的消费体验。消费者在这种文化氛围中获得很强烈的主观感受。它强调消费过程和消费结果一样重要，甚至消费过程比消费结果更重要。它包括感官文化体验、情感文化体验、思考文化体验、行动文化体验、关联文化体验五种类型②。

第二节　特色文化产业的发展模式

一、产品展示模式

随着现代化对人们生产生活的渗透，传统文化的边界逐步解构。在此过程中，具有差异性和独特性的地方文化具备了被展示的特征和要素。在市场机制下，通过差异性、独特性文化产品的展示，地方特色文化逐渐向可参观性的产业形态发展。此外，随着人们精神消费需求的不断增长，以体验性消费为特征的旅游活动日益成为人们的一种生活方式。旅游体验属于他人的生活而又与自我息息相关的不同事物，这种渴望旅游的现代观念，催生了可参观性③。地方特色文化及其形成产业形态后的可参观性使得特色文化产业发展的产品展示模式变为可能，并成为地方特色文化产业发展最常见的模式。产品展示模式是以现有的文化资源为核心，以文化旅游及其配套服务、文化展演活动为主要形式的发展模式。该模式通过对具有地方特色的文化产品的生产过程以及生产出的产品进行展示，

---

① 聂爱文. 民族民间传统工艺的特点 [J]. 广西民族学院学报（自然科学版），2002（8）：55－56.
② 王攀. 用户至上：体验式文化产业特征与发展策略研究 [D]. 南宁：广西大学，2016.
③ ［英］贝拉·迪克斯，冯悦译. 被展示的文化——当代可参观性的生产 [M]. 北京：北京大学出版社，2012.

吸引消费者参观、体验并购买文化产品，在"生产—展示—销售"的产业链条中实现地方特色文化产业的发展。产品展示模式所提供的文化产品以初级或原生产品为主，展示形式包括动态展示和静态展示两种。动态展示包括展示性的生产、创作、表演，具体表现为传统手工制作技艺的活态展示，如蜡染、织锦、版画等传统制作技艺的现场展示，传统舞蹈、音乐、戏曲等民族民俗艺术表演，融入地方特色的书法、绘画创作演示，以地方特色文化为基础的演艺活动。静态展示主要是所生产的物质形态的产品及其初级衍生产品、文化产品的生产工具的展示，如工艺产品的展示、博物馆展示。在产品展示模式下，地方特色文化产业以文化资源的原始形态或初级开发形态为主。因此，地方特色文化产业发展的产品展示模式的建立主要取决于地方特色文化资源的特质及丰富程度。尤其是特色文化资源的特质，一定程度上决定了文化产品的形态和文化服务的供给类型，规定了地方特色文化产业发展的资源配置和产业联结方式①。

二、创意转化模式

创意转化模式是立足于地方特色文化资源，以文化创意推动地方特色文化资源创造性转化的发展模式。该模式分为两种情形：一是对地方原始文化资源的创意开发和转化，即对原始文化资源进行整合、提炼、包装，将无形的文化资源转化为创意性的文化产品并输出到市场。如《印象刘三姐》大型实景剧整合桂林山水的奇幻风光和广西民族文化的精髓，并对文化元素进行创意性的提炼、融合与包装，创造性地开发出独特的演艺产品，推向旅游市场。二是向原有产业注入创意，提升产业文化内涵、提升产品文化附加值的同时实现原有产业类型的多向度拓展和产品形态的多维度转化。从生产的角度，以原产业的生产为原型或基于形成原有产业的文化资源基础，进行产业边界和思维空间的拓展，实现原有产业的创意转化，同时也赋予了原产品文化内涵；从消费的角度，消费的对象由原有的产品拓展至经创意转化后的产品，产品的文化性质增强，消费规程更多地演化为文化体验，并通过文化体验感受消费对象的文化内涵。在创意转化模式下，注入了创意的地方特色文化产业更多传递的是地方特色的文化的符号与意义。即从提供纯粹的物质形态向无形的体验转向，使原有产品成为传递文化符号与意义的载体和途径②。

---

① 王秀伟，汤书昆. 文化授权：地方特色文化产业发展的模式选择——以中国宣纸集团宣纸文化产业为例［J］. 同济大学学报（社会科学版），2016（1）：8-12.

② 马骋，吴桥. 艺术品市场与集群发展——从文化资源到文化产业［M］. 上海：上海人民出版社，2013.

三、科技融入模式

当前，文化与科技融合已经成为文化产业转型升级的重要突破口。科技的运用和融入既是优化和提升文化产业的重要手段，又成为文化产业发展的模式和路径。地方特色文化产业的科技融入模式是指将科技知识和手段运用到地方特色文化资源的开发或融入传统文化产业的发展中，实现地方特色文化资源科技形态的转化，或者将特色文化产业的传统业态进行科技包装的模式。在科技融入模式下，文化产品的生产、传播和消费方式发生了改变，特色文化产业超脱了传统的产业结构形态，一定程度上实现了传统业态与新兴产业业态的融合，产业的价值空间得到拓展。特色文化产业与科技融合的新兴业态已成为主要潮流，国内外文化产业的竞争日益呈现出一场科学技术的竞争，依靠新科技移位、嫁接占据文化产业竞争制高点已成为新趋势，科技创新成为文化发展的新引擎，运用高新技术特别是信息技术改造传统文化产业，创新文化生产方式，并不断催生出文化科技融合的新业态。如西安大雁塔喷泉，巧妙地运用了现代科技，将景观工程与先进的时代文化和超前的艺术理念、浓郁的地方文化特色进行有机融合，精心构筑，大胆创新，音乐与喷泉共舞，共同描绘线条之美、色彩之美、律动之美、人性之美。此外，实景剧以特殊建筑、自然生态作为舞台场景、再现某特定地域的民俗风情，利用多种影视特技特效再现当地具有典型意义的经典故事情节，其科技含量也越来越重。

四、文化授权模式

文化授权既是一种动态的经济活动，又是一种推动产业融合的路径和促进产业发展的商业模式。这种模式可概括为：将文化作品或产品及其相关物，在市场机制下通过授权活动转化为多元化的商品或服务进行经营，推动相关产业发展并从中获取收益的模式①。文化授权的商业模式可分为直接授权和委托授权经纪代理授权两种模式。其中，直接授权是文化作品创作者、产品生产方或者作品、产品及相关标的物的版权拥有者作为授权主体与被授权者通过签订合同完成授权，并从授权活动中直接取得权利金回馈的模式。委托授权经纪代理授权的模式可概括为：由文化作品创作者、产品生产方或版权拥有者与作为授权经纪的授权方签订合约；授权方给付权利金并取得代表文化作品创作者、产品生产方或版权拥有

---

① 王秀伟，汤书昆. 文化授权：地方特色文化产业发展的模式选择——以中国宣纸集团宣纸文化产业为例［J］. 同济大学学报（社会科学版），2013：61－62.

者对授权对象进行处理的权利，如对作品或产品进行创意性的开发、包装，使之成为具有时尚特色与文化内涵的流通性商品；有相关需求的组织与授权方签订授权协议，有偿使用授权对象作为增加其收益的手段，并按合同规定回馈相应的报酬给授权方。

文化授权模式跳出了围绕本区域或本行业发展文化产业的窠臼，把文化产业的其他产业和业态进行嫁接、融合，实现了更大范围内的资源配置与产业整合，重塑了产业链条，形成一种崭新的产业发展思路。该模式有助于突破地方特色文化产业与其他产业融合发展的藩篱和瓶颈，从而为特色文化产业进入广阔的市场提供多元化的渠道，创造更为开阔的产业延伸空间。借助文化授权的模式，地方特色文化产业的生产要素能够实现区域性的空间流动和不同产业间的价值转移，在更大范围内实现特色文化资源的互补与共享。立足于地方文化产业发展的实际，文化授权模式有利于地方特色文化产业的延伸式融合，通过丰富文化产业的内涵、扩大文化产业的市场供给水平[①]，达到优化文化产业区域布局、实现文化产业协同发展和调整文化产业空间结构的目的。因此，融入文化、创意、市场要素的文化授权模式更加适合地方特色文化产业的发展。如图 2 - 1 所示。

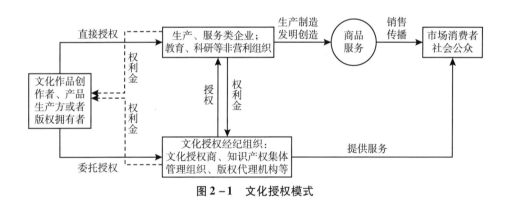

图 2 - 1　文化授权模式

第三节　产业扶贫的相关理论

一、国内外产业扶贫的相关研究

国外有关产业扶贫的研究主要集中在农业扶贫、旅游扶贫和农村手工艺扶贫

---

① 施永红. 产业融合理论视角下长三角文化产业发展研究 [D]. 上海：上海师范大学, 2010.

等方面。

（一）国外产业扶贫研究

国外产业扶贫主要集中在特色农业产业扶贫与旅游扶贫方面，相关的研究也主要从这两个产业方面展开。瑞本非卡、达威迪、黎瑞（Rui Benfica, David Tschirley, Liria Sambo, 2002）等人以莫桑比克农桑业和农业制度为例，认为政府在扶持农业和农村扶贫方面应有更大作为，如在促进农业产业化过程的政策应更直接，在改进道路和市场信息、改进农村教育、消除法律障碍、协调协会和生产者、研究技术发展与扩散、改良品种等方面加大力度。在细节方面，政府在投资项目中应追求减贫效应最大化，不应追求资本集约型技术，而是劳动密集型技术[1]。吉卡姆威特、吉丰汉德森（Joachim Ewert, Jeffrey Henderson, 2004）以南非葡萄酒产业为例，认为在市场压力和严格的超市标准背景下，农民劳动力成本增加，牺牲休闲或者违背合同，优胜者成为永久劳动力，拥有住房保障和赚取最低保障工资，但部分合同工被冷落，失去收入保障[2]，该案例对产业扶贫的"阶段性"和"技术性门槛"具有重要启迪意义。瓦瑞萨斯拉（Wayyn R. Susila, 2004）以印度尼西亚的油棕产业为例，认为油棕产业对家庭福利和增收方面有显著的积极效应，超过500万人或超过63%的小农家庭收入来自油棕产业，油棕收入在家庭财产中的份额非常显著，达到63%~72%。在减贫方面，油棕产业发挥了重要作用，甚至成为政府的减贫指标，受到政府的高度重视[3]。卡瑞哈卡、扎玛（Cyriaque Hakizimana, Julian May, 2011）以布隆迪小规模鳄梨种植产业为例，通过实证的方法，证实了鳄梨产业链促进了多方受益，鳄梨种植者增收有限，主要原因在于规模不足，鳄梨销售环节中能够有效带动食物、服装、收音机等商业行业的蓬勃发展，从而带动农村经济的活跃，认为农业可以作为一个引擎，是减少贫困的主要驱动力[4]。安德哈罗德（Andrew Holden, 2013）通过对非

---

① Rui Benfica, David Tschirley, Liria Sambo, Agro-industry and Small Holder Agriculture: Institutional Arrangements and Rural Poverty Reduction in Mozambique. Food Security Collaborative Policy Briefs, 2002 (10), No. 33E.

② Joachim Ewert, Jeffrey Henderson, How Globalization and Competition Policy Inhibit Poverty Reduction: The Case of the South African Wine Industry. Paper Presented to the 3rd International Conference of the Centre for Competition and Regulation, Cape Town, September 7th – 9th, 2004.

③ Wayan R. sulila, Contribution of Oil Palm Industry to Economic Growth and Poverty Alleviation in Indonesia. Jurnal Litbang Pertanian, 2004, 23 (3).

④ Cyriaque Hakizimana, Julian May. Agriculture and Poverty Reduction: A Critical Assessment of the Economic Impact of the Avocado Industry on Small Holder Farmers in Giheta – Burundi, Published by the School of Development Studies, University of KwaZulu – Nata, 2011.

洲、南亚、东亚等地区旅游扶贫案例的细致考察，从贫困概念入手，分析贫困原因、旅游扶贫机制、未来发展中旅游与贫困之间的关系，认为旅游在发展中国家和地区减贫扶贫中作用巨大，不可忽视[①]。哈罗德歌德卫（Harold Goodwin，2008）分析了社区旅游与生态旅游在扶贫导向型旅游（PPT）中的区别，并通过案例剖析，总结了旅游扶贫的经验教训和识别原则[②]。法瑞博安瑞（Fariborz Aref，2011）以伊朗为例，分析了旅游在扶贫过程中的作用与障碍，认为旅游作为很多国家扶贫减贫的重要手段，但是在发展中国家旅游扶贫遇到了很多障碍，如反对态度、组织障碍和社区障碍等[③]。马克翰译德（Meghan E. Edwards，2009）以墨西哥瓦哈卡工匠为研究对象，分析了艺术品对地区经济、社区组织以及旅游发展的重要影响，间接阐述了特色工艺产业的扶贫效益[④]。

（二）国内产业扶贫研究

国内学者在产业扶贫方面的研究比较多，如从产业扶贫的概念、逻辑体系、耦合路径、经验模式等角度进行理论探索，也有从案例剖析、经验介绍、问题分析角度进行实践的归纳研究。胡振光等（2014）提出产业扶贫就是以产业链的组织形式，围绕某种产品、资源或服务，建立一套系统的经营方式，对贫困群众实施"造血式"的扶贫方式。在多元主体参与式扶贫框架下，产业扶贫由贫困群众、农村经济合作组织、龙头企业、地方政府组成，如图 2-2 所示，地方政府代表国家权威，是产业扶贫的行动主体，其功能是执行扶贫政策。龙头企业联合农村经济合作组织，引领贫困农户组成利益共同体，实施农业产业化经营，提高农业经济效益。农村经济合作组织是贫困农户参与农业产业发展的重要平台，其职责是代表贫困农户与龙头企业进行合作和谈判，并监督龙头企业。贫困农户是扶贫对象，接受帮扶的客体对象，同时也是农业产业化的参与主体，具有项目决策和实施的职责[⑤]。

① Andrew Holden, Tourism, Poverty and Development, Routledge, 2013：200 – 216.

② Harold Goodwin, The Council for Community and Economic Research Executive Summary, Applied Research in Economic Development, Vol. 5, pp：103 – 112, issue 3, December 2008.

③ Fariborz, Tourism Industry for Poverty Reduction in Iran, Aref, African Journal of Business Management, 2011, 5 (11)：4191 – 4195.

④ Edwards, Meghan E. , Crafting Culture：Artisan Cooperatives in Oaxaca, Mexico, UC San Diego Electronic Theses and Dissertations, M. A. , UC San Diego, 2009 (1)：95 – 100.

⑤ 胡振光，向德平. 参与式治理视角下产业扶贫的发展瓶颈及完善路径 [J]. 学习与实践，2014 (4)：99 – 100.

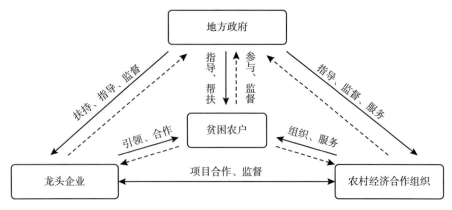

图 2 - 2 多元主体参与式产业扶贫模式

尹利民等（2017）认为，产业扶贫具有政策目标上的确定性，具有实施效果上的不确定性。产业扶贫在目标内容上、目标手段上、目标功能上都具有确定性，但政策实施效果受到实施者的执行力、参与者的个体差异、组织的结构特征、实施环境和技术等因素的影响，导致实施结果与政策最初目标存在一定张力，即存在不确定性①。按新结构经济学的思路，治贫的根本在于经济增长，持续有力的经济增长才能带动就业，提高福利。而经济增长的关键在于产业发展。产业能否自我发展，取决于资源禀赋和比较优势。资源禀赋包括资本、劳动力、自然资源以及基础设施。具体而言，在早期，要通过发展劳动密集型产业和资源密集型产业发展生产、积累剩余。然后逐步引入成熟的技术，实现产业结构升级，但又不偏离地区资源禀赋②。徐翔（2011）等认为，融资能力是产业扶贫的关键要素，融资模式决定融资能力，决定产业扶贫成效。产业扶贫融资既受金融机构、政府、协会、产业组织的影响，又受市场、农户、资源等因素的影响，同时还受到投资环境、市场环境、政策环境、资源环境等诸多因素的束缚。在这个系统工程中，政府应在经济环境的打造、融资渠道和方向的引导、融资风险的规避等方面积极作为，控制产业扶贫风险，探索产业扶贫的有效途径③。

从实践层面，一些国内学者从发达国家的产业扶贫考察中总结经验，也有从国内产业扶贫的具体案例中总结规律、分析问题的应用性研究。发达国家在产业

---

① 尹利民，赵珂. 产业扶贫的确定性与不确定性——基于产业扶贫政策的一项效果分析 [J]. 南昌大学学报（人文社会科学版），2017（4）：63 - 68.

② 林毅夫. 新结构经济学：反思经济发展与政策的理论框架 [M]. 北京：北京大学出版社，2012.

③ 徐翔，刘尔思. 产业扶贫融资模式创新研究 [J]. 经济纵横，2011（7）：85 - 88.

扶贫方面起步较早，积累了一定经验，如美国采用专业机构＋政策支持＋项目实施的扶贫方式①。第一，成立产业扶贫开发的专门性机构，如田纳西流域管理局。第二，给予财政和金融政策支持，通过军事工业和地方产业结合、转移支付与信贷优惠相结合、教育培训等方式促进居民就业与创业。第三，以项目方式援助农村发展。通过实施能源项目、商业项目、社区项目等方式促进农村地区的发展。法国采用专门机构＋整治计划＋多元化转移支付制度的扶贫方式。第一，建立贫困地区扶贫开发的专门性协调机构，如国土整治全国委员会、地区计划委员会，并设立"工业自应性特别基金""地方开发基金"等，提高贫困地区的基础设施建设。第二，实施国土资源开发整治计划，具体包括农村改革政策、山区开发政策等系统性的计划。第三，设计多元化的资源产业扶贫转移支付制度。包括专项补助、特定补助、一般性补助和替代转移等。这些模式对我国的产业扶贫具有重要的借鉴价值。

我国贫困地区类型多样，资源特点、自然环境、经济产业、历史文化等差异性较大，各地区积极探索产业扶贫路径，也产生了不少成功的产业扶贫模式。学界从理论层面展开了深入的探索，如张慧君（2013）以赣南地区为例，以新结构经济学理论为基础，提出赣南苏区要想摆脱贫困状态，要充分利用比较优势，提升产业结构，一是借助资源禀赋，巩固提升传统优势产业，积极发展新兴产业。二是创新产业扶贫融资模式，大力拓展融资渠道。三是提高人力资本存量，加快技术创新步伐。四是完善基础设施建设，促进产业集聚和产业结构升级。五是完善制度和政策保障，优化产业发展环境②。李志萌、张宜红（2016）认为，赣南老区可以尝试"龙头企业＋合作社（基地）＋贫困农户"产业扶贫、"金融服务＋"产业扶贫、"特色旅游＋"产业扶贫、"互联网＋"产业扶贫、"移民搬迁进城进园"产业就业扶贫等有效模式，同时，努力克服种植品种单一与农业生物多样性需求的矛盾、家庭分散经营与生产集约现代化需求的矛盾、扶贫产业链短与"接二连三"利益链延长的矛盾、单一融资模式（政府）与产业扶贫较大资金需求的矛盾。提出了产业与生态耦合、企业与贫困户利益联结、产业技术带动与推广、政府投入与社会资本、贫困群众脱贫致富与贫困地区经济发展相统一的破解路径③。申红兴（2014）以青海藏区为例，认为青海藏区贫困情况复杂，自然环境恶劣，经济发展水平低下，社会发展落后，产业扶贫中要把握政府诉求、企业诉求和农民诉求，从政策支持、基础设施支持、资金支持、人才支持、科技

① 吕国范. 发达国家资源产业扶贫的模式及经验启示 [J]. 商业时代，2014（29）：120 – 121.
② 张慧君. 赣南苏区产业扶贫的"新结构经济学"思考 [J]. 经济研究参考，2013（33）：65 – 72.
③ 李志萌，张宜红. 革命老区产业扶贫模式、存在问题及破解路径——以赣南老区为例 [J]. 江西社会科学，2016（7）：61 – 67.

支持和市场支持入手①。黄承伟、周晶（2016）回顾了贵州省石漠化片区草场畜牧业扶贫历程，认为该模式能实现经济效益、生态效益、社会效益的"三赢"局面，其核心要素有耦合的制度设计、合理的技术—服务体系、土地—劳动力要素之间合理的利益联结机制，多方资源有效整合②。许汉泽、李小云（2017）以基于华北李村产业扶贫项目的考察，认为产业扶贫项目在申请阶段存在"精英捕获"现象，在项目具体投放阶段存在"弱者吸纳"现象，在项目实施之后，存在"虎头蛇尾"现象，损坏了农民传统的生计系统，认为这类现象的出现源自市场化逻辑与社会逻辑之间的悖论。基于此，认为产业扶贫在申请过程中要向条件较差地区倾斜，防治"政绩工程"出现。在项目执行过程中，要避免"逆向选择"；在项目实施过程中，要彻底取消地方配套；在经营模式上要防止盲目规模化，尊重农业发展规律；在产业扶贫项目完成后，要加强后续维持和可持续发展③。郭利芳（2011）以攀西民族地区资源型产业扶贫为例，基于攀西地区丰富的矿产资源、水利资源、农业生物资源和旅游资源，打造钒钛资源创新开发实验区，利用资源优势发展特色旅游业，促进人口、资源、环境的协调发展④。张亚男（2013）以乌蒙山区的昭通市为例，以马铃薯产业、畜牧业、蔬菜产业、苹果产业、魔芋产业、蚕桑产业、竹子产业为对象，探索了农业产业化扶贫问题⑤。李文敏（2016）以云南藏区迪庆县农业产业扶贫为例，认为该地区具有农业产业发展的得天独厚的先天优势，尤其是葡萄种植和葡萄酒产业对扶贫具有重要现实意义⑥。谭健星（2014）以武陵山区清太坪镇生猪养殖产业扶贫模式进行评估，认为市场渠道、消费习惯、产品竞争力、信息通达性、风险防范等都是制约生猪养殖产业扶贫的重要瓶颈⑦。

---

① 申红兴. 构建青海藏区产业扶贫动力机制研究 [J]. 宁夏社会科学，2014（4）：54–59.

② 黄承伟，周晶. 减贫与生态耦合目标下的产业扶贫模式探索——贵州省石漠化片区草场畜牧业案例研究 [J]. 贵州社会科学，2016（2）：22–25.

③ 许汉泽，李小云. 精准扶贫背景下农村产业扶贫的实践困境——对华北李村产业扶贫项目的考察 [J]. 西北农林科技大学学报（社会科学版），2017（1）：9–16.

④ 郭利芳. 攀西民族地区资源型产业扶贫研究 [J]. 技术经济与管理研究，2011（11）：125–128.

⑤ 张亚男. 乌蒙山民族走廊产业性贫困与产业扶贫研究 [D]. 武汉：中南民族大学，2013.

⑥ 李文敏. 云南藏区在全面建成小康社会目标中农业产业扶贫的困境及对策研究 [D]. 昆明：云南大学，2016.

⑦ 谭健星. 武陵山片区产业扶贫开发现状调查研究——以清太坪镇"150"模式生猪养殖为例 [D]. 兰州：西北民族大学，2014.

二、特色文化产业扶贫的内在规律

(一) 特色文化产业的产业生命周期

特色文化产业具有文化艺术的基本特征，同时也具备产业发展的逻辑规律。从产业发展角度来讲，文化产业遵循产品生命周期规律，具有以下四个发展阶段[①]。第一阶段是投入期，特色文化产品投入市场初期，只有少数顾客为猎奇求新而购买，销售量很少，产品供给者对生产技术的把握还不成熟，宣传促销成本较高，这一阶段，市场需求比较狭窄，企业利润不高，甚至为负。在扶贫效果方面，特色文化产业在投入期的直接就业主要是技艺传承人、地方精英人士以及投资人，间接拉动的就业十分有限，扶贫效果较差。第二阶段是成长期。特色文化产品和服务加快发展，顾客越来越多地了解产品，大量新顾客进入购买行列，市场需求扩大。产品的生产技术逐步成熟，成本急剧下降，企业有利可图，竞争者纷纷进入市场。在扶贫效果方面，困难群众热情高涨，并积极参与各种技能培训，部分创业者通过贷款融资创新创业，实现脱贫致富，部分就业者经过工艺技能和管理技能培训，实现直接就业。此外，特色文化产业的快速发展间接延伸到上下游产业就业和横向关联产业就业，如知名文化旅游目的地周边的旅行社、交通、住宿、餐饮等行业将产生大量的工作岗位，特色工艺技艺产业将带动物流、仓储、培训等产业的发展，并形成大量的工作岗位，该阶段总体扶贫效果较好。第三阶段是成熟期。市场需求达到顶峰甚至趋于饱和，潜在顾客减少，市场竞争激烈，产品价格降低，企业利润下降。在扶贫效果方面，行业的直接就业人数接近饱和，经过培训进入行业的贫困人数开始减少，上下游产业和横向拉动的间接就业基本保持稳定，创新创业机会减少，扶贫效果接近临界值。第四阶段是衰退期，产品和服务销售额出现下降，产业衰退并出现区域转移，顾客的消费偏好开始转变，企业利润急剧下降。在扶贫效果方面，部分中小企业倒闭，就业岗位减少，大企业进入新一轮创新，资金和技术代替劳动，脱贫群众返贫风险增大，如图 2 - 3 所示。

[①]　熊正贤. 特色文化产业扶贫的特征分析与绩效问题研究——以武陵山区为例 [J]. 云南民族大学学报 (哲学社会科学版)，2017 (3)：108 - 115.

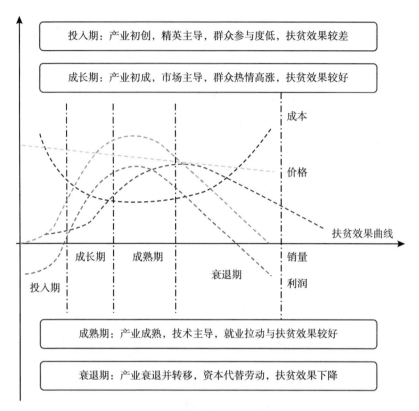

投入期：产业初创，精英主导，群众参与度低，扶贫效果较差

成长期：产业初成，市场主导，群众热情高涨，扶贫效果较好

成本

价格

扶贫效果曲线

成长期　成熟期　　　　　　销量

衰退期

投入期　　　　　　　　　　利润

成熟期：产业成熟，技术主导，就业拉动与扶贫效果较好

衰退期：产业衰退并转移，资本代替劳动，扶贫效果下降

图2-3　特色文化产业扶贫的产品生命周期规律

由此可见，特色文化产业扶贫效果具有产品生命周期类似的规律，呈现倒"U"形特征。但贫困地区的特色文化产业，一方面，由于贫困人群整体素质较差、学习能力较弱、市场意识不活，因此该群体通过自我学习以及技能培训并实现就业不容易，即入门难。当产业衰退时，该群体危机意识不强，技能转型也不容易，即转型难，这就形成了就业刚性。另一方面，由于特色文化产业具有文化与艺术的特点，文化创意是其灵魂，产品创新的频率相对较高，产品进入成熟期之后，不会马上进入衰退期，甚至有些产业又会快速进入下一期的产品生命周期，这就使得就业效果持续时间较长，就业黏性更明显一些。基于以上两个方面的原因，导致特色文化产业扶贫的倒"U"形曲线滞后于产品生命周期曲线，同时该曲线要更平缓一些。

（二）特色文化产业扶贫的"双刃剑"特征

特色文化产业扶贫是指通过具有区域性和民族性特征的文化产业的发展带动

区域经济增长与就业，并激发贫困人口的生产自信和文化自信，有效缓解贫困人口的物质贫困和精神贫困问题。

对贫困地区而言，特色文化产业的发展与贫困减缓既有相互促进的方面，又存在"双刃剑"的问题。第一，特色文化产业的发展能促进居民就业，直接提高居民收入，同时也带动旅游、交通、餐饮等相关行业，促进间接就业，从而形成特色文化产业发展—就业带动—贫困减缓的良性循环。但同时，特色文化产业就业具有较高门槛，贫困群众往往素质较低，参与度不高，容易形成特色文化产业发展—就业者脱贫致富—未就业者边缘化—贫富差距拉大的"马太效应"。第二，特色文化产业能提高居民的文化自信和生产自信，并树立居民的市场经济意识和创业精神，有效解决精神贫困问题。但同时，特色文化产业发展中可能存在"造假、造谣、造势"的商业化驱动，容易导致文化失真和文化品牌丧失的风险、农民脱贫后容易出现返贫风险。由此可见，特色文化产业扶贫是把"双刃剑"，如图 2 - 4 所示。

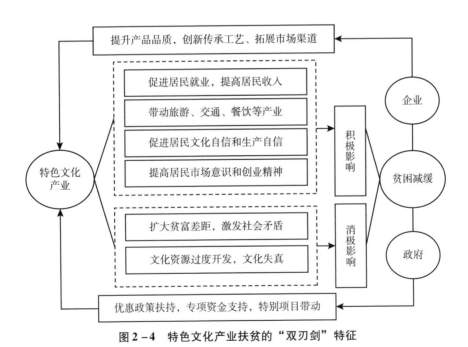

图 2 - 4　特色文化产业扶贫的"双刃剑"特征

（三）特色文化产业与贫困人口增收的耦合特征

特色文化产业通过产业发展带动贫困地区居民直接就业和间接就业，从而增加居民收入，实现脱贫。从理论上讲，特色文化产业与贫困减缓之间的耦合关系可以由特色文化产业发展与居民增收之间的关系、贫困减缓与居民增收之间的关系导出。

第一，特色文化产业与居民增收之间的理论模型。目前，理论界有关特色文化产业发展与居民增收之间的关系还没有定性模型和系统性研究，笔者根据以下几点假设构建理论模型。

假设一：特色文化产业具有初创、成长、成熟、衰退的产业生命周期，在空间上也会经历分散、集聚、分散的发展规律。

假设二：特色文化产业的直接就业者是技能型就业，必须经过专门的培训或技艺传承，特色文化产业的发展对居民绝对收入增加具有纯正外部性，但对扩大贫富差距可能存在负外部性。

假设三：贫困地区的特色文化产业目前还处于初级阶段，规模小、空间分散、粗放生产和经营是其主要特征。

假设四：特色文化产业经历成长期以后，从小作坊式生产走向规模化经营、从个体户经营走向企业化经营、从粗放式生产走向标准化生产是其必然趋势，农民增收在"广度"和"深度"上也会经历先快后慢的过程。

基于以上几点假设，借鉴美国经济学家格鲁斯曼（Grossman）和克鲁格（Krueger）的假说，本书以某一区域特色文化产业发展为例，提出特色文化产业发展与农民增收幅度之间的倒"U"形曲线模型，数学表达式如下：

$$M = N - F(X - P)^2 \qquad (2-1)$$

其中，M 表示农民整体增收幅度（农民增收的绝对数），X 表示文化产业发展程度（产值规模），N 表示增收幅度临界值，F 和 P 为大于 0 的参数，其中 $M \geqslant 0$，如图 2-5、图 2-6 所示。

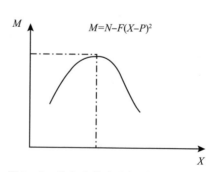

图 2-5　特色文化产业与居民增收关系

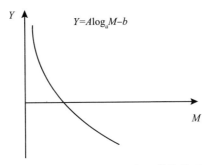

图 2 - 6　农民贫困率与农民增收关系

第二，农民增收与贫困减缓之间的理论模型。贫困减缓与农民增收之间理应存在一致性关系，但由于以下几个方面的原因，因此两者的关系未必是线性的。其一，绝对贫困线并不是固定的。1990 年，世界银行选择一组当时最贫穷国家的贫困线，用购买力平价换算成美元，大约是每人日均 1 美元左右。2005 年，世界银行基于国际比较和物价因素，将国际贫困线调整为每人日均 1.25 美元。2015 年，世界银行又将贫困线调整为每人日均 1.9 美元。我国目前的农民贫困线标准是人均纯收入每年 2300 元，而 2010 年，这一标准是 1274 元。其二，粗放式扶贫与农民增收之间具有直接正向关系，但精准扶贫强调特殊人群的扶贫，不是粗放式地提高农民收入，而是针对特殊贫困户的扶贫（或因病致贫，或因灾致贫，或无一技之长致贫等），它属于精准灌溉，而不是大水漫灌，因此可能会出现某地区农民整体增收幅度不小，但是贫困人口脱贫率仍然不高的现象。基于上述思考，笔者认为，贫困减缓与农民增收不是单纯的线性关系，也不是双曲线模型，而应该是对数曲线。公式表达如下：

$$Y = A\log_a M - b \tag{2-2}$$

其中，Y 表示农民贫困率，M 表示农民整体增收幅度，A 表示非 0 参数，$0 < a < 1$，$0 < b < 1$，Y 越小表示扶贫效果越好，Y 等于 0 表示全部脱贫。

第三，特色文化产业与贫困减缓的耦合模型。特色文化产业发展与贫困减缓之间的耦合关系由上述两个模型复合而成，将式（2 - 1）代入式（2 - 2），得到式（2 - 3）：

$$Y = A\log_a\left[N - F(x - p)^2\right] - b \tag{2-3}$$

从式（2 - 3）可以发现，当 $A\log_a\left[N - F(x - p)^2\right] = b$ 时，$Y = 0$，即贫困率为 0，扶贫效果达到目的，将上述等式进行转换，得到式（2 - 4）：

$$x = \left(\frac{N - a^{\frac{b}{A}}}{F}\right)^{\frac{1}{2}} + p \tag{2-4}$$

由此可见，特色文化产业发展与贫困减缓之间的耦合关系为幂函数和指数函数叠加而成，从中可以定性分析其内在的耦合关系：

当 $\left(\dfrac{N-a^{\frac{b}{A}}}{F}\right)^{\frac{1}{2}}+p=X$ 时，即脱贫率为100%，特色文化产业与扶贫处于正向耦合的最佳阶段，扶贫效果最好；

当 $\left(\dfrac{N-a^{\frac{b}{A}}}{F}\right)^{\frac{1}{2}}+p>X$ 时，即脱贫率低于100%，特色文化产业与扶贫处于正向耦合阶段，扶贫效果较好；

当 $\left(\dfrac{N-a^{\frac{b}{A}}}{F}\right)^{\frac{1}{2}}+p<X$ 时，即脱贫率低于100%，特色文化产业与扶贫处于反向耦合阶段，扶贫效果下降。

由此可见，特色文化产业对扶贫的正向耦合效应存在临界值。在特色文化产业发展的初级阶段和粗放发展阶段，产业发展对就业的拉动效应较好，劳动密集型特征明显，居民贫困率随着特色文化产业产值的增加而逐步减少；随着特色文化产业的进一步发展，其拉动就业和促进居民增收的扶贫效果会出现最佳值；之后，特色文化产业可能出现规模化生产和标准化生产，机器代替劳动将会出现，特色文化产业的劳动密集型特色将丧失，扶贫效果将下降。

第三章

武陵山区致贫因素与扶贫现状

第一节　基本区情

武陵山区包括湖北、湖南、重庆、贵州四省市交界地区的 71 个县（区、市），国土总面积为 17.1 万平方千米。2010 年末，总人口为 3645 万人，其中城镇人口为 853 万人，乡村人口为 2792 万人。2017 年末，武陵山区的 71 个区县常住人口为 3145 万[①]，境内有土家族、苗族、侗族、白族、回族和仡佬族等 9 个世居少数民族。武陵山片区属亚热带向暖温带过渡类型气候。境内有乌江、清江、澧水、沅江、资水等主要河流，水能资源蕴藏量大，土地资源丰富。矿产资源品种多样，锰、锑、汞、石膏、铝等矿产储量居全国前列。旅游资源丰富，自然景观独特，组合优良，极具开发潜力。区内森林覆盖率达 53%，是我国亚热带森林系统核心区、长江流域重要的水源涵养区和生态屏障。生物物种多样，素有"华中动植物基因库"之称。

一、经济发展

2017 年，武陵山区的 71 个区县的 GDP 总量为 8647 亿元；全社会固定资产投资总额为 8411 亿元；消费品零售总额为 3794 亿元，其中，巴东县为 63 亿元、宣恩县为 43 亿元；城市居民可支配收入和农村居民可支配收入中位数 3794 亿元（见表 3 - 1）[②]。基础设施建设取得明显进展。渝怀、枝柳等铁路，沪昆、渝黔、

---

① 笔者根据 71 个区县 2016 年、2017 年政府工作报告和统计公报进行统计得出。
② 总量数据根据 71 个区县官方统计数据进行加总处理（地区生产总值、财政收入、消费品零售总额、固定资产投资）。

渝湘等高速公路，张家界、黔江、铜仁等机场，以及建设中的渝利、黔张常高速和沪昆客运专线等跨区域重大交通项目，初步构筑起武陵山区对外立体交通大通道，具备了一定发展基础和条件，如表 3-1 所示。

表 3-1   武陵山区基本区情

地区	行政区域面积（平方千米）	常住人口（万人）	GDP 总量（亿元）	全社会固定资产投资（亿元）	消费品零售总额（亿元）	城市居民可支配收入（元）	农村居民可支配收入（元）	资料来源
黔江	1397	48	232	263	103	29812	10792	2017 年黔江区国民经济和社会发展统计公报
酉阳	5173	55	140	140	59	24585	8852	2017 年酉阳县国民经济和社会发展统计公报
秀山	2450	48	163	167	76	29956	10189	2017 年秀山县国民经济和社会发展统计公报
彭水	3903	49	141	179	68	26808	10196	2017 年彭水县国民经济和社会发展统计公报
石柱	3013	38	176	98	57	32584	12845	2018 年石柱县国民经济和社会发展统计公报
武隆	2901	35	160	144	59	32495	11744	2017 年武隆县国民经济和社会发展统计公报
丰都	2901	58	207	252	83	28763	11869	2017 年丰都县国民经济和社会发展统计公报

续表

地区	行政区域面积（平方千米）	常住人口（万人）	GDP总量（亿元）	全社会固定资产投资（亿元）	消费品零售总额（亿元）	城市居民可支配收入（元）	农村居民可支配收入（元）	资料来源
恩施	3972	77	206	204	175	28817	9895	2017年恩施市政府工作报告
利川	4602	67	118	134	98	26711	9473	2017年利川县国民经济和社会发展统计公报
建始	2667	42	93	104	62	25138	9523	2017年建始县国民经济和社会发展统计公报
巴东	3354	43	106	118	63	25496	9476	2017年巴东县国民经济和社会发展统计公报
宣恩	2740	31	66	53	43	24954	9408	2017年宣恩县国民经济和社会发展统计公报
咸丰	2550	31	79	75	45	24999	9475	2017年咸丰县国民经济和社会发展统计公报
来凤	1344	25	69	45	40	25690	9362	2017年来凤县国民经济和社会发展统计公报
鹤峰	2892	20	52	49	29	23122	9159	2016年鹤峰县国民经济和社会发展统计公报
长阳	3424	39	135	92	53	26532	9687	2017年长阳县国民经济和社会发展统计公报

续表

地区	行政区域面积（平方千米）	常住人口（万人）	GDP总量（亿元）	全社会固定资产投资（亿元）	消费品零售总额（亿元）	城市居民可支配收入（元）	农村居民可支配收入（元）	资料来源
五峰	2348	19	71	32	26	26395	10335	2018年五峰县国民经济和社会发展统计公报
秭归	2427	37	126	102	48	25829	9675	2017年秭归县政府工作报告
吉首	1062	35	154	155	97	27881	9720	2018年吉首市国民经济和社会发展统计公报
泸溪	1566	29	56	31	16	21461	7518	2017年泸溪县国民经济和社会发展统计公报
凤凰	1751	33	81	71	49	22698	9142	2017年凤凰县国民经济和社会发展统计公报
花垣	1100	30	68	33	16	22586	7859	2017年花垣县国民经济和社会发展统计公报
保靖	1760	29	52	16	13	20256	12887	2017年保靖县国民经济和社会发展统计公报
古丈	1286	13	25	32	6	19555	6932	2017年古丈县国民经济和社会发展统计公报
永顺	3810	45	66	50	39	19852	7168	2017年永顺县国民经济和社会发展统计公报

续表

地区	行政区域面积（平方千米）	常住人口（万人）	GDP总量（亿元）	全社会固定资产投资（亿元）	消费品零售总额（亿元）	城市居民可支配收入（元）	农村居民可支配收入（元）	资料来源
龙山	3131	49	80	67	43	20054	8494	2017年龙山县国民经济和社会发展统计公报
永定	2174	47	226	163	106	26011	9074	2017年张家界永定区政府工作报告
武陵源区	398	6	56	37	15	27571	12029	2017年张家界武陵源区国民经济和社会发展统计公报
慈利	3480	61	183	94	62	22092	9734	2017年慈利县国民经济和社会发展统计公报
桑植	3474	39	91	49	36	15653	7210	2017年桑植县国民经济和社会发展统计公报
石门	3973	60	271	233	121	22923	10561	2017年石门县国民经济和社会发展统计公报
沅陵	5852	60	185	136	60	20916	8583	2017年沅陵县国民经济和社会发展统计公报
辰溪	1977	47	118	118	50	21235	9030	2017年辰溪县国民经济和社会发展统计公报
溆浦	3440	76	152	126	68	21631	10202	2017年溆浦县国民经济和社会发展统计公报

续表

地区	行政区域面积（平方千米）	常住人口（万人）	GDP 总量（亿元）	全社会固定资产投资（亿元）	消费品零售总额（亿元）	城市居民可支配收入（元）	农村居民可支配收入（元）	资料来源
麻阳	1568	36	78	67	31	21342	7650	2017 年麻阳县国民经济和社会发展统计公报
新晃	1508	24	57	72	19	20752	8697	2018 年新晃县国民经济和社会发展统计公报
芷江	2099	35	108	71	42	22131	8086	2017 年芷江县国民经济和社会发展统计公报
鹤城	773	61	355	182	215	29964	13035	2017 年怀化鹤城区国民经济和社会发展统计公报
中方	1467	25	108	155	21	25536	10165	2017 年中方县国民经济和社会发展统计公报
洪江	2173	41	116	117	34	21978	10100	2017 年洪江市国民经济和社会发展统计公报
会同	2244	34	74	62	21	20185	9015	2017 年会同县国民经济和社会发展统计公报
靖州	2211	26	83	55	32	20151	8769	2017 年靖州县国民经济和社会发展统计公报
通道	2239	21	42	46	15	19276	6887	2017 年通道县国民经济和社会发展统计公报

地区	行政区域面积（平方千米）	常住人口（万人）	GDP总量（亿元）	全社会固定资产投资（亿元）	消费品零售总额（亿元）	城市居民可支配收入（元）	农村居民可支配收入（元）	资料来源
隆回	2866	114	172	176	97	23217	9174	2017年隆回县国民经济和社会发展统计公报
新邵	1763	78	138	168	70	24449	10020	2017年新邵县国民经济和社会发展统计公报
洞口	2200	81	168	218	82	24803	9709	2017年洞口县国民经济和社会发展统计公报
邵阳	1992	94	144	229	94	24398	9714	2017年邵阳县国民经济和社会发展统计公报
武冈	1549	78	143	223	84	24395	10779	2017年武冈县国民经济和社会发展统计公报
绥宁	2927	36	90	85	39	22871	9211	2017年绥宁县国民经济和社会发展统计公报
城步	2646	27	40	52	27	21988	7160	2017年城步县国民经济和社会发展统计公报
新宁	2751	59	102	95	51	23599	9109	2017年新宁县国民经济和社会发展统计公报
冷水江	439	35	302	236	103	31729	21184	2017年冷水江市国民经济和社会发展统计公报

续表

地区	行政区域面积（平方千米）	常住人口（万人）	GDP总量（亿元）	全社会固定资产投资（亿元）	消费品零售总额（亿元）	城市居民可支配收入（元）	农村居民可支配收入（元）	资料来源
新化	3567	114	245	174	104	19266	7920	2017年新化县国民经济和社会发展统计公报
涟源	1895	98	286	233	124	20322	9096	2017年涟源市国民经济和社会发展统计公报
安化	4950	86	221	169	111	17030	8138	2017年安化县国民经济和社会发展统计公报
碧江	1514	32	160	351	52	29135	11463	2017年铜仁碧江区国民经济和社会发展统计公报
万山	338	27	48	111	12	27767	8553	2017年铜仁万山区国民经济和社会发展统计公报
玉屏	516	13	38	92	11	27849	10534	2017年玉屏县国民经济和社会发展统计公报
松桃	2861	49	127	119	27	26171	8068	2017年松桃县国民经济和社会发展统计公报
印江	1961	29	95	96	15	26031	8058	2017年印江县国民经济和社会发展统计公报
沿河	2469	45	103	135	21	25833	8016	2017年沿河县国民经济和社会发展统计公报

续表

地区	行政区域面积（平方千米）	常住人口（万人）	GDP 总量（亿元）	全社会固定资产投资（亿元）	消费品零售总额（亿元）	城市居民可支配收入（元）	农村居民可支配收入（元）	资料来源
思南	2231	50	130	140	28	26212	8090	2017 年思南县国民经济和社会发展统计公报
江口	1869	18	56	162	11	26727	8285	2017 年江口县国民经济和社会发展统计公报
石阡	2172	31	8	70	12	25986	8197	2017 年石阡县国民经济和社会发展统计公报
德江	2072	37	107	82	20	26300	8048	2017 年德江县国民经济和社会发展统计公报
正安	2595	39	101	89	24	26659	9189	2017 年正安县国民经济和社会发展统计公报
道真	2156	25	65	64	16	26645	9178	2017 年道真县国民经济和社会发展统计公报
务川	2773	32	69	74	70	26594	9124	2017 年务川县国民经济和社会发展统计公报
湄潭	1845	38	105	117	34	29536	12137	2017 年湄潭县国民经济和社会发展统计公报
凤冈	1883	31	77	54	21	26639	10198	2017 年凤冈县国民经济和社会发展统计公报

续表

地区	行政区域面积（平方千米）	常住人口（万人）	GDP总量（亿元）	全社会固定资产投资（亿元）	消费品零售总额（亿元）	城市居民可支配收入（元）	农村居民可支配收入（元）	资料来源
余庆	1630	24	81	106	19	26721	10631	2017年余庆县国民经济和社会发展统计公报
总计	171004	3145	8647	8411	3794			

注：表中数据按四舍五入取整数处理。

二、社会事业

教、科、文、卫等社会事业得到长足发展。全面实现"普九"，2010年，7~15岁适龄儿童在校率达到97.65%，成人文盲率下降到2.2%；每万人专业技术人员数达到133.6人，科技攻关、科技成果转化率不断提高；卫生医疗条件逐步改善，每万人有医护人员10.18人，拥有病床12.85张，所有乡镇都设立了卫生院，77.7%的村建立了村级卫生室，新型农村合作医疗参合率达89.73%；农村低保覆盖面逐步扩大，2010年全区共有251.73万人享受低保①。

三、民族文化

武陵山区民族融合和文化开放程度高，内外交流不存在语言文化障碍。在漫长的历史过程中，形成了以土家族、苗族、侗族、仡佬族文化为特色的多民族地域性文化，民俗风情浓郁，民间工艺和非物质文化遗产十分丰富。各民族团结和睦，社会和谐稳定。

第二节 武陵山区贫困现状与致贫因素分析

武陵山区属于全国集中连片特困地区，贫困现状呈现六大特点：一是贫困面广、量大，贫困程度深。2015年，武陵山区农民人均纯收入为7691元，仅相当

---

① 资料来自《武陵山片区区域发展与扶贫攻坚规划（2011~2020年）》。

于当年全国平均水平 11422 元的 67.3%①。《中国农村扶贫开发纲要（2011～2020 年)》列出的国家贫困县中，武陵山片区占 64 个，中国扶贫开发工作重点县名录中，武陵山区占 43 个，如表 3-2 所示。部分贫困群众还存在就医难、上学难、饮用水不安全、社会保障水平低等困难。二是基础设施薄弱，市场体系不完善。片区内主干道网络尚未形成，公路建设历史欠账较多，水利设施薄弱且严重老化，电力和通信设施落后。有大量乡镇不通沥青（水泥）路，大量村庄没有完成农网改造任务，区内仓储、包装、运输等基础条件差，金融、技术、信息、产权和房地产等高端市场体系不健全。产品要素交换和对外开放程度低，物流成本较高。三是经济发展水平较低，特色产业滞后。第一产业比例偏高，2016 年片区人均地区生产总值只有 23101 元，只相当于全国平均水平 53817 元的42.9%。城镇化率比全国平均水平低 17 个百分点。缺乏核心增长极，缺乏具有明显区域特色的大企业、大基地，产业链条不完整，没有形成具有核心市场竞争力的产业或产业集群。四是社会事业发展滞后，基本公共服务不足。教育、文化、卫生、体育等方面软硬件建设严重滞后，城乡居民就业不充分。人均教育、卫生支出不到全国平均水平的 60%。中高级专业技术人员严重缺乏，科技对经济增长的贡献率较低。五是区域发展不平衡，城乡差距大。武陵山区包括四大片区，即湖南武陵山片区、湖北武陵山片区、贵州武陵山片区、重庆武陵山片区。四大片区之间，片区内各县之间的发展差距较大，城乡差距较大，二元结构明显。

表 3-2　　　　武陵山区国家级贫困县级扶贫开发工作重点县情况

武陵山片区	中国扶贫开发工作重点县名录（2016）	《中国农村扶贫开发纲要（2011～2020 年)》列出的国家贫困县（2012）
湖南武陵山片区	安化县、沅陵县、通道县、新化县、桑植县、城步县、隆回县、邵阳县、泸溪县、凤凰县、花垣县、保靖县、古丈县、永顺县、龙山县（15 个）	新邵县、邵阳县、隆回县、洞口县、绥宁县、新宁县、城步苗族自治县、武冈市、石门县、慈利县、桑植县、安化县、中方县、沅陵县、辰溪县、溆浦县、会同县、麻阳县、新晃县、芷江县、靖州县、通道县、新化县、涟源县、泸溪县、凤凰县、保靖县、古丈县、永顺县、龙山县、花垣县（31 个）
湖北武陵山片区	恩施市、利川县、建始县、巴东县、宣恩县、咸丰县、来凤县、鹤峰县、长阳县、五峰县、秭归县（11 个）	恩施市、利川市、建始县、巴东县、宣恩县、咸丰县、来凤县、鹤峰县、秭归县、长阳县、五峰县（11 个）

① 根据武陵山区 71 个区县的官方数据计算整理。

武陵山片区	中国扶贫开发工作重点县名录（2016）	《中国农村扶贫开发纲要（2011～2020年）》列出的国家贫困县（2012）
贵州武陵山片区	松桃县、印江县、沿河县、思南县、江口县、石阡县、德江县、正安县、道真县、务川县（10个）	铜仁市、江口县、玉屏县、石阡县、思南县、印江县、德江县、沿河县、松桃县、万山特区、正安县、道真县、务川县、凤冈县、湄潭县（15个）
重庆武陵山片区	石柱县、秀山县、酉阳县、彭水县、丰都县、武隆县、黔江区（7个）	丰都县、石柱县、秀山县、酉阳县、彭水县、黔江区、武隆县（7个）

注："中国扶贫开发工作重点县名录"根据2012年国务院扶贫开发领导小组办公室在其官方网站公布的665个国家扶贫开发工作重点县名单整理。"国家贫困县"根据《中国农村扶贫开发纲要（2011～2020年）》名单整理。

从致贫原因来分，武陵山区的贫困原因有以下五个：一是产业贫困；二是人类贫困；三是信息贫困；四是生态贫困；五是精神贫困。

一、产业贫困

产业欠发达，产业空心化是武陵山区贫困的主要原因。在全国主体功能分区中，武陵山区属于生物多样性及水土保持生态功能区，属于国家的限制开发区，限制进行大规模高强度工业化城镇化开发，因此，第二产业的发展受到限制。武陵山区是我国三大地形阶梯中的第一级阶梯向第二级阶梯的过渡带，多丘陵山地，农业产业难以实施规模化生产，生产效率低于中东部平原地区，发展特色农业是当前的主旋律，但目前只有少数地区实现产业扶贫。旅游、服务等第三产业的发展是产业扶贫的重点领域，但受制于信息、交通、基础设施、宣传等因素的影响，目前还未发挥出产业扶贫的最大效益。总体上，武陵山区的产业发展是贫困滞后的，第二产业受限于主体功能定位的限制，不能发挥太大的就业带动作用，第一产业受制于自然条件限制，不能发挥规模经济效益，第三产业发展较落后，历史欠账较多。

湖南省是武陵山区的腹地，所占区域面积最大，"十二五"期间，湖南省武陵山片区实施特色产业项目704个，累计完成投资1318.6亿元，在文化生态旅游、农林产品加工、生物医药、边贸物流、水电、矿业、建材等产业方面积极培育主导产业。湖北省制定了《湖北武陵山片区产业扶贫规划（2013～2015）》，提出坚持生态立区、产业兴区、开放活区、富民稳区战略，依托本地优势资源，围绕特色产业基地建设，调整种养结构，扶持壮大龙头企业，培育发展农业专业合作社组织，具体提出了优质烟叶、优质茶叶、优质素菜、优质林果、优质药材、畜牧业、魔芋、马铃薯等特色种养殖业，特色农产品加工工业和特色乡村旅游业为扶贫的主导产业①。贵州、重庆武陵山片区在培育特色农业和乡村旅游等扶贫主导产业方面做了大量工作，尤其是集体经济扶贫模式方面探索了很好的经验。但该片区产业扶贫工作仍然还面临许多挑战，主要表现在片区经济总量、人均均量和发展质量与全省平均水平仍有较大差距，县级财力薄弱，产业结构亟待优化，产业链条不完整，辐射带动作用不强，产业扶贫效果有待提升②。

二、人类贫困

武陵山区过去 30 多年的减贫工作取得了巨大成就，区域卫生、交通、教育和住房等社会事业都取得了巨大的发展，全面实现了九年义务教育，但是武陵山区基本公共服务严重不足、卫生、教育支出不高，软硬件基础设施建设严重落后。片区内差距明显，城乡差距显著，尤其是偏远农村的生活质量较差，上学难、就医难、饮水难、出行难等问题依然存在，扶贫工作依然艰巨。学界用多维度贫困理论来阐述上述情形，如森（Sen，1976）提出从功能视角定义贫困问题，胡鞍钢等（2009）提出了包括教育贫困、交通贫困、健康贫困、住房贫困等指标构成的多维分析框架。联合国开发计划署（2000）提出人类贫困概念，即生存状况的贫困，指缺乏基本的人的能力，如不识字、营养不良、缺乏卫生条件、平均寿命短等。张琰飞、朱海英（2013）认为，武陵山区的人类贫困有教育、住房、健康、交通四个贫困维度③。在教育方面，武陵山区人均教育经费远远落后于全国平均水平，2005 年人均教育经费只有全国水平的 1/3，2015 年武陵山区还没有一个片区的人均教育经费达到全国平均水平。贵州铜仁片区、重庆黔江片区的生师比明显高于全国水平，湖南怀化和张家界片区的师资接近全国平均水平。在万平方千米高校数、万人在校大学生、万人在校中学生等指标上，武陵山区与全国平均水平还有较大差距。在住房方面，武陵山区城乡居民的人均住房面积与全国平均水平相差无几，但居住环境、危房比例、厕所及自来水比例都不容乐观。调查中发现，不少居民三代同住一间不到 50 平方米的房子，无自来水、无厕所配

① 恩施州人民政府扶贫开发办公室，恩施州农业局，恩施州林业局，恩施州旅游委员会．湖北武陵山片区产业扶贫规划（2013～2015）.
② 刘忠耿．武陵山片区产业扶贫应着力"六个解决"[N]．湖南日报，2018 - 7 - 29，第 003 版．
③ 张琰飞，朱海英．武陵山片区的人类贫困与基本公共服务均等化[A]．游俊，冷志明，丁建军．中国连片特困区发展报告（2013）"武陵山片区多维减贫与自我发展能力构建"[M]．北京：社会科学文献出版社，2013（3）：119.

套，饮水需从很远的地方挑。在健康方面，婴儿死亡率在逐年下降，与全国平均水平基本接近，但孕妇死亡率、5 岁以下儿童死亡率等指标显著低于全国平均水平。调查中发现，武陵山区居民居住极为分散，卫生服务和医疗设备技术普遍比较落后，一些地方连基本的辅助检查都做不了。在交通方面，武陵山区的公路密度、铁路密度低于全国平均水平，尤其是高速公路、高铁比较缺乏。近几年来，武陵山区交通建设加大了力度，张家界、怀化、黔江、铜仁、恩施、邵阳等中等城市基本实现了高速通车，村村通工程正在如火如荼地进行，但由于地形的特殊性，交通建设成本较高，进展仍显缓慢。

三、信息贫困

武陵山区经济不发达，基础设施落后，交通条件不便利，由此导致信息闭塞和信息贫困，主要体现为信息获取手段匮乏，在电话普及率、互联网使用率、邮政业务量、广播电视覆盖率等方面都低于全国平均水平。根据 2003 ~ 2011 年的电话普及调查①，恩施市的电话普及率在 9 年内提高了 4.45 倍，2011 年每万人拥有电话数为 70.32 部，张家界提高了 2.58 倍，每万人拥有电话数为 41.43 部，邵阳与铜仁市仅为 26.77 部和 27.43 部。在互联网方面，2011 年武陵山区的互联网入户率为 4.34 户/百人，比 2003 年上升了 3.05 倍，但相比全国平均水平依然差距较大。在广播电视综合覆盖率方面，武陵山区自 2003 年以来，一直呈上升趋势，目前已经超过了 90%，但片区内的差异较大，恩施地区的广播电视综合覆盖率远高于其他地区，而张家界和湘西地区的覆盖率较低，2011 年仅为 63.94% 和 70.67%。在邮政业务方面，武陵山区与全国平均水平有一定差距，2011 年，人均邮电业务量达到了 669.56 元，其中超过 1300 元的有张家界、湘西地区和怀化地区，但片区内部有较大差距，整体水平也滞后于全国平均水平。

四、生态贫困

武陵山区土地贫瘠，人均耕地面积仅为 0.81 亩，不到全国平均水平的 60%，平均海拔较高，气候较为恶劣，旱涝灾害时有发生，泥石流、风灾、雨雪冰雹等

---

① 李峰，周信君. 武陵山片区的信息贫困与信息扶贫 [A]. 游俊，冷志明，丁建军. 中国连片特困区发展报告 (2013) "武陵山片区多维减贫与自我发展能力构建" [M]. 北京：社会科学文献出版社，2013 (3)：150.

频发，部分县市水土流失严重，整体生态环境较为严峻。武陵山区山高坡陡，地形崎岖，地表切割强烈，碳酸盐岩广布，植被覆盖率较低，喀斯特石漠化严重，加之气候湿润，多有大雨、暴雨，是地质灾害频发的地区。据考察，区境约有300余处滑坡、崩塌体需采用不同措施进行防治。同时，区境交通、住宅等基础设施对自然环境欠账本来就较多，随着人类活动的日益增多，对自然环境造成了巨大的压力。区境许多城镇已经迁建或正在扩建，这预示着未来扰动自然地质环境的人类工程行为将进一步加大，形成对地质环境更大的承载压力，更增加了地质灾害发生的概率。另外，由于区境平地少，城镇搬迁扩建、盖房修路等移民、交通工程需要切坡，从而在建设中出现了高边坡、深基础问题。武陵山区的地质灾害主要有滑坡、崩塌、泥石流等。如1996年9月18日凌晨，贵州省印江土家族苗族自治县城东4.1千米处的岩口发生滑坡。堆积体堵塞印江河，形成高达50米的乱石坝和库容6250立方米的堰塞水库，淹没田土约150平方千米，朗溪镇积水2~3米，全镇1000余居民紧急撤离；印江至松桃、梵净山等地交通中断，造成经济损失500多万元。[1]

武陵山区地质构造复杂，地貌多样，暴雨频发，密集的人口分布和人类活动的影响，导致山洪、泥石流灾害频繁，是全国山洪、泥石流灾害最严重的地区之一。山洪、泥石流灾害不仅对区境山丘地区的基础设施造成毁灭性的破坏，而且对人民群众的生命财产安全构成极大的损害和威胁，已经成为区境经济社会可持续发展的重要制约因素之一。

五、精神贫困

扶贫之根在志，从精神上脱贫是关键。部分基层干部仍然将贫困县头衔视作招商引资的重要条件，而一旦被摘下这顶帽子，中央及市级财政拨付的扶贫补助资金与一些政策优惠会随之消失，各地的财政负担压力将会加大。因此"争当贫困县、争当贫困村、争当贫困户"的现象在武陵山区还存在。一是"等、要、靠"的精神贫困风险。调查中发现，少数贫困群众"依赖思想"比较严重，担心"脱了贫少了扶持"，总是强调"自己很困难""依然很穷"，无病呻吟者有之，故意装穷者有之，怕脱贫、不愿意脱贫现象不少。也有一些贫困户想方设法引起扶贫工作组的注意，维持贫困户的"帽子"，依赖不劳而获。这种依赖扶贫补助，主观上不作为的"等、要、靠"思想从根本上制约了扶贫攻坚成效，有后

---

① 徐文，郭强．贵州印江岩口滑坡及其综合整治［J］．中国地质灾害与防治学报，1998（12）：215–216.

遗症。二是道德滑坡风险。由于长期以来的精准扶贫过分依赖于外来力量，对贫困村和贫困群体的内生动力关注不够，形成了"争当贫困户"的不良社会风气，存在"养懒汉"的福利陷阱风险，长此以往反而会使贫困问题恶化。调查中发现，一些贫困户"懒惰"和"依赖"思想严重，遇到困难首先考虑的不是通过自身的努力去解决问题，而是先看政府、村委会甚至社会力量能够解决多少。一些村民把自身纳入贫困户视为享受"政治经济待遇"，完全丧失自力更生精神；一些贫困户子女的"羞辱感"降低，不愿意履行赡养义务，把赡养责任推给政府和村组织；一部分贫困户在获得利益时采取"炫耀"的方式，在贫困户和非贫困户群体中产生了恶劣的影响，触发了农村其他社会矛盾。上述种种行为对贫困群体的长远发展带来严重不利影响。

第三节　武陵山区扶贫成效与经验

一、武陵山片区扶贫概况与成效

武陵山片区率先开展区域发展与扶贫攻坚试点，先行先试，是党中央、国务院在"十二五"时期作出的重要决策部署。"十二五"期间，中央各部门加大对武陵山片区各项资金的投入，据不完全统计，2015 年投入各项资金 2400 多亿元。"十二五"前四年片区共减少贫困人口 318 万人，贫困发生率下降了 9.4 个百分点。片区国内生产总值年均增速、城乡居民收入年均增长，前四年都快于四省市平均水平，片区经济社会实现了较快发展①。

湖南武陵山区农村贫困人口达 362 万人，占湖南省贫困人口的 56.5%；农民人均纯收入为 5831 元，相当于全省和全国平均水平的 66.7% 和 65.4%②，2016 年湖南省减少贫困人口 125 万人，主要集中在武陵山区，省级以上财政投入专项扶贫资金 58.2 亿元，实施省级重点产业扶贫项目 86 个，直接帮扶 20 万贫困人口。完成易地扶贫搬迁 16 万人，武陵源区、洪江区和 1100 多个贫困村脱贫"摘帽"、退出验收。城乡居民基础养老金最低标准提高到每人每月 80 元，城乡居民医保财政补助标准提高到每人每年 420 元，城乡居民大病保险和特困人员救助供

---

① 国家民委经济发展司.《武陵山片区区域发展与扶贫攻坚推进会》在重庆召开 [EB/OL]. [2016 – 01 – 11]. http://www.jingzhunfupin.com/yaowen/2016/0111/8659.html.

② 中国经济社会理事会湖南调研　武陵山扶贫显成效 [EB/OL]. [2015 – 01 – 12]. http://news.sina.com.cn/o/2015 – 01 – 12/225831390582.shtml.

养制度全面实施。完成重点民生实事，新增城镇就业 77.4 万人，改造各类棚户区 45.9 万套、农村危房 26.1 万户，巩固提升农村饮水安全 286.3 万人，新增养老服务床位 2 万张①。

湖北省扶贫办、发展和改革委员会联合出台了《武陵山片区区域发展与扶贫攻坚"十三五"实施规划》，明确指出，2019 年基本实现全面小康目标，131.45 万贫困人口全部脱贫，839 个贫困村全部出列，11 个贫困县全部"摘帽"。2015 年，湖北武陵山片区综合扶贫投入 229.6 亿元，比 2010 年增长 2893%，中央和省级财政专项扶贫投入 156.5 亿元，比 2010 年增长 4618%，贫困人口减少 56 万人。片区教育、卫生、养老事业得到发展，农户参与新农合达到 98%，新农保参与率达到 96%。2015 年，片区实现地区生产总值 993 亿元，比 2010 年增长 90%。实现地方公共财政收入 94.2 亿元，比 2010 年增长 157%。城镇居民人均可支配收入 22198 元，比 2010 年增长 76%。农村农民人均纯收入 7969 元，比 2010 年增长 101%。到 2015 年，片区全面完成 654 个整村推进村建设任务，基础设施发生明显变化，新建和改造基本农田 424.5 万亩，新建设施农业基地 18 万亩，新建小型水利设施 5167 处，解决安全饮水近 16 万户，解决 1083 个自然组通电，完成农村危房改造 9.2 万户，新建农村硬化公路 9446 千米。产业扶贫成果得到巩固，新增产业基地 72 万亩，富硒茶、魔芋、中药材等优势产业项目稳步发展，开发乡村旅游项目 269 个，农民专业合作社注册登记 5725 家，劳动力培训 67.6 万次。农户生活环境逐步改善，建卫生厕所 16874 户，新增节能灶和省柴灶 43.5 万台。公共服务水平得到提高，新建村级卫生室 646 个，新建村级文化活动室 501 个，广播电视村村通入户率 96% 以上，宽带入户率达到 65%。渝利铁路建成通车，宜万铁路开通动车组，黔张常铁路、西安至长沙高速铁路、宜张常快速客运专线争取工作取得重大进展，建成红岩等站客运设施；宜张新、宜巴、恩来、恩黔、恩建、利万等系列高速公路先后开工建设并通车，龙五一级路开工建设；恩施许家坪机场二期改造竣工，恩施机场旅客吞吐能力达 100 万人次②。

贵州武陵山片区通过不断创新、积极探索扶贫开发新路子，在扶贫机制创新、基础设施改善、主导产业培养、基本素质提升等方面取得了重大进展，片区经济社会全面发展，扶贫攻坚成效明显。一是创新扶贫机制，推进精准减贫"摘帽"。各区县积极探索创新产业化扶贫项目与贫困群众利益联结机制创新，以

---

① 引自《2017 年湖南省政府工作报告》。

② 湖北省民族宗教事务委员会经济发展处．湖北武陵山片区"十二五"扶贫工作取得实效［EB/OL］．http：//www.hbmzw.gov.cn/zwdt/ywdt/35159.htm.

"六个精准"为抓手，采取"公司＋基地＋贫困农户""合作社＋示范户＋贫困农户""示范户＋贫困农户"等有效模式，扶持带动贫困农户，让贫困农户分享产业化扶贫的成果。二是突出基础设施建设，夯实群众致富基础。以"四在农家·美丽乡村"基础设施六项行动计划为抓手，扎实推进小康路、小康水、小康房、小康电、小康讯、小康寨建设，有效破解了贫困片区跨越发展的制约瓶颈。2015年上半年，片区共完成通村沥青路2614.8千米，小康水完成新打机井133口，解决农村饮水安全人口34.88万人；危房改造开工建设92094户，开工率达95.7%；实施小康电项目138个，实际贫困户通电比例和贫困村生产通电比例达99.9%；小康寨完成"三改三治"47215户，占全年任务的64.2%，乡镇垃圾收集处理完成32个；小康讯行政村互联网覆盖率达到95%以上。① 三是建立扶贫信贷机制，实现产业扶贫精准帮扶。金融部门与地方政府有机结合，优势互补，为建档立卡贫困农户量身定制"免担保免抵押小额贷款"，大力扶持发展草地畜牧、核桃产业、中药产业、精品水果、蔬菜产业、乡村旅游、特种养殖、茶产业、特色产业等扶贫产业。2015年上半年，铜仁市共面向52405户建档立卡贫困户发放小额信用贷款20.95亿元；遵义市片区县建档立卡贫困户获得小额贷款比例最高达50%，最低达11%以上，共带动24万余农户走向增收脱贫道路。② 四是扶贫与扶智相结合，提升群众整体素质。片区围绕"四化同步"目标、教育"9＋3"计划和"雨露计划·1户1人"扶贫教育培训3年行动计划（2015～2017年），采取职业教育进校区进工厂、农业实用技术进基地进园区等多种方式，大力开展贫困地区劳动力职业技能培训，逐步使每个贫困农户掌握1～2门适用技术③。

重庆武陵山片区的7个区县都是国家级贫困县，贫困人口为51.4万人，占全市贫困人口的31%，是典型的"老、少、边、穷"地区，也是武陵山区的深度贫困区。《重庆市武陵山片区区域发展与扶贫攻坚"十三五"实施规划方案》明确了重庆武陵山片区区域发展与扶贫攻坚的总体要求、空间布局、重点任务和政策措施，并策划包装了基础设施、农村生产生活条件改善、基本公共服务、产业发展和生态建设与环境保护5大类项目914个，规划投资5222亿元。在"十三五"规划纲要编制时，将渝东南民族地区发展作为区域协调发展的重要内容，将该地区重大产业、基础设施项目优先纳入了全市规划。如产业方面，将正阳现代物流园、秀山（武陵山）综合物流园纳入了市级物流园，提出了争创石柱为国

---

①② 靳发初. 黔武陵山片区扶贫显成效 [EB/OL]. [2015－9－15]. http：//dzb. gzmzb. com/P/Item/21119.

③ 贵州省民宗委. 贵州武陵山片区扶贫攻坚显成效 [EB/OL]. [2015－9－14]. http：//www. seac. gov. cn/art/2015/9/14/art_36_237301. html.

家级现代农业示范区；交通建设方面，将渝怀二线渝湘高铁（重庆段）、黔江—石柱高速、西阳—沿河高速等重点项目纳入"十三五"规划纲要。2013 年至2016 年，重庆集中力量抓该片区高山生态扶贫搬迁，累计安排市级以上专项资金 18 亿元，搬迁安置 21.9 万人，其中贫困人口 9.7 万人。2015 年安排财政扶贫资金 4.6 亿元，推进 234 个贫困村整村脱贫，实现 21.2 万贫困人口越线达标。2012 年以来，重庆累计安排产业扶贫资金 1 亿元，积极支持发展牲畜、高山蔬菜等 20 个产业项目，并成功推出了武隆仙女山、西阳桃花源、石柱黄水等一批旅游精品景区。此外，在基础设施建设方面，"十二五"以来，共计实施交通运输、水利能源等基础设施市级重点项目 175 个，项目总投资 4367 亿元，目前 7 区县实现了县县通高速、通铁路，乡镇道路畅通率和行政村通达率均达到 100%，长江和乌江航运能力增强，黔江武陵山机场投入使用，初步形成了集高速公路、铁路、水运、航空于一体的现代化交通体系①，如表 3 - 3 所示。

表 3 - 3　　　　　　武陵山片区主要贫困区的扶贫情况

地区	扶贫脱贫成效	主要经验	典型案例
湘西	2010 ~ 2014 年，湘西州累计减少农村贫困人口 50 万人，农村贫困发生率下降至 25.29%。2014 ~ 2015 年，全州共减少贫困人口 23.0921 万人，农村贫困人口下降至 51.19 万人，农村贫困发生率下降至 20.4%。2014 年 1 月 ~ 2016 年 9 月，全州共减少 43.09 万贫困人口，全州农村贫困人口下降到 30.08 万人，农村贫困发生率下降为 12%，城乡面貌发生了显著变化②	一是特色产业扶贫，完成特色农业产业基地 318.33 万亩；二是易地搬迁扶贫；三是农村危房改造；四是教育扶贫；五是兜底保障扶贫；六是医疗救助扶贫；七是扶贫小额信贷；八是转移就业扶贫；九是生态扶贫	十八洞村变"输血式"扶贫为"造血式"扶贫，全村初步形成了猕猴桃、烤烟、黄牛养殖、苗绣加工、乡村游等产业，农民人均收入从 2013 年的 1668 元增加到 2015 年的 3580 元。追高鲁村把蔬菜产业园区与美丽乡村建设结合起来，打造生态宜居、富足文明新苗寨，2015 年农民人均收入达 4600 元。菖蒲塘村立足现有 1650 亩特色水果基地和在其他乡镇流转的 500 亩"飞地"，通过"支部 + 合作社 + 企业 + 电商 + 果农"的模式发展现代农业，目前，已初步完成果园标准化改造，全村猕猴桃、柚子等特色水果基地达 2200 亩，带动周边 5 个村寨连片 6000 亩特色生态果园建设。夯沙乡"五行苗寨"乡村旅游扶贫示范区对 5 个村实行统一规划、统一开发，实施基础设施、产业建设、生态环境、社会事业 4 大类 18 个扶贫项目，乡村游发展趋势好

---

① 引自国家民委在重庆召开武陵山片区区域发展与扶贫攻坚推进会上的讲话，2016 - 1 - 11.
② 引自湘西州扶贫办公室的"湘西自治州精准扶贫精准脱贫工作综述"，2017 - 5 - 26.

续表

地区	扶贫脱贫成效	主要经验	典型案例
张家界	全市农村居民人均可支配收入由 2010 年的 3668 元增加到 2014 年底的 6332 元，增长 72.6%。贫困人口由 2012 年底的 33.66 万人减少到 2014 年的 24.92 万人，贫困发生率由 23% 下降到 16.95%。到 2016 年底，张家界农村贫困人口由 2012 年底的 33 万人减少到 12.7 万人，贫困发生率由 2012 年底的 22.5% 下降到 8.9%，54 个贫困村实现整村脱贫退出，在武陵源区率先实现整区脱贫"摘帽"	一是建立片区区域发展与扶贫攻坚项目库，认真筛选了重点基础设施、产业发展、社会事业与公共服务、人力资源开发、生态建设和环境保护六大方面共 447 个重点项目；二是整村推进建设扶贫；三是大力加强基础设施建设	2014 年，张家界禾田居生态农业开发有限公司注册运行，并在武陵源协和、慈利溪口和三官寺开发农业基地，总面积达 2000 亩，蔬菜年产量 7000 吨，让众多老百姓从中受益。当前武陵源全区村级集体经济收入村均达到 4 万元以上，其中 13 个贫困村的村级集体经济收入达到 5 万元以上，村均达到 9.57 万元。文化旅游扶贫，《张家界魅力湘西》创办 16 年来累计演出 6500 余场，接待国内外观众达 1200 余万人次
怀化	实施精准扶贫以来，全市贫困人口由 2013 年底的 90.23 万人减少到 2015 年底的 56.42 万人，两年共减少贫困人口 33.81 万人；贫困发生率由 20.3% 下降到 10.8%。2014~2016 年，减贫 46.16 万人，其中，2016 年减贫 14.84 万人、185 个贫困村出列，贫困发生率降至 9.58%	一是整合政策资源；二是典型引领、示范带动；三是发展特色产业，在 100 个市级扶贫村开展"三个一"工程，形成沅陵县茶叶开发、辰溪县黑猪养殖、溆浦县黑木耳种植、麻阳县猕猴桃种植等 13 大扶贫重点产业。每个扶贫重点产业项目帮扶贫困人口 1000 人以上，人均增收 1000 元以上。13 大扶贫产业项目计划总投入 2.42 亿元，覆盖 240 个贫困村、11208 户、39679 人	靖州苗族侗族自治县寨牙乡汕头村有 190 亩湘莲，村里投入 15.2 万元产业扶贫资金，让 92 户贫困户种植湘莲，每户可增收 760 元，24 名贫困群众还可获得不低于 3000 元的务工收入。麻阳文昌阁乡西皮溪村实施移民异地扶贫避险搬迁整体安置项目，整合资金 1014 万元，包括住建、扶贫办、国土、移民、发改等各部门的资金，移民自筹建房款 231 万元。目前，已建房 43 栋，每户占地 108 平方米，现 43 栋都已竣工
恩施	2013 年以来，全州累计减贫 56.5 万人，其中，2013 年减贫 14.3 万人，2014 年以来，全州实现 274 个贫困村脱贫，累计减贫 59 万人，减贫数量居全省第一；农村贫困发生率由 31.3% 下降到 14.3%，其中，53.4 万人通过产业发展脱贫出列	两结合：易地扶贫搬迁与新农村建设和灾后倒房重建相结合；三考虑：考虑资金来源、考虑搬迁选址和考虑生态环保；四保障：保障项目精细有管理、保障公共设施有供应、保障防灾救灾有措施和保障生产发展有路径	全州已建成基地 300 多万亩，硒产值达到 400 亿元，硒产品销售额占农产品的 60% 以上，涵盖油料、蔬菜、魔芋、药材、茶叶等 11 个具有浓郁地方特色的行业和领域。全州 729 个贫困村已建立电子商务乡村综合服务站 511 个，从事电商的市场主体达 3277 个，带动近 2 万贫困人口脱贫出列。全州 729 个重点贫困村均按照"一村一业、一村一品"明确了主导产业，726 个村建立了 1142 个产业合作社，729 个村建立了 729 个金融互助合作社（站），在"千企帮千村"活动中，龙头企业与贫困村实现对接

续表

地区	扶贫脱贫成效	主要经验	典型案例
铜仁	2012～2014 年，减贫 74.85 万人，贫困发生率下降 20 个百分点，6 个县、107 个乡镇先后实现"减贫'摘帽'"，农民人均纯收入从 4802 元增加到 6233 元。2014 年以来，累计减少贫困人口 102.46 万人，贫困发生率由 38.75% 下降至 15.54%	政府搭台、产业唱戏、金融支持、扶贫贴息。一是因地制宜、因势利导、因户施策；二是定点包干、定责问效、定期脱贫	全市建成 15 万亩以上的生态茶产业重点县 7 个、核桃产业重点县 4 个、15 万亩以上的油茶产业重点县 1 个，5% 的乡镇建成万亩茶园、油茶、精品水果、核桃基地，基本实现"一乡一品、一县一业"的格局。全市建成茶叶基地 180 万亩，发展中药材 102 万亩，核桃 105 万亩，食用菌 3.5 亿棒，累计创建万元田 51.77 万亩、万元山 51.92 万亩；先后引进华西希望集团、铁骑力士集团、广东温氏集团等省级及以上龙头企业 36 家，初步建成了以玉屏、松桃、碧江、思南、沿河为主的生猪产业带；投入资金 5470 万元，重点打造了 29 个乡村旅游示范点；建设省级扶贫现代农业产业园区 20 个，200 余家农业企业、280 余个农民专业合作社入驻园区，辐射带动园区内 4 万户贫困户 12.99 万贫困人口增收
黔江	2016 年，黔江区新完成 35 个贫困村整村脱贫，减少贫困人口 5755 户 22335 人，巩固上年脱贫成果 5244 户 19773 人，全区贫困发生率降至 1.1%，脱贫人口返贫率为 0.2%	一是加强基础设施建设；二是特色产业扶贫；三是公共服务配套；四是设立农村扶贫济困医疗救助基金；五是教育资助脱贫	12 个贫困村常年种植烤烟 5700 亩；32 个贫困村种植蚕桑 15700 亩；15 个贫困村常年种植蔬菜 4500 亩、栽植特色经果林 22000 亩；贫困村年出栏生猪 168345 头、出栏肉牛 15000 头、出栏山羊 12000 只、出栏家禽 278000 羽；发展农民专业合作社 572 家，培育专业大户 1047 户，引导 36 家农业产业化龙头企业参与贫困村产业发展；新建休闲农业与乡村旅游示范村 6 个；建成高山生态避暑纳凉和农业观光体验示范点 2 个，培育示范户 152 户；基本形成"一村一品"的产业发展新格局，特色主导产业覆盖农户面达 78%，其中，建卡贫困户覆盖面达 39%，贫困村农户参与合作制、股份制等经营组织比例达 84%

资料来源：来自各区县扶贫办提供的数据以及官方公布资料。

二、武陵山片区扶贫的主要经验

武陵山片区属于国家扶贫攻坚试点区域，国家领导人多次深入武陵山区考察扶贫情况。2012 年 5 月 26 日，温家宝在吉首市主持召开跨省市的武陵山片区扶贫工作座谈会，会上指出，武陵山片区作为全国区域发展与扶贫攻坚的试点，要大胆探索、先行先试、积累经验。要坚持让贫困群体受益，始终把保障和改善民生作为根本出发点。[①] 继续坚持扶贫开发与社会保障两手抓，把扶贫开发作为脱贫致富的主要途径，把社会保障作为解决温饱问题的基本手段。加快推进重大基础设施建设，建设一批对完善主通道、消除省际断头路、促进旅游业发展等有关键作用的重大交通项目，统筹解决工程性缺水和中小河流防洪安全问题。因地制宜实施水、电、路、气、房和环境改善"六到农家"工程。大力发展特色优势产业，把武陵山区的油茶、茶叶、中药材、高山蔬菜等特色农产品做出品牌、规模和效益。把发展旅游作为扩大就业、脱贫致富的重要途径。重视发展社会事业，推动基本公共服务向片区延伸、向贫困人口覆盖。要下大力气改善片区内各县（市、区）的办学条件，改善偏远村落学生住宿和食堂条件。完善公共卫生服务体系和医疗服务体系，着力提高基层卫生院、村卫生室服务能力。加强生态环境保护，恢复和增加林草植被，逐步恢复这些地区的生态功能。大力发展循环经济，促进经济发展与生态保护形成良性互动格局。2013 年 11 月 3 日，习近平在湖南湘西调研表示，扶贫要实事求是，因地制宜。要精准扶贫，切忌喊口号，也不要定好高骛远的目标。三件事要做实：一是发展生产要实事求是；二是要有基本公共保障；三是下一代要接受教育。各级党委和政府都要想方设法，把现实问题一件件解决，探索可复制的经验。[②] 2019 年 4 月 15 日至 17 日，习近平在重庆武陵山区石柱土家族自治县中益乡考察，并主持召开解决"两不愁三保障"突出问题座谈会。

武陵山区四省市分别出台了针对所在片区的扶贫攻坚规划，并在年度政府工作报告中立下脱贫时间表和军令状，见表 3－4。如《2017 年贵州省政府工作报告》提出，2017 年贵州目标减少农村贫困人口 100 万人以上，20 个贫困县、90个贫困乡镇"摘帽"，2300 个贫困村退出。将更加扎实有力地推进大扶贫战略行动，努力在精准扶贫、精准脱贫上取得新突破。扎实推进易地搬迁扶贫，确保搬

---

① 温家宝在湖南省武陵山区调研扶贫开发工作纪实 [EB/OL]. [2012－05－27]. http://www.gov.cn/ldhd/2012－05/27/content_2146470.htm.

② 习近平赴湘西调研扶贫攻坚 [EB/OL]. [2013－11－04]. http://cpc.people.com.cn/n/2013/1104/c64094－23421342－8.html.

迁 75 万人、整体搬迁自然村寨 3500 个。坚持以产定搬、以岗定搬，坚持城镇化集中安置，推动安置点向交通干线靠拢，积极推进跨县、跨市州安置，严控建设成本和住房标准。更加注重落实就业扶持政策，推广"五个三"经验，解决搬迁群众长远生计问题，确保贫困群众不仅住上新房子，更要过上好日子①。湖北省人民政府 2017 年《政府工作报告》提出 2017 年力争 128 万人脱贫、1520 个村出列、9 个县"摘帽"，40 万人易地扶贫搬迁②。湖南省人民政府 2017 年《政府工作报告》提出确保实现减少 110 万农村贫困人口、10 个贫困县和 2500 个以上贫困村退出的年度目标，做好 45 万左右丧失劳动能力贫困人口的兜底工作。对照"六个精准，五个一批"的精准扶贫要求③。归纳起来，武陵山区扶贫经验具有如下特点：

（一）以旅游、农业与服务业为扶贫龙头

旅游产业方面，充分发挥了旅游业绿色、低碳、环保、永续利用的产业特点，深度挖掘、整合旅游资源，促进旅游业与工业、农业、交通、文化、水利、林业等产业的融合发展，逐步将旅游业培育成为带动武陵山片区脱贫致富和社会经济增长的主导产业。湖南武陵山片区提出形成"一核（张家界）、一圈（武陵生态文化旅游圈）、两极（凤凰、崀山）、四线（地质生态游览线、古城古寨观光线、文化民俗观赏线、休闲养生游憩线）"的总体格局。贵州武陵山片区提出大力发展山地民族乡村旅游业，挖掘片区山清水秀的乡村自然风光、丰富多彩的民族文化和农耕文化等元素，依托民族村寨、古村古镇、"四在农家·美丽乡村"和旅游扶贫重点村，实施"百区千村万点乡村旅游扶贫工程"，因地制宜，大力发展民族文化型、城郊游憩型、休闲农业型和康体养生型等乡村旅游业态，积极开发美食餐饮、民俗活动、工艺特产等乡村旅游产品。湖北武陵山片区提出加强旅游与相关产业的融合，壮大旅游产业体系，延伸旅游产业链条，打造旅游产业示范区，引领和提升旅游产业发展质量。提出以恩施大峡谷 5A 级景区为核心吸引，整合周边乡村资源，融合土家民俗资源，打造集生态观光、民风体验、休闲养生、文化体验为一体的原乡生态文化旅游区。重庆武陵山片区提出建设大武陵生态民俗旅游目的地。按照"面上保护、

① 贵州脱贫军令状：2017 年 90 个贫困乡镇摘帽 [EB/OL]. [2017 - 03 - 04]. http://f. china. com. cn/2017 - 03/04/content_40408442. htm.

② 湖北省人民政府 2017 年《政府工作报告》[EB/OL]. [2017 - 02 - 03]. http://leaders. people. com. cn/n1/2017/0203/c58278 - 29055313. html.

③ 湖南省人民政府 2017 年《政府工作报告》[EB/OL]. [2017 - 02 - 03]. http://leaders. people. com. cn/n1/2017/0203/c58278 - 29055357. html.

点上开发"要求以及大武陵旅游一体化发展的总体目标，突出"神奇武陵风光，隽秀乌江画廊"等自然生态和"土家族苗族风情、淳朴古镇边乡"等本土民俗文化，加快大仙女山、乌江画廊、武陵仙乡、世外桃源、黄水林海、边城古镇主题旅游区的开发，构建"以点带片，集聚集约"的旅游空间发展格局。重点发展山地度假、民俗体验、养生养老旅游，与湖南、湖北、贵州共建大武陵山旅游圈。

农林产业方面，湖南武陵山片区提出重点发展茶叶、油茶、水果、蔬菜、烟叶、蚕茧毛竹和畜禽水产品加工。加快推进特色农林产品基地建设，实施了一批重大特色农林项目，建设了一批特色农林产品标准化良种繁育基地，抓好大鲵保护繁养、食用菌等基地建设。重点发展湘西黄牛、湘中黑牛、梅山黑猪、马头山羊、桃源大种鸡、武冈铜鹅、新化黑米红米、鱼泉贡米、绥宁苗王贡米、武陵野茶油、雪峰蜜橘、崀山脐橙、涟源软籽石榴、邵东黄花等一批特色农产品。支持古丈毛尖、保靖黄金茶、石门银峰、沅陵"碣滩茶"、桃源大叶茶、张家界茅岩莓茶等茶叶品牌建设。依托片区拥有五倍子、杜仲、黄柏、党参、灵芝、当归、天麻、茯苓及富有开发前景的青蒿、黄连、金银花、姜黄等中药材资源优势，围绕中药材深度开发，延伸中药材加工产业链。整合现有企业，着力引进战略投资者，重点抓好中药材加工及配套中药材市场、生物医药技术服务中心、中药材种植基地建设。发挥龙头医药企业的带动作用，建设大型中药提取厂、中药饮片厂、中药制剂厂，积极推进特色民族药品生产，大力发展医药保健品，建成武陵山区域民族医药研发制造中心。贵州武陵山片区提出围绕已建成的农林产品原材料生产基地，优化劳动力、资本、土地、技术和管理等要素配置，引进和培育一批农林产品精深加工企业，进一步支持以肉、粮、油、茶、药、果、薯、蔬、椒为主的扶贫加工产业发展。重点发展黄酮类、多酚类、谷甾醇、生物碱、不饱和脂肪酸、维生素、花青素等精深加工产品，进一步开发美容产品、保健养生产品和日用品等系列产品，推进油茶、核桃、茶叶等开发生物农药和生物肥料，建设一批科技创新基地和产业化示范生产基地，大力扶持和培育国家级扶贫龙头企业。依托地方特产、民族特需品、民族文化商品、乡村旅游手工艺品生产企业，带动贫困户发展香肠、腊肉、蜡染、刺绣、陶瓷、银饰、香包、保健枕头、竹工艺品等家庭作坊、分包到户加工，扶持贫困乡村发展小微企业或工商户。湖北武陵山片区提出依托各地资源突出区域特色和地方特色，建设特色农业发展区，主要以发展果、茶、药、桑蚕、食用菌、木本油、魔芋、肉牛、肉羊等特色产品为主。重庆武陵山区提出围绕构建高效生态农业示范区和特色农业基地，坚持"面上保护、点上开发"，强化生态保护和生态修复功能，更加突出民族地区扶贫开发和特色经济发展。发挥山区资源多样性优势，因地制宜开发当地土特产品。全链式发展草食牲畜、冷水鱼、中药材、茶叶、调味品、高山蔬菜、木本油料等山地特色农业产业，打好"山货"牌，建设特色农业示范基地。依托国家级旅游度假区和特色农业基地，着力开发、传承和弘扬少数民族地区传统民俗文化资源，培育高山休闲纳凉、乡村生态民俗文化旅游等独具特色的优势产业，打造渝东南生态经济走廊、武陵山绿色经济发展高地和民俗文化生态旅游带。打好农村脱贫攻坚战，加快建设武陵山生态文明示范区和扶贫开发示范区。

物流和服务业方面。湖南武陵山片区提出发挥吉首、张家界、怀化、邵阳等地的交通优势和集散能力，建设区域综合性物流中心，完善与物流相配套的运输场站、仓储、商品配送、信息网络服务等综合服务平台，积极发展第三方物流。以综合物流和专项物流为重点，将怀化建成湘、黔、桂边境区域性现代商贸物流中心。以吉首、张家界、邵阳、武冈、龙山、石门物流园区为支点，建设规模较大的物流中心、配送中心。规划建设现代商贸物流园、医药物流园、矿产品物流中心、粮食物流中心、烟草物流中心、煤机物流中心、钢材物流中心、物流配送中心等一批枢纽性物流园区和区域性物流基地，扩大区域集聚辐射能力。支持大型龙头企业在重点城镇建设物流节点。贵州武陵山区提出实施"土特产品仓储配送中心建设工程"，在贫困延边交通节点县（市）和规模产地建设一批区域性大型农产品批发市场，形成各具特色的农产品集散地。继续推进片区乡镇、社区农贸市场、配送中心、商贸服务中心等建设，建设完善村级便民利民服务中心。加快农村客运站点、邮政点综合服务站功能整合，引导物流业向农村延伸，逐步完善城乡货运配送体系，切实提高交通物流服务"三农"能力。建成农产品产业集群的快递配送平台，着力培育供应链物流、电商物流、农产品冷链物流、医药物流、应急物流等专业化和综合性物流，扶持贫困户参与农超对接、直供直销、连锁经营等现代流通业发展脱贫①。湖北武陵山区提出鄂西生态文化旅游圈服务业战略。依托恩施生态环境、地质奇观、民族文化发展生态文化旅游业，建设武陵山区休闲养生基地，创建国家全域旅游示范区。恩施州提出围绕"一谷、两基地、三示范区"建设，依托现有资源，充分发挥自然优势，优化旅游环境，打造旅游品牌效应，同时创新旅游服务新模式，利用云计算、大数据等现代信息技术将传统旅游行业打造成现代化旅游产业。

---

① 根据《武陵山片区（贵州省）区域发展与扶贫攻坚"十三五"实施规划》及《武陵山片区（湖南省）区域发展与扶贫攻坚"十三五"实施规划》等资料整理。

（二）以基础设施建设为扶贫基石

如湖南武陵山区扶贫强调加快改善片区交通条件为重点，集中实施了一批基础设施建设工程，构建了功能配套、互联互通、安全高效、适度超前的现代化基础设施体系。对吉首、张家界、怀化、邵阳等区域性综合交通枢纽加大了建设力度，对乡村路网覆盖面，公路等级投入了大量资金，形成了连接长沙、武汉、重庆、贵阳、南宁等周边特大中心城市的综合运输通道，加快了张家界大旅游通道建设。湖北恩施地区加强了"六纵五横三环"城市路网加快建设，城市骨架不断拓展。城镇化率由"十一五"末的 42.7% 提高到 51.7%，农村路网改善明显，新（改）建等级以上农村公路 2200 多千米，完成通畅工程 1000 多千米、安保工程 1700 多千米，建设绿色生态旅游公路 200 多千米，实现建制村"村村通客车"，改造特色民居 2.12 万户，省级新农村建设示范村达 14 个。[①] 贵州铜仁市，沪昆高铁铜仁段建成通车，铜玉城际铁路加快推进，渝怀二线铁路开工建设。高速公路通车里程从 28 千米增加到 596 千米，实现县县通高速目标。通乡油路、通村水泥路实现全覆盖。铜仁凤凰机场改扩建工程完工，新航站楼开工建设，开通北京、上海、广州等 10 个重要城市的直达航线，黔北机场启动建设，思林、沙坨电站通航设施基本建成。水利建设成效明显。开工建设水库 28 座，完成病险水库除险加固 218 座，新增供水量 1.5 亿立方米，新增农田有效灌溉面积 46.19 万亩，新增解决 153 万农村居民和 39.8 万学生饮水安全问题，工程性缺水问题得到改善。电力通信设施日趋完善。新建、扩建 500 千伏、220 千伏、110 千伏变电站 23 座，分布合理的电网体系基本形成。新建移动通信基站 5959 个，新增通宽带行政村 1430 个，[②] 实现自然村通电话和移动 4G 网络乡镇全覆盖，服务保障能力明显增强。重庆黔江区的武陵山机场 7 条航线形成"米"形网络，被评为"中国最佳支线旅游机场"，黔恩高速公路通车打通了黔江东向出口大通道，黔石高速公路、黔张常铁路、渝怀复线铁路开工建设，重庆主城至黔江高速铁路、恩黔毕昭铁路、铁路客货枢纽等项目列入国市"十三五"规划，初步形成区域性综合交通枢纽。城北水库、小南海干渠整治工程完工投用，太极水库、老窖溪水库、阿蓬江防洪治理等项目加快推进，罗家堡水库、瓦窑堡水库开工建设，重点水利项目全域布局基本完成。建成利川至黔江日供 30 万平方米天然气管道，页岩气勘探开发取得实质性进展，乌电实现与国家电网 220 千伏联网，用气、用电得到有效保障。提档升级通信基础设施，实现乡镇 4G 网络、行政村宽带网络

---

① 《（湖北省）2016 年恩施市人民政府工作报告》。
② 《铜仁市 2016 年政府工作报告最新全文》。

全覆盖。湖北提出以农村地区、贫困地区、民族地区、革命老区为重点，全面推进交通精准扶贫、精准脱贫，完善交通干支网络，促进农村公路建管养运与"三农"协调融合发展。

(三) 以教育技能培训为脱贫引擎

习近平总书记在武陵山集中连片特困地区湖南湘西花垣县十八洞村考察时首次提出了"精准扶贫"的指导思想，并将教育扶贫作为国家扶贫开发战略的重要任务："扶贫必扶智。让贫困地区的孩子们接受良好教育，是扶贫开发的重要任务，也是阻断贫困代际传递的重要途径。"[①] 国家民委按照党中央、国务院的部署，聚焦武陵山区扶贫攻坚，实施了一系列教育培训工程。一是扩大人才培养规模、提高人才培养层次。2013 年，国家民委委属院校向武陵山集中连片特困地区所在的湖南、湖北、贵州、重庆四省市共投放 434 名预科计划。2013 年、2014 年委属院校在湖北、湖南、贵州和重庆四省市共安排"少数民族高层次骨干人才培养计划"硕士计划 122 名。二是支持片区内民族院校教育事业发展。2013 年，贵州民族大学和湖北民族学院共有 14 个项目拟获批立项，占立项总数的 14%。中央民族大学联系协调，落实了片区内寄宿制学校学生宿舍建设资金、青少年活动场所改造补助资金等。三是开展片区校地产学研协同合作研究。中南民族大学开展武陵山集中连片特困地区发展研究，形成了一系列高质量的调研报告和专著，得到社会广泛关注。西北民族大学开展跨区域民族团结进步创建专题活动，设立"仡佬族文化研究和特色村寨保护工作奖励基金"，进一步推进地方民族团结工作。中南民族大学与重庆大学、贵州大学、湖南农业大学等 9 所高校和片区科研院所共建武陵山集中连片特困地区减贫与发展 2011 协同创新中心，围绕武陵山集中连片特困地区精准扶贫、生态文明建设等主题，为地方政府科学施政出谋划策。西北民族大学举办张家界市民族宗教干部培训班，精心选派在党的民族宗教政策、党风廉政建设、藏传佛教研究工作、民族宗教热点问题研究等方面有造诣的专家教授开展授课。中央民族大学举办了"中国非物质文化遗产传承人群研修研习培训计划"——侗族芦笙制作培训班，组织湖南怀化地区的传统工艺传承人群参与研修，增强民族文化的传承活力。此外，中央民族干部学院举办了三届武陵山片区中学骨干校长论坛，促进了武陵山片区民族中小学校长队伍建设和精英人才的培养。此外，湖南省人力资源和社会保障厅、湖南省财政厅《关于在武陵山区域和罗霄

---

① 习近平. 扶贫必扶智　阻断贫困代际传递 [EB/OL]. [2015 - 09 - 10]. http：//theory. people. cn/n/2015/0910/c49157 - 27565673. html.

山区域实施贫困地区劳动力素质提升培训计划的通知》规定：第一，城乡未继续升学的应届初、高中毕业生，免试免费到省内技工院校接受全日制技工教育，享受国家给予的生活补贴，不再另外给予培训补贴。第二，法定劳动年龄内，有劳动能力和就业（培训）愿望的城镇登记失业人员、农村劳动者、毕业年度内未就业高校毕业生，参加人社部门直接组织或所在企业组织的短期技能培训，按下列标准给予补贴：就业前技能培训按照《湖南省就业技能培训补贴实施办法》同类职业培训补贴标准上浮 70% 给予补贴。即根据职业（工种）类别的不同，给予每人 A 类 2040 元、B 类 1360 元、C 类 850 元的培训补贴。岗位技能提升培训按就业前技能培训补贴标准的 40% 给予补贴。此外，参加就业前技能培训的，培训期间按实际到课时间每人每天给予生活补贴 10 元。湖北省教育厅主办、中南民族大学民族干部培训中心和教师教学发展中心承办的"国培计划（2015）"湖北省武陵山区种子教师培养工程以"国培计划"标准为依据，结合武陵山区实际状况和中南民族大学教育理论基础条件进行培训课程设置，通过专题讲座、案例分析与点评、问题研讨、实地考察、名师示范课、教学观摩、真实课堂现场诊断等多种教学形式，提高培训的实践性与可操作性，重点帮助乡村种子教师解决教育教学中的实际问题，促进教育教学水平的提高和专业能力的发展，使其能够在武陵山区教师队伍中起到引领和示范带头作用。

（四）以社会兜底保障为脱贫保障

《湘西自治州人民政府关于进一步加强精准扶贫精准脱贫工作的意见（2017）》提出继续实行贫困生 15 年教育免除学杂费和生活补贴政策，落实救助资金学校监督、家长知情制度。确保贫困群众医疗费报销比例在 80% 以上、特困群众实行全额报销。实行农村低保线与扶贫线"两线融合"，对纳入社会保障兜底脱贫的农村扶贫低保对象，按农村低保标准全额发放低保金；对未纳入社会保障兜底脱贫的农村低保对象，按农村低保标准与家庭月人均收入之间的差额发放低保金；对农村特困人员（原五保对象），按照农村低保标准的 1.3 倍发放基本生活保障金。因突发性、紧迫性、临时性原因，导致基本生活暂时出现严重困难的家庭或个人，参照最低生活标准救助，保障阶段性基本生活。《怀化市委关于实施精准扶贫加快推进扶贫开发的决议（2015）》提出低保兜底到村到户行动和医疗救助到村到户行动。实行扶贫开发和最低生活保障制度有效衔接，在落实低保、五保、新农保、临时救助等国家保障制度的同时，将贫困线和保障线两线结合，对贫困对象实行"帮""保"两条腿走路，综合施策。对无劳动能力的贫困对象，采取参加新型农村社会养老保险、实施最低生活保障、进行困难临时救助和特殊特困人群政府供养等方式"保起来",确保贫困人口通过兜底政策实现解困脱贫。通过卫生室建设,不断改善农村医疗卫生条件,落实贫困人口新农合特惠政策和特殊人群特殊政策,通过实行大病救助、大病医疗保险等方式,确保因病致贫人口实现脱贫。湖北恩施州以民政部门牵头,针对极端贫困户提高保障标准和补助水平,使农村最低生活保障线与贫困线合一。从效果来看,保障对象更加精准,不仅广受诟病的"群体保""关系保""人情保"得到彻底清理,而且通过产业发展实现增收减贫的低保边缘群体也平稳顺利地退出了低保。困难群众普遍反映"保得低"的问题得到有效解决,吃不饱饭、穿不暖衣、看不起病等现象得到根本性改观,困难群众基本做到衣食无虞。2016年,铜仁市委市政府出台了《关于扎实推进社会保障兜底扶贫攻坚行动实施方案》,提出确保"两无"贫困人口和暂时不能脱贫人口的基本生活水平与扶贫攻坚进程、全面小康社会建设进程相适应的目标,持续提高农村低保标准,稳步提升托底保障水平,逐步推进农村低保标准和扶贫标准"两线合一",到2020年农村低保与扶贫两个标准实现统一,要使2016年全市农村低保标准按18.2%增幅提高,平均标准达到3064元/年,2017~2019年,农村低保保障标准年均增幅不低于10%;要做好坚持应保尽保,精准认定低保对象,确保"两无"贫困人口和暂时不能脱贫人口全部纳入低保保障范围,健全以收入核查为核心,以"三环节、十步骤"为基本程序,以民主评议、张榜公示为基本保障,以救助申请家庭经济状况核对为补充的低保对象认定机制,确保精准认定低保对象,确保"两无"贫困人口、暂时不能脱贫人口以及因病因灾返贫的困难群众全部纳入低保保障范围。大幅提高特殊困难群体基本生活保障水平,对纳入低保的老年人、重度残疾人、重病患者、在校学生、单亲家庭成员等特殊困难群体,在发放基本保障金的基础上,根据困难程度,按照当地低保标准的10%~30%分类别增发特殊困难补助金给予生活保障,同时,对农村低保中的季节性缺粮户实施好粮食救助。提出将所有农村五保对象纳入农村低保保障范围,并按低保标准的30%增发特殊困难补助金,合理调整提高孤儿基本生活保障标准,确保散居孤儿基本生活费不低于600元/月,集中供养孤儿基本生活费不低于1000元/月,将失去父母、查找不到生父母的儿童纳入孤儿基本生活保障范围,为特困供养人员打造温馨的幸福家园,完善农村五保供养设施,确保各地供养床位达到当地五保对象总数的60%,在2017年实现所有区(县)儿童福利机构全覆盖,将五保供养服务机构和儿童福利机构管理运营经费纳入财政预算,以保障其正常运转,为特困供养人员有效提供生活照料、医疗康复、长期护理、精神慰藉等全方位服务。表3-4为三省一市扶贫攻坚"军令状"。

表 3 - 4　　　　　　　　　　　三省一市扶贫攻坚"军令状"

地区	军令状与举措	来源
贵州	《2017 年贵州省政府工作报告》提出，2017 年贵州目标减少农村贫困人口 100 万人以上，20 个贫困县、90 个贫困乡镇"摘帽"，2300 个贫困村退出。将更加扎实有力地推进大扶贫战略行动，努力在精准扶贫、精准脱贫上取得新突破。扎实推进易地搬迁扶贫，确保搬迁 75 万人、整体搬迁自然村寨 3500 个。坚持以产定搬、以岗定搬，坚持城镇化集中安置，推动安置点向交通干线靠拢，积极推进跨县、跨市州安置，严控建设成本和住房标准。更加注重落实就业扶贫政策，推广"五个三"经验，解决搬迁群众长远生计问题，确保贫困群众不仅住上新房子，更要过上好日子。要突出抓好产业扶贫。认真研究破解制约贫困地区产业发展难题，根据市场需求和各地实际，选准主攻产业和主攻方向，大力推广"龙头企业 + 合作社 + 农户"的生产组织方式。大力推进"三变"改革，明确贫困户在产业链、利益链中的环节和份额。大力加强技术、金融、管理、营销等各种配套服务。大力开拓农产品市场，创新产销对接机制，建立稳定销售渠道。大力提升脱贫攻坚投资基金和财政扶贫资金统筹能力，强化资金监督管理，提高使用效益。集合各种资源，形成攻坚合力，确保在产业扶贫上实现重大突破。整合用好各类帮扶资源。深化东西部扶贫协作和对口帮扶，引进落地一批合作项目，打造一批对口支援产业园区和面向帮扶城市的农产品供应基地。规范化培训 40 万农村青壮年劳动力，有组织输送护工、家政等紧缺劳务人员 1 万名。完善中直机关、省直单位帮扶机制，实现驻央企、省属国企、高等院校帮扶贫困县全覆盖，继续实施民营企业"千企帮千村"活动。推动责任链任务链再精准、再夯实。严格落实"五主五包"责任制。强力推进 20 个极贫乡镇包干定点脱贫攻坚。力戒形式主义，禁止层层加码，强化督查考核问责，办好"扶贫专线"，对数字脱贫、弄虚作假严肃查处，绝不放过	《2017 年贵州省政府工作报告》
湖北	《2017 年湖北省政府工作报告》提出，2017 年湖北省将扎实推进精准脱贫。精准脱贫重在"准、实"。坚决落实"六个精准"要求，力争 128 万人脱贫、1520 个村出列、9 个县"摘帽"，40 万人易地扶贫搬迁。要大力整合扶贫资源，集中财力办实事，新建改造农村公路 1 万千米，改造危房 10 万户。加快推进大别山、武陵山、秦巴山、幕阜山四大片区扶贫攻坚。支持革命老区、库区和移民安置区加快发展。坚持先难后易，切实把脱贫攻坚的各项措施落实到村到户到人，坚决防止"被脱贫""数字脱贫"，全面小康路上绝不漏掉一户、决不落下一人	《2017 年湖北省政府工作报告》
湖南	《2017 年湖南省政府工作报告》提出，2017 年湖南省将坚决完成年度脱贫攻坚任务。把脱贫攻坚作为"第一民生工程"来抓，确保实现减少 110 万农村贫困人口，10 个贫困县和 2500 个以上贫困村退出的年度目标，做好 45 万左右丧失劳动能力贫困人口的兜底工作。要高质量推进精准脱贫工作，细化落实特色产业、劳务输出、易地扶贫搬迁、生态补偿、教育扶贫、医疗救助、保障兜底"七大扶贫行动"，启动实施解决贫困村基础设施和公共服务突出问题三年行动计划，完成易地扶贫搬迁 33 万人，提升贫困群众自主发展能力。加大产业扶贫力度，积极推进光伏扶贫、电商扶贫、旅游扶贫。推进教育扶贫，对贫困学生进行精准资助，实现贫困县农村义务教育阶段学生营养改善计划全覆盖。推进健康扶贫，提高医疗保障水平，切实减轻农村贫困人口医疗负担。加大财政、金融的扶贫力度，省财政扶贫资金增长 25% 以上，增加重点生态功	《2017 年湖南省政府工作报告》

地区	军令状与举措	来源
湖南	能区贫困县财政转移支付，基本实现全省贫困村金融扶贫服务站全覆盖，指导帮助符合条件的贫困地区企业上市融资。拓展社会扶贫，开展"万企帮万村""一家一"助学就业等扶贫活动	《2017 年湖南省政府工作报告》
重庆	2017 年 8 月 18 日，重庆市召开深化脱贫攻坚工作电视电话会议。会议聚焦脱贫攻坚精准方略，提出对照"两不愁、三保障、一达标"要求，下足"绣花"功夫，真正扶到点上、扶到根上，让贫困群众高一格脱贫、快一步致富。要巩固攻坚成果，实施扶贫对象跟踪管理，加强精准扶贫大数据管理应用，建立完善扶贫长效机制，促进贫困群众持续增收致富。确保如期完成全市脱贫攻坚任务，必须聚焦深度贫困地区精准发力。要聚焦基础设施建设，加快贫困地区路、水、电、讯、房和环保等基础设施建设，优先破解交通"瓶颈"制约，全面提升人居环境质量。要聚焦产业培育发展，引导贫困地区和贫困群众因地制宜发展绿色农产品生产加工、生态旅游等特色产业，深入实施电商扶贫工程，加大改革创新力度，实现户户有增收项目、人人有脱贫门路。要聚焦政策落地见效，抓好社会保障兜底、教育资助扶贫、医疗救助扶贫、易地扶贫搬迁，精准推动脱贫政策到村到户到人，注重公共政策的惠及面和公平性，将政策的含金量转化为群众的获得感	《重庆市深化服务攻坚工作电视电话会议》

第四章

武陵山区特色文化概况与评价

第一节　武陵山区文化概况

　　武陵文化是悠久辉煌的历史文化。武陵地区的人类历史源头可以追溯到远古的石器时代，先秦文化是武陵文化的源泉。长期以来，因中原文人存在偏见，把武陵地区看作"蛮夷"之地，其文化被视为"荒野文化"，其实不然，武陵文化源远流长。从旧石器时代起，武陵地区考古文化序列清晰可辨，如石门县燕儿洞遗址出土了旧石器、泸溪县白沙村田溪口遗址出土了旧石器。新石器时代文化更为密集，城背溪文化、大溪文化、屈家岭文化、石家河文化在武陵地区都有分布。春秋战国以后，武陵地区考古文化出现了土著文化与楚文化、巴文化交融现象。鄂西南"相当于春秋战国阶段的文化遗址数量是很丰富的，其遗址中的文化内涵总体上仍是以陶器为主线""其物质文化的特征与主体当是以楚文化为主"。① 武陵地区不仅考古文化历史悠久，其民间文化同样发达。土家和苗族都有语言而无文字，历史文化都用民族语言口耳相传。苗族的《古老话》和土家族的《梯玛歌》《摆手舞》反映人类起源、民族迁徙和社会生活情况，堪称创世史诗。另外，用民族语言传承的神话、故事和民歌构成武陵文化云蒸霞蔚的景观；民族艺术丰富多彩，傩愿戏、茅谷斯、跳马舞等记录了武陵先民生产生活，具有活化石价值；民间工艺精湛，土家族的雕刻、织锦、挑花、刺绣和苗族的蜡染、

---

① 戴楚洲，熊正贤．中国武陵文化［M］．成都：西南交通大学出版社，2018．

服饰、银饰及侗族的侗锦都是民族文化瑰宝；科技文化发达，采丹砂悠久历史，很早就用植物和矿物作染料；杆栏建筑、鼓楼和风雨桥被誉为中国古建筑杰作；苗医苗药声播海外；文人文学也很发达，诗人屈原的《九歌》《橘颂》等作品得力于武陵文化熏染，刘禹锡创作的竹枝词受到武陵民歌影响。明清时期，武陵山区更是人才辈出，容美（今鹤峰）出现连续八代文人群体，在中华文坛上是罕见的。彭秋潭、彭勇功、彭勇行、唐仁汇、彭施铎、吴愈材等人的竹枝词既有浓厚的生活气息，又有很高的艺术水平。近代文人田星六、向乃祺、庹悲亚、田名瑜、袁吉六、吴恭亨、田金楠及当代文人沈从文、黄永玉、孙健忠、丁玲、邵华、汪承栋、胡柯、吴明仁、田岚、蔡测海、颜家文、杨盛龙和歌唱家宋祖英、付辽源、龙仙娥、陈春茸、杨娟等人都是武陵文化哺育出的佼佼者。所以说，武陵地区虽然交通闭塞，但它孕育的文化辉煌灿烂，可与中华其他地域文化媲美。

武陵文化是典型的山地丘陵文化。武陵山脉是云贵高原过渡到江汉平原的桥梁，境内群山起伏，峡谷幽深，是典型的山区。这种自然环境铸造的文化是独具特色的山地丘陵文化。武陵经济是以山地农业为主的复合式经济。宋代引进牛耕。明代引进玉米、红薯、马铃薯。但是，耕作方式落后，"刀耕火种，日食杂粮"。除种植旱地作物外，采集山货、特产和牲畜喂养是生活的补充。武陵山区森林资源、药材资源和土特产品十分丰富。早在唐代，武陵山区土产已为贡品。在明代，进贡了不计其数的楠木。鸦片战争以后，武陵山区桐油、生漆、五倍子等特产远销海外，促进了武陵经济发展。直到现在，武陵山区优势仍是山地的生物多样性和丰富的旅游资源。山地丘陵特征不仅表现在经济生活上，而且融入到精神生活中。由于盘瓠和廪君出生在山洞，所以武陵人对山有特殊情感。武陵人建房依山面水，讲究向山和靠山；死后，坟墓坐山和向山。民间文化少不了山的内容，故有山歌唱到："高山山高高上天，山上宝贝寻不完；永生永世和山恋，死也埋进山凹凹。"他们"不唱山歌不开怀""不唱山歌不说爱"。

武陵文化是英勇善战的尚武文化。武陵文化崇尚武勇的文化因子源远流长，"武陵蛮"祖先盘瓠因勇猛赢得高辛氏女儿的爱情。土家始祖巴务相"投剑独中"，战胜盐神部落。在历史发展进程中，崇尚武勇成为武陵人的优良传统。在土家族和苗族民间文化中，歌颂勇敢的民族精神成为主线，贯穿在史诗、歌谣、传说、故事里，如土家族的《摆手歌》、苗族的《古老话》都有许多对勇敢行为的颂扬。武陵人的武勇表现在历次军事斗争中。从蚩尤与炎黄大战、巴人参加武王伐纣，到明朝土家赴东南沿海抗倭，取得王江泾等战役胜利。近现代史上，武陵地区各族人民为创建红军及取得中国革命胜利作出了牺牲和贡献。在方志中，对武陵人"悍而直"的评价随处可见。尚武文化铸就了武陵好汉，英勇善战的武陵人传承了崇尚武勇的文化。

武陵文化是多元融通的民族文化。武陵地区处于中国东南西北的交汇点上，是各种文化聚焦地，加之多民族创造，使武陵文化在五方杂处中实现了融通，呈现出多姿多彩的风貌。武陵文化在孕育时期具备了多元混合的特性，奠定了多元共存的基础。春秋战国时期，由于楚国、秦国势力向南方扩张，三苗、巴人、楚人、百越先后进入武陵山区。这些民族带入各自的文化成分，与土著濮文化整合，形成武陵文化雏形。秦汉统一以后，武陵地区纳入朝廷统治，设置武陵郡、南郡。武陵郡内除"武陵蛮"外，还有廪君蛮、板楯蛮、濮、僚等族群，说明其文化仍呈多元性。魏晋南北朝时期，在民族融合潮流中，武陵地区人口仍有流动。唐末，乌蛮的一支迁入武陵地区，融入当地民族之中。宋代以后，汉文化对武陵地区的渗透加强。所以，武陵文化中的汉文化因子十分明显，如使用汉语，接受儒家思想，饮食、服饰、建筑、器具使用汉区技艺，道教、佛教大量渗透。尽管如此，武陵文化仍未被汉文化同化。相反，以土家族、苗族、侗族为主体的武陵文化对传统的濮文化、巴文化、楚文化、越文化、汉文化有选择地吸收，在保持其山地丘陵、神秘浪漫、崇尚武勇等特征的前提下，又显示出文化的多元性、包容性特征[①]。

武陵地区是文化资源的宝藏，类型多样，内涵丰富，独具特色。从时间角度分，武陵文化可分为原始文化、古代文化、近代文化、现代文化四种类型；从地形角度分，武陵文化可以分为山地文化和丘陵文化；从不同民族分，可以分为汉族文化、土家族文化、苗族文化、侗族文化以及其他少数民族文化；从宗教信仰来分，可分为佛教文化、道教文化、基督教文化和伊斯兰文化；从流行的人群来分，可以分为雅文化和俗文化。其中既有有型的物质文化，又有无形的非物质文化，具体资源类型如表4-1所示。

---

① 戴楚州，熊正贤. 中国武陵文化［M］. 成都：西南交通大学出版社，2018.

表 4 – 1

武陵山区特色文化资源概况

类型	湖南武陵山片区	湖北武陵山片区	贵州武陵山片区	重庆武陵山片区	数量	资料来源
世界自然遗产与非物质文化遗产	张家界武陵源国家级名胜区、湖南新宁中国丹霞、永顺老司城遗址	咸丰唐崖土司城址		中国南方喀斯特（武隆）	5 处	联合国教科文组织公布的《世界遗产名录》
国家非物质文化遗产	苗族民歌、苗族四月八、高腔、剪纸、盘瓠传说、苗族挑花、苗族银饰锻制技艺、凤凰纸扎、蓝印花布印染技艺、苗医药、苗族古歌、江河号子、农历二十四节气、苗画、土家族哭嫁歌、土家族吊脚楼营造技艺、土家族梯玛歌、土家族咚咚喹、张家界阳戏、桑植民歌、桑植仗鼓舞、土家族撒叶儿嗬、茶山号子、目连戏、傩戏、挑花、正江傩堂、芦笙音乐、阳戏、靖州苗族歌鼟、侗戏、侗锦织造技艺、滩头木版年画、挑花、瑶族民歌、新郎孙氏正骨术、蓝印花布印染技艺、苗族四月八姑娘节、城步吊龙、梅山武术、抬阁、黑茶制作技艺、脑、丝弦、苗族武术、棕包脑	恩施扬琴、恩施傩戏、灯戏、恩施玉露制作技艺、利川灯歌、肉连响、江河号子、土家族撒叶儿嗬、三棒鼓、宣恩薅草锣鼓、土家族吊脚楼营造技艺、土家族摆手舞、龙舞、南剧、鹤峰傩戏、土家族打溜子、土家族撒叶儿嗬、薅草锣鼓、都镇湾故事、儿女会、薅草锣鼓、南曲、秭归屈原传说、午习俗、屈原传说、江河号子	玉屏箫笛制作技艺、土家族民歌、思南花灯戏、伍家沟民间故事、吕家河民歌、武当神戏、木偶戏、仡佬毛龙节、石阡说春、傩戏、仡佬傩戏、德江傩堂戏、土家族三幺台习俗	南溪号子、酉阳民歌、酉阳摆手舞、秀山花灯、酉阳古歌、秀山民歌、舞龙、苗族民歌、土家族啰儿调、狮、土家族吊脚楼营造技艺、玩牛、丰都庙会	105 处	原文化部公布的 4 批次《国家级非物质文化遗产名录》

续表

类型	湖南武陵山片区	湖北武陵山片区	贵州武陵山片区	重庆武陵山片区	数量	资料来源
历史文化名镇名村	湖南省泸溪县浦市镇、湖南省花垣县边城镇、湖南省永顺县芙蓉镇、湖南省永顺县灵溪镇老司城村、湖南省龙山县里耶镇、湖南省龙山县苗儿滩镇捞车村、湖南省辰溪县上蒲溪瑶族乡五宝田村、湖南省会同县高椅乡高椅村、湖南省通道侗族自治县双江镇芋头村、湖南省通道侗族自治县坪坦乡坪坦村、湖南省绥宁县寨市镇、湖南省绥宁县黄桑坪苗族乡上堡村、湖南省绥宁县关峡苗族乡大园村	湖北省恩施市崔家坝镇滚龙坝村、湖北省利川市谋道镇鱼木村、湖北省宣恩县沙道沟镇两河口村、湖北省恩施县椒园镇庆阳坝村	贵州省松桃苗族自治县寨英镇、贵州省江口县太平镇云舍村、贵州省石阡县国荣乡楼上村、贵州省务川县大坪镇龙潭村	重庆市黔江区濯水镇、重庆市酉阳土家族苗族自治县、石柱县西沱镇	25处	建设部和国家文物局公布的《中国历史文化名镇名村》
国家级风景名胜区	德夯风景名胜区、凤凰风景名胜区、武陵源（张家界）风景名胜区、万佛山 – 侗寨风景名胜区、虎形山 – 花瑶风景名胜区、白水洞风景名胜区、南山风景名胜区、崀山风景名胜区、紫鹊界梯田 – 梅山龙宫风景名胜区		九龙洞风景名胜区、石阡温泉群风景名胜区、沿河乌江山峡风景名胜区	芙蓉江风景名胜区、天坑地缝风景名胜区、长江三峡风景名胜区	16处	国务院批准公布的《国家级风景名胜区》

续表

类型	湖南武陵山片区	湖北武陵山片区	贵州武陵山片区	重庆武陵山片区	数量	资料来源
中国传统村落	吉首市矮寨镇德夯村、吉首市矮寨镇舒家塘村、凤凰县阿拉营镇舒家塘村、凤凰县中黄村、凤凰县都里乡都里村、花垣县边城镇老洞村、花垣县排碧乡板栗村、保靖县夯沙乡沙坝村、花垣县排碧乡岩排溪村、保靖县吕洞山镇八蛮村、古丈县高峰乡岩排溪村、古丈县红石林镇老司岩村、古丈县默戎镇龙鼻村、永顺县大坝乡双凤村、永顺县小溪乡小溪村、龙山县苗儿滩镇惹巴拉村、永定区王家坪乡石堰坪村、辰溪县上蒲溪瑶族乡五宝田村、会同县高椅乡高椅村、隆回县虎形山瑶族乡崇木凼村、安化县江南镇黄沙坪老街、安化县马路镇马路溪村	恩施市崔家坝村、恩施市白果乡金龙坝村、利川市凉雾乡海洋村、利川市椒园镇庆阳坝村、宣恩县沙道沟镇两河口村、咸丰县甲马池镇蛇盘溪村、咸丰县甲马池镇大路坝区马鹿池村、咸丰县清坪镇中寨村郑家坝、来凤县百福司镇新安村、来凤县大河镇冷水溪村、鹤峰县铁炉乡白族乡细杉村、鹤峰县五里乡五里村、鹤峰县东坪镇中营乡三家族村、鹤峰县中营乡蒙古族村	江口县太平乡云舍村、石阡县白沙镇马桑坪村、石阡县国荣乡楼上村、石阡县国荣乡葛容村、石阡县高桥自然村、石阡县坝场乡小高王村、石阡县黄泥勐聚凤乡聚凤村、印江仡佬族苗族侗族风凤仡佬族苗族乡、石阡县聚凤乡佬族侗族凤仡佬族佬族侗族、石阡县本庄镇水屯村、石阡县白沙仡佬族侗族佬族村、石阡县公鹅坳村、德江县楠杆土家族乡上坝村、德江县上坝土家族大寨村、松桃县正大乡、务川仡佬族苗族自治县大坪镇龙潭村、凤冈县绥阳镇玛瑙村	酉阳土家族苗族自治县苍岭镇大河口村、酉阳土家族苗族自治县酉水河镇河湾村、酉阳土家族苗族自治县酉水河镇后溪村、西沱镇酉阳土家族苗族自治县南腰界乡南界村、秀山土家族苗族自治县梅江镇民族村、石柱土家族自治县金岭乡银杏村、石柱土家族自治县石家乡黄龙村、石柱土家族自治县悦崃镇新城村	59处	住房城乡建设部、原文化部、国家文物局、财政部联合成立了专家委员会，评审的《中国传统村落名录》
特色小镇	湘西土家族苗族自治州花垣县边城镇、湘西土家族苗族自治州龙山县里耶镇、邵阳市邵阳县下花桥镇	恩施州利川市谋道镇	铜仁市万山区万山镇、遵义市湄潭县永兴镇	黔江区濯水镇、酉阳县龙潭镇	8处	住建部公布的《中国特色小镇名单》

续表

类型	湖南武陵山片区	湖北武陵山片区	贵州武陵山片区	重庆武陵山片区	数量	资料来源
中国少数民族特色村寨	湘西土家族苗族自治州吉首市矮寨镇德夯村，湘西土家族苗族自治州古丈县古阳镇白杨坪村，湖南省湘西土家族苗族自治州古丈县矮寨镇中黄村，湖南省湘西土家族苗族自治州泸溪县潭溪镇新寨坪村，湘西土家族苗族自治州凤凰县山江镇老家寨村，湘西土家族苗族自治州花垣县双龙镇边城镇十八洞村，湖南省湘西土家族苗族自治州花垣县排料乡果村，湖南省湘西土家族苗族自治州保靖县普戎镇波溪村，湘西土家族苗族自治州古丈县默戎镇龙鼻村，湖南省湘西土家族苗族自治州古丈县红石林镇张家坡村，湘西土家族苗族自治州芙蓉镇（王村），湘西土家族苗族自治州永顺县大坝乡双凤村，湘西土家族苗族自治州灵溪镇司城村，湖南省湘西土家族苗族自治州永顺县泽家镇泽车河村，湘西土家族苗族自治州龙山县儿滩镇捞车河村，张家界市永定区王家坪镇石堰坪村，湖南省张家界市武陵源区中湖乡野鸡铺村，省张家界市慈利县居委会，张家界市武陵源区	恩施土家族苗族自治州恩施市白杨乡熊家岩村，施市白杨坪乡恩施市白杨坪乡鹿子坝村，恩施土家族苗族自治州恩施市三岔乡莲花池村，恩施土家族苗族自治州恩施市芭蕉侗族乡河口村，恩施土家族苗族自治州恩施市芭蕉侗族乡高桥村，湖北省施州白果乡金龙坝村，湖北省恩施州恩施市龙凤镇龙马村，湖北省恩施州恩施市龙凤镇青堡村，湖北省恩施州利川市冰处办事处上柏杨镇水井村，湖北省施州利川市沙溪乡荷花村，湖北省施州张高寨，湖北省恩施州建始县高坪镇大店子村，湖北省施州建始县茅田乡要樂门村，湖北省施州巴东水布垭镇国龙坪村，恩施土家族三关镇龙桥村，自治州施州桥坪村，湖北省恩施州巴东东坪镇牛洞坪村，湖北省武陵源施州巴东巴口镇东巴沿渡	铜仁市万山区高楼坪乡青年湖村，贵州省中华山村，山区放寨乡中华山村，贵州省铜仁市玉屏车渡村，贵州县皂角坪街道野鸡坪村，铜仁市松桃苗族自治县正大乡湾苗族自治县松桃村，铜仁市松桃大乡湾苗族自治县盘信镇大湾村，铜仁市松桃苗族自治县苗族自治县响水洞村，省铜仁市松桃苗族自治县牛郎镇楼红村，铜仁市印江土家族苗族自治县永义江土家族苗族自治县团龙村，贵州省铜仁市印江土家族苗族自治县甘川黄镇苗族自治县甘川村，贵州省铜仁市印江土家族苗族自治县木黄镇燕子岩村，贵州省组，铜仁市印江土家族苗族自治县沿河朗溪镇河西村甘川村，贵州省铜仁市沿河土家族自治县沙子镇南庄村，湖北省铜仁市沿河土家族自治县鹅溪村，铜仁市江口县太平乡云舍村，贵州省铜仁市江口县太平镇快场村，贵州省铜仁市江口县盘市镇云舍村太平镇村，贵州省铜仁市江口县桃映镇匀都村寒，贵州省铜仁市江口县太平口江口东巴映快场村院子村为	黔江区小南海镇板夹溪十三寨，酉阳土家族苗族自治县青华乡酉阳土家族苗族自治县酉阳酉水河镇河湾山寨，重庆市酉阳土家族苗族自治县苍岭镇大河口村，重庆市酉阳土家族苗族自治县南庄村，重庆市秀山土家族苗族自治县楠木乡红庄村，重庆市秀山土家族苗族自治县里仁镇南庄院古寨，重庆市秀山土家族苗族自治县梅江镇民族村，族自治县秀山土家族苗族自治县清溪场镇大寨村，重庆市秀山土家族苗族自治县中和镇，重庆市秀山土家族苗族自治县雅江镇雅江村，重庆市秀山土家族苗族自治县钟灵镇凯堡村，重庆市彭水苗族土家族自治县梅子垭镇佛山村，重庆市彭水苗族土家族自治县黄家镇水田村，重庆市彭水苗族土家族自治县无锋村，石柱土家族自治县冷水镇八龙山寨，重庆市石柱土家族自治县金玲乡银杏家族自治县武隆区浩口苗族仡佬族乡后坪村，重庆市武隆区后坪乡下院子河	139处	国家民委公布的《中国少数民族特色村寨》

续表

类型	湖南武陵山片区	湖北武陵山片区	贵州武陵山片区	重庆武陵山片区	数量	资料来源
中国少数民族特色村寨	族乡杨家坪村、湖南省张家界市慈利县广福桥镇老棚村、湖南省张家界市桑植县洪家关白族乡麦地坪白族村、湖南省常德市石门县壶瓶山镇泥沙社区、湖南省常德市石门县罗坪乡长梧瑙村、湖南省怀化市沅陵县二酉苗族乡乌宿村、湖南省怀化市麻阳苗族自治县石羊哨乡楠木桥村、怀化市新晃侗族自治县贡溪乡天井寨、湖南省怀化市新晃侗族自治县扶罗镇皂溪村、湖南省怀化市芷江侗族自治县碧涌镇碧河村、湖南省怀化市芷江侗族自治县三道坑镇牛皮寨村、湖南省怀化市会同县高椅乡高椅村、湖南省怀化市靖州苗族侗族自治县三锹乡地笋村、怀化市靖州苗族侗族自治县藕团乡新街村、怀化市通道侗族自治县坪坦乡坪坦村、怀化市通道侗族自治县坪阳乡横岭村、湖南省怀化市通道侗族自治县播阳镇上湘村、邵阳市隆回县虎形山瑶族乡崇木凼村、湖南省邵阳市隆回县山界回族乡白椒村、邵阳市洞口县那溪瑶族乡那溪村、湖南省绥宁县关峡苗族乡大园村、湖南省邵阳市城步苗族自治县长安营乡大寨村、邵阳市城步苗族自治县丹口镇桃林村、湖南省恩	河镇石板坪村、恩施土家族苗族自治州恩施市宣恩县彭家寨、湖北省恩施州宣恩县高罗乡小茅坡营村、湖北省恩施州宣恩县板栗园村、湖北省恩施州宣恩县庆阳坝村、湖北省恩施州宣恩县万寨乡五家台村、恩施土家族苗族自治州咸丰县黄金洞乡麻柳溪村、湖北省恩施州咸丰县蛇盘溪村、湖北省恩施州咸丰县高乐山镇大路坝区蛇盘溪村、恩施土家族苗族自治州来凤县三胡乡黄柏村、恩施土家族苗族自治州来凤县百福司镇河村、湖北省恩施州来凤县百福司镇舍米湖村、湖北省恩施州来凤县革勒车乡、恩施土家族苗族自治州鹤峰县中营乡大路坪村、恩施土家族苗族自治州鹤峰县五里乡、湖北省恩施州鹤峰县邬阳乡、湖北省恩施州鹤峰县铁炉白族乡细杉村、湖北省恩施州鹤峰县下坪乡岩门村、湖北省恩	寨、铜仁市石阡县坪山乡尧上村、铜仁市石阡县龙塘镇神仙庙村、贵州省铜仁市石阡县花桥镇枫香上村、铜仁市石阡县国荣乡楼上村、湖州省铜仁市石阡县本庄镇凯峡河村、贵州省铜仁市石阡县中坝镇河西村、遵义市道真仡佬族苗族自治县玉溪镇巴渔村、贵州省遵义市道真仡佬族苗族自治县洛龙镇大塘村、遵义市务川仡佬族苗族自治县大坪镇龙潭村、贵州省遵义市务川仡佬族苗族自治县桃符村、遵义市余庆县丰乐镇苗坪村、贵州省遵义市湄潭县管平镇水坪坝寨、贵州省遵义市花山苗族乡文村飞龙寨	乡文风村、重庆市武隆区石桥苗族土家族乡八角村	139处	国家民委公布的《中国少数民族特色村寨》

续表

类型	湖南武陵山片区	湖北武陵山片区	贵州武陵山片区	重庆武陵山片区	数量	资料来源
中国少数民族特色村寨	邵阳市城步苗族自治县丹口镇边溪村、湖南省娄底市新化县天门乡土坪村	施州鹤峰县燕子乡董家村、湖北鹤峰县走马镇官仓村、湖北省恩施州宜昌市五峰县采花乡栗子坪村、湖北省宜昌市五峰县长乐坪镇腰牌村、湖北省宜昌市秭归县九畹溪镇石柱土家族村			139 处	国家民委公布的《中国少数民族特色村寨》
国家级5A景区	张家界市武陵源–天门山旅游区、邵阳市新宁县崀山景区	恩施土家族苗族自治州恩施大峡谷景区、恩施土家族苗族自治州巴东县神农溪纤夫文化旅游区		酉阳土家族苗族自治县桃花源旅游景区、武隆区喀斯特旅游区（天生三桥、仙女山、芙蓉洞）	6 处	原国家旅游局公布的《5A级旅游风景区》
国家级4A景区	湘西州凤凰古城奇梁洞景区、湘西州乾州古城景区、湘西州芙蓉镇景区、湘西凤凰古城景区、湘西州猛洞河漂流景区、张家界黄龙洞旅游区、张家界市大峡谷景区、张家界宝峰湖景区、张家界市土家风情园、张家界贺龙纪念馆、张家界茅岩河–九天洞旅游区、张家界万福温泉国际旅游度假区、张家界江娅温泉度假村、常德石门县夹山风景区、怀化芷江抗战授降旧址、怀化黔阳古城景区、怀化洪江古商城景区、邵阳崀山风景名胜区	恩施利川腾龙洞风景洞景区旅游区、恩施利川佛宝山大峡谷漂流景区、恩施建始野三河旅游区、恩施咸丰唐崖河景区	铜仁梵净山景区、铜仁九龙洞风景区、沿河乌江山峡风景名胜区、石阡温泉群风景名胜区	重庆黔江小南海、重庆酉阳龚滩古镇、江濯水古镇、重庆酉阳龙潭古镇景区、重庆石柱大风堡景区、重庆丰都雪玉洞	34 处	原国家旅游局公布的《4A级旅游风景区》

第二节　武陵山区典型的特色文化类型

一、民族文化

武陵山区自古以来就是多民族聚居区，总人口超过 100 万人的三大世居少数民族为土家族、苗族、侗族。武陵山区民族文化源远流长，博大精深。

一是土家族民族民间文学。民间歌谣是武陵地区土家祖先最早的文艺形式。永顺、保靖、龙山、桑植、永定、慈利、长阳、利川、咸丰、建始、酉阳、黔江、秀山等地区的土家山寨至今都有赛歌盛会。贺龙等红军将士创建湘鄂川黔根据地以后，土家族人根据民歌曲谱创作了《桑植出贺龙》《山寨来了贺龙军》《盼红军》《送郎当红军》《十送红军》《马桑树儿搭灯台》《门口挂盏灯》等红色歌曲。"竹枝歌"源自土家先民巴人踏啼之歌，是古代巴人七言诗歌体裁。西汉扬雄所作《蜀志》称"讴歌"为巴人之歌。东汉何晏也说："巴子讴歌，相引牵连手而跳歌也。"唐代诗人顾况首次提出"竹枝词"曲牌。据明清时期《永顺县志》《慈利县志》《永定县志》等古籍记载，仅武陵地区土家先民就创作了数百首竹枝词，语言流畅，通俗易懂，极有文学价值、美学价值和史学价值。土家族竹枝词的主要题材是写民俗、爱情、生活、景物和市井风情，带有浓郁的地方特色和民族特色。土家族人最喜欢唱的歌谣首推山歌，多为七字一句，四句一首；也有七字一句，五句一首。土家山歌是随着山坡劳动而产生的歌，被称为"喊歌"。山歌种类有采茶歌、砍柴歌、放牛歌、赶马歌、翻山歌和盘歌。山歌数量颇多，内容丰富，触景生情，即兴而歌。独唱、对唱、盘歌、合唱，唱式俱全。1987 年，桑植县土家族歌手尚生武参加了在波兰举行的世界民间艺术节，演唱《桑木扁担软溜溜》和《棒棒捶在岩板上》等民歌，首次把土家民歌推上国际舞台，被誉为"金色的旋律"。鄂西南《龙船调》风靡国内外，被选为世界25 首优秀民歌之一。渝东南土家族民歌《黄杨扁担》走红全国，蜚声海外。2003 年，我国著名歌唱家宋祖英把土家民歌《马桑树儿搭灯台》唱到了奥地利维也纳金色大厅。2004 年，在第十一届全国青年歌手电视大赛上，根据土家族哭嫁歌创作的《阿妹出嫁》获得铜奖。20 世纪 90 年代以来，党和国家领导人视察张家界时，土家族歌唱家为贵宾们演唱过《九岭十八岗》和《泠水泡茶慢慢浓》等土家民歌。因此，张家界国家森林公园、索溪峪、天子山和茅岩河风景区的土家歌手每天都为海内外游客演唱《好郎好姐不用媒》《太阳出来照白岩》

《郎从门前过》等土家山歌，使土家歌谣成为旅游文化热点。2006年，"桑植民歌"被列入国家级非物质文化遗产名录。同年，"土家山歌大王"田茂忠被中国民间文艺家协会评为全国首批民间文化优秀传承人。在2008年举行的第十三届中央电视台青年歌手大奖赛上，"土苗兄妹组合"因唱土家民歌《花咚咚姐》《吊灯笼》《细碗莲花》而获金奖及观众最喜欢的歌手奖。"撒尔嗬组合"因唱土家民歌《巴东撒尔嗬》《土家撒尔嗬》《纤夫号子》而获优秀奖。薅草锣鼓歌又叫"挖土锣鼓歌"，产生于生产而又有利于生产。歌词铿锵有力，朴实大方，具有民歌鲜明开朗的风格。扬歌时除唱生产、生活外，也唱一些历史故事、小说和民间传说，如《杨家将》《岳家将》《薛仁贵征东》《卖画记》《三国演义》《百果花》《水浒传》《梁祝》《孟姜女》《东三郎和西三妹》等。摆手活动是土家族特有的民俗，是土家族的祭祀活动。摆手歌就是进行摆手活动时由"梯玛"或摆手掌坛师演唱的古歌，号称"土家史诗"。土家语称摆手活动为"舍巴日"，汉意是"做敬祖先的事"，是源于湘鄂渝黔边境地区祭祀土王而举行的礼仪歌舞盛会。土家族宗教仪式执行人"梯玛"用土家语念唱巫歌《梯玛歌》，故被称为"歌师傅"。《梯玛歌》是吟唱式长篇创世史诗，来源于巫师祭祀。在形成和发展过程中融合土家的起源、繁衍、战争、迁徙、生产、生活、人间万物、历史事件、历史人物等内容，深涵音乐、舞蹈、文学、语言、民俗等多种学问，堪称"土家族百科全书"。2008年，龙山县土家族《梯玛歌》被国务院发文列入第二批国家级非物质文化遗产名录。2009年，龙山县内溪乡双坪村掌坛梯玛彭继龙被文化部发文公布为第三批国家级非物质文化遗产土家族《梯玛歌》代表性传承人后，被武陵源区宝峰湖公司邀请在宝峰湖风景区表演民俗节目《梯玛神歌》。哭嫁歌是土家族姑娘出嫁前边哭边唱的歌。土家族哭嫁习俗长期相沿，形成抒情长歌，具有较高的文学价值。《哭嫁歌》是土家民间文学的代表作品之一，是用文学形式描写的土家族婚俗史，具有较大的历史价值。哭嫁时有独唱和两人对唱两种形式。打丧鼓是土家族人悼念死者的一种祭祀性歌舞活动，它有跳丧与坐丧两种形式，其歌统称为丧鼓歌。跳丧，唱"撒尔嗬"是土家族人祭悼亡人的一种独特方式，他们在跳丧时夹唱情歌和丧鼓歌，这种习俗至今还在清江流域和鹤峰、桑植、凤凰、酉阳、秀山、巴东、建始等县保留着。土家族民间叙事长诗寓于神歌和山歌等形式之中。流行在保靖、龙山、秀山、酉阳等县的民间小调《吴幺姑》共有九章、260多行，是讴歌土家青年杨二哥和吴幺姑追求自由婚姻的长篇叙事歌。武陵山区经过长期的历史积淀，各族先民创作出了能感染人的民间故事，包括神话、传说、故事、笑话和寓言五个部分，具有鲜明的民族特色。这些富有吸引力的民间故事世代流传，经久不息。传说是土家群众口头流传的与历史事件、历史人物和土家习俗、自然风物有关的故事，还有名胜古迹、节会来历的传说。武陵地区苗族民间文学源远流长，形式多样。

二是苗族民族民间文学。苗族散文体作品包括神话、传说和民间故事，除解释人类起源的《阿陪果本》外，还有反映阶级斗争的、反映民族风情的，也有寓言和童话等。能唱的苗族韵文作品按内容分为古歌、苦歌、反歌、山歌、情歌、飞歌、节令歌、仪式歌、生产歌、起义歌、新民歌和爱情叙事诗等。此外，还有民间谚语、谜语、成语和格言、行话、隐语等。如黔东南的《苗族古歌》、湘西北的《奶归玛簪》《溯古追根》《接龙》《祭龙》《爱龙》《舞龙》《龙姓的来源》等。这些神话充满幻想，是苗族口头文学的童年时代。《枫木歌》是关于万物起源的神话叙事长诗，长达一千多行。其中，包括《枫香树种》《犁东耙西》《栽枫香树》《砍枫香树》《妹榜妹留》《十二个蛋》六首。这组长歌，内容关联，首尾衔接，既是完整的长歌，又各有其独立性。苗族传说、故事十分丰富，如黔东的《芦笙是怎样吹起来的》《阿秀王》《独戈王》《老猎人和皇帝》《龙女的故事》及湘西的《哈氏三兄弟》等。苗族民间歌谣统称"苗歌"，基本上用苗语演唱。苗族口头文学中产生大量《迁徙歌》。这类歌有黔东的《跋山涉水》《蛟鲲浪岛》以及湘西的《果聂》《休巴休玛》《逃荒歌》《苗家流落在山坡》。苗族史诗《休巴休玛》，汉语译为《苗族古歌》，长达一万九千多行，包括《创天立地》《种植歌》《在中球水乡》《部族变迁》四大部分（2011 年，《苗族古歌》被国务院列入第三批国家级非物质文化遗产名录）。苗族民间文学中还有一类是歌颂苗族英雄与皇帝斗争的，如《苗王张老岩》《阿秀王》《果罗闷》《哈氏三兄弟》《独戈王》《百鸟羽龙袍》等。

三是侗寨民族民间文学。武陵地区侗族民间文学的传承形式主要有侗款、侗耶、侗垒和民间故事等。"侗耶"是侗族祖先在生产劳动过程中产生的集音乐、诗歌、舞蹈为一体的民间文学形式，因演唱的衬词"耶"而得名。侗耶内容丰富，表现形式多样。"侗垒"是有音韵、有节奏的艺术语言，是侗族人祭祀神灵、祈祷祝福的口头文学，分为创世垒、迁徙垒、祭祀垒、情话垒、祝贺垒、英雄垒、寨规垒、劝戒垒等。侗族的神话、传说和故事极为丰富，情节神奇曲折。《卜宽》是侗族机智人物的故事；《杨太公救飞山》讲述了侗族四大英雄的故事；《红军是飞来的》叙述了红二、六军团将士歼灭国民党军队的故事；爱情故事有《珠郎娘美》及《玉梅和先芳的故事》等。

二、民间艺术

武陵山区民间艺术丰富多彩，富有趣味，民间音乐、民间舞蹈、民间戏剧、民间曲艺具有明显的民族风格和民族特色。土家传统音乐三大宝库包括民间歌曲、传统器乐和戏曲音乐。民间歌曲分为土家古歌、武陵山歌、城镇小调、劳动歌曲、风俗歌曲等类。土家民间歌曲种类有高腔山歌、平腔山歌、四句子歌、五句子歌、六句子歌、盘歌、茶歌、柴歌、牧歌等十多种。著名山歌有《太阳出来照白岩》《九岭十八岗》《郎从门前过》《冷水泡茶慢慢浓》《好郎好姐不用媒》《唱起山歌送情郎》《板栗开花一条线》《四季花儿开》《门口挂盏灯》《黄四姐》《六口茶》《木叶情歌》《花大姐》《送情人》《三看郎》《嘀格调》《采花调》《请灯》等。风俗歌曲有哭嫁歌、丧歌、喜歌等。"土家生来爱唱歌，开口一唱一大箩。"土家山区宛如民歌海洋，不仅歌词优美，而且曲调委婉动听。土家族的传统舞蹈有摆手舞、跳丧舞、八宝铜铃舞、八幅罗裙舞、梅嫦舞、跳马舞、操旗舞、花鼓子（玩耍耍）、高皇灯、板板龙灯、泼水龙等，其中尤以跳丧舞、摆手舞最为突出。土家地区戏剧产生明朝末年。清代"改土归流"以后，出现了傩愿戏、花灯戏、辰河戏、目连戏、木偶戏和阳戏。土家传统器乐有吹奏乐和打击乐两种。吹奏乐有土号、木叶、牛角、咚咚喹、绷绷拖、响树、唢呐等。土家族人迎送长官，婚娶喜庆，都要吹奏土号。土家人想吹木叶时，扯下一片常青树叶，放入口中，运气吹动，就可吹出清脆悦耳的歌曲。苗族民间艺术有音乐、舞蹈、戏剧和工艺，音乐、舞蹈和工艺历史悠久，流传广泛。苗族舞蹈多以乐器命名，如芦笙舞、铜鼓舞、花鼓舞、跳香舞、接龙舞、板凳舞、木鼓舞、爬花杆舞等。苗族戏剧有苗剧、蚩尤戏、苗戏、酉戏、傩愿戏和辰河戏等。苗族民间工艺有纺织、刺绣、挑花、苗锦、花帕、蜡染、扎染、打花带、织彩带、蓝印花布、雕刻、银饰和泸溪县踏虎凿花等。侗族民间艺术源远流长。宋代《老学庵笔记》记载："辰、沅、靖等蛮、仡伶……一二百人为曹，手相握而歌，数人吹笙在前导之。"明代邝露写的《赤雅》亦载："侗亦僚类……善音乐，弹胡琴，吹六管，长歌闭目，顿首摇足，为混沌舞。"描述了侗族的吹芦笙、跳哆耶、赶坳唱歌、互赠信物的种种情景。侗族舞蹈有哆耶舞和芦笙舞。芦笙舞分为祭祀舞、竞赛舞、摇摇舞，侗族民间以吹芦笙为乐、边吹边跳的一种大型群众性舞蹈，有《鲤鱼上滩》和《斗鸡舞》等节目。侗族工艺有刺绣、侗锦、雕刻、彩绘、银器、竹器、藤器和印染等。刺绣用于胸襟、衣袖、花鞋、枕巾等。侗锦用各色丝线和棉线交织而成，多几何形和山水、花草等花纹，色彩鲜艳。

武陵山区的毛古斯、傩愿戏、花灯戏、阳戏、阴花鼓与闹年歌等民间艺术历史悠久，源远流长。毛古斯是土家族处于萌芽状态的古老戏剧剧种，土家语称为"拔普卡"或者"帕帕格次"，汉意即"老公公"，因装扮毛人表演祖先故事而得名。傩愿戏是还傩愿和傩戏总称，是在祭祀基础上汲取戏曲形成的民间戏剧。土家族花灯戏于每年农历正月初三至十五举行，武陵地区的永定区、武陵源区、慈利县、桑植县、永顺县、保靖县、秀山等地区每年都举行花灯戏表演。阳戏全称

"阳盘戏"，又名"柳子戏"，因种阳春人演的戏而得名。楚文化余绪和少数民族文化都给阳戏艺术滋养，在樵歌、秧歌、船歌、傩歌、采茶歌以及其他地方戏曲剧种影响下，形成流行武陵地区稀有剧种阳戏。在历史发展过程中，"阳戏"受武陵地区花灯戏、傩愿戏、辰河戏影响，形成北路阳戏和南路阳戏两个流派。北路阳戏流行在永定区、武陵源区、慈利县、桑植县、永顺县、保靖县、龙山县、古丈县、吉首市、凤凰县、石门县、鹤峰县、五峰县、来凤县、酉阳县和秀山县等土家族聚居区。北路阳戏在表演艺术上具有独特风格，语言生动风趣，唱词通俗易懂。阴花鼓与闹年歌，鹤峰县土家人流行的"阴花鼓"与建始县曾经盛行的"闹年歌"也具有原始戏剧性的演唱。其内容有表演土家起源、迁徙、渔猎农事活动及对历史上统治者的愤慨与抗争故事等。在曲艺方面，渔鼓、三棒鼓、九子鞭、莲花闹、三材板、金钱板、琵琶板、丝弦、南曲、扬琴、竹琴、花鼓、彩龙船等也是武陵人爱好的文娱形式。

三、红色文化

武陵山区的红色文化资源非常丰富，贺龙、周逸群、贺锦斋、袁任远、廖汉生等红军将士的故事至今仍在武陵地区流传。张家界至桑植至永顺至吉首至铜仁被列入全国30条"红色旅游精品线路"，贺龙故居和湘鄂川黔革命根据地旧址被列入全国100个"红色旅游经典景区"。贺龙故居、湘鄂川黔革命根据地旧址、红二六军团长征出发地旧址、黔东特区革命委员会旧址、鹤峰县五里坪革命遗址、南腰界红三军司令部和赵世炎故居被国务院批准为全国重点文物保护单位。

一是湘鄂边根据地。1928年2月28日，贺龙、周逸群等人到达桑植县洪家关，立即建立农民武装。中共湘西北特委决定：组建中共桑植县第一届委员会，任命李良耀书记。贺龙等人在桑植县、鹤峰县边境，筹集枪弹粮饷，收集失散人员，开展湘鄂边游击战争。桑植起义是继南昌起义、秋收起义、湘南起义之后，在中国共产党领导下的大规模武装起义，是中国共产党"农村包围城市战略"又一次成功实践。1928年11月中旬，中共湘西前敌委员会总结工农革命军第四军成立后连遭挫折的教训，在桑植县堰垭对部队进行整编。将中共湘西前敌委员会改称为"中共湘鄂西前敌委员会"，统一领导湘鄂西地区党的地方工作和军队，仍以贺龙为前委书记。至1929年底，桑植和鹤峰两县红色区域连成一片，形成以桑植、鹤峰为中心的湘鄂边根据地，实现中共中央割据湘鄂边区的战略目标。湘鄂边根据地形成，为红四军发展和红色区域扩大奠定基础。

二是湘鄂西根据地。1930年11月，包括湘鄂边根据地在内的湘鄂西根据地，以洪湖苏区为中心，上抵沙市，下抵仙桃，北至天门，南至安乡，纵横千余里，部队发展到 20000 多人。转战湘鄂边境期间，以鹤峰为中心的湘鄂边根据地斗争有了发展，于 1931 年 4 月成立鹤峰、五峰、长阳、桑植、石门苏维埃五县联合政府，向经武任主席。1931 年 3 月，红二军团改编为红三军，随即离开湘鄂边根据地，进入巴东、兴山、秭归苏区，继而开辟以均县、房县为中心的鄂西北苏区。1932 年，"反围剿"失败后，红三军被迫于 1932 年 10 月退出洪湖苏区，撤至湘鄂边境。

三是湘鄂川黔根据地。1933 年 12 月 19 日，湘鄂西中央分局在湖北省咸丰县大村召开会议，决定"创建湘鄂川黔新苏区"。1934 年 6 月，红三军进入贵州东部以后，湘鄂西中央分局在德江县召开"枫香溪会议"，成立中共黔东特区委员会，开辟包括沿河县、印江县、德江县、松桃县在内的"黔东特区根据地"，建立区、乡苏维埃政权。经过红三军指战员广泛宣传和积极筹备，于 1934 年 7 月在沿河县张家祠堂召开黔东特区第一次工农兵苏维埃代表大会。1934 年 8 月，中央军委命令红六军进入贵州，与红三军联系。1934 年 10 月 16 日，红三军主力从酉阳县进入松桃县，在松桃县、江口县、印江县寻找红六军团，22 日，在坝溪河坪，两支部队胜利会合，26 日，在酉阳县南腰界召开庆祝会师大会。11 月 16 日，红二、六军团将士在永顺县龙家寨十万坪设伏，歼俘敌龚仁杰部 3000 多人，缴枪 2200 多支。至 1935 年 9 月，湘鄂川黔根据地范围，扩大到东至洞庭湖西岸，西至四川省酉阳县，西北至湖北咸丰、恩施，北至湖北鹤峰，南至湖南沅陵边境，加上黔东和鄂川边两个游击区，约有千余里，人口 200 万以上，成为长江南岸由中国共产党领导的重要战略区域。湘鄂川黔根据地从 1933 年 12 月创建，到 1935 年 11 月退出，前后经历将近两年时间的斗争历程。它的区域以桑植、永顺、龙山、大庸及慈利等县为中心，包括湖南、湖北、四川（今重庆市）、贵州 4 省毗邻地区 30 个县的部分地区。湘鄂川黔根据地是土地革命战争时期全国几个较大的根据地之一。

四、生态文化

生态文化就是从人统治自然的文化过渡到人与自然和谐的文化，生态文化是人类从古到今认识和探索自然界的一种高级形式的体现。武陵山区生态文化资源丰富，类型多样。从三省一市的分布来看，武陵山区的生态文化呈现一定非均衡性和多样性。

一是湖南武陵山区生态文化资源富集、品位较高。国际知名的有"天下第一奇山"张家界，位于武陵源风景名胜区西南部，总面积为 48 平方千米。张家界国家森林公园地貌奇特，风景秀丽，奇峰高耸，危崖屏连。2000 多座石峰拔地而起，形态各异，峰顶峰壁，绿丛覆盖。最高峰"兔儿望月峰"海拔 1264.5 米。境内奇特的石英砂岩峰林、茂密的森林、幽深的峡谷、多姿的溪涧、清澈的溪水，构成雄、奇、险、野、幽的立体画圈。这里有原始的生态环境、丰富的物种资源，被誉为自然博物馆、天然植物园和天然植物园。张家界国家森林公园森林覆盖率达 98%，森林面积达 49442 亩，有木本植物 93 科 517 种，属国家一类、二类保护的树种有珙桐、伯乐树、香果树和红豆杉等 21 种。有动物 59 科 156 种，属国家一类、二类保护的动物有大鲵、水獭、云豹、林麝、白颈长尾雉、白鹤、虎纹蛙、猕猴等 50 多种。① 据地质学家考察，张家界国家森林公园石英砂岩峰林的成因是：早在 4.4 亿年前，这里长期出露水面，遭到剥蚀。到 3.8 亿年～1.8 亿年，这里地壳以沉降为主，湘西北发生海浸，成为一片汪洋。张家界处在宽阔的滨海地带，沉积了古陆上因流水运来的大量松散的氧化硅（石英），厚度达 500 米。它质纯，颗粒均匀，是构成石英砂岩峰林的物质基础。此后在 1.8 亿年～1.4 亿年燕山期造山运动的作用下，湘西北地壳大幅度隆起，海水退却，形成宽缓开阔的褶皱陆地。张家界位于桑植复向斜构造中的三官寺向斜，靠近轴部南侧，大部分系泥盆纪石英砂岩裸露区。其石英砂岩的岩层产状平缓，不易发生滑动，为石英砂岩峰林的形成提供了有利条件。后经喜马拉雅构造运动，地壳不均衡地持续隆起，迫使地壳岩石破裂。这种破裂在相对位置上未引起岩层明显移动，且受北东向 30 度、北西向 310 度至 330 度、东西向三组受力方向的垂直节理的制约，不仅控制了张家界峰林的发育，造就了呈几何图形和棱角状的石峰，而且控制了溪谷和冲沟的发展方向，是张家界砂岩峰林地貌形成的地质环境和构造条件。1982 年 9 月，张家界国家森林公园成为中国第一个国家森林公园；1988 年 8 月，张家界武陵源风景名胜区被列入国家重点风景名胜区；1992 年，由张家界国家森林公园等三大景区构成的武陵源风景名胜区被联合国教科文组织列入《世界自然遗产名录》；2004 年 2 月，被列入全球首批《世界地质公园》；2007 年，被列入中国首批国家 5A 级旅游景区。"绝世奇观"索溪峪位于武陵源风景名胜区东北部，总面积达 147 平方千米。1982 年湖南省人民政府以湘政发〔1982〕29 号文批准建立湖南八面山省级自然保护区，将索溪峪列为省级自然保护区。索溪峪地形多样，地貌特殊，成因复杂，最高峰宝峰山海拔 1212.8 米。崀山风景名胜区位于湖南省邵阳市新宁县境内，景点包括天一巷、辣椒峰、夫夷江、紫霞峒、天生桥等景区以及 18 处风景小区，已发现和命名的重要景点有 500 余处，有三大溶洞和一个原始森林，总面积 108 平方千米，属典型的丹霞地貌，是难得的环保型山水自然风景区。崀山风景区具有丰富的生物多样性和很高的自

① 根据景区宣传资料和笔者实地考察资料整理。

然遗产保护价值，有野生维管束植物 1421 种和大型真菌 150 种，其中列入中国物种红色名录的有 88 种；列入 IUCN 的 71 种；列入 CITES 的 41 种；中国国家重点保护植物 26 种。植被覆盖率 85%，林木绿化率 75.9%；有 10 个植被型，71 个植物群系。有哺乳动物 26 种、鸟类 94 种、爬行类 35 种、两栖类 19 种、鱼类 36 种和昆虫 816 种，其中列入中国物种红色名录有 270 种，列入 IUCN 的有 40 种，列入 CITES 的有 27 种，有中国国家重点保护 18 种。2002 年 5 月，崀山被列入国家级重点风景名胜区；2010 年 8 月 2 日，湖南崀山与广东丹霞山、贵州赤水、福建泰宁、江西龙虎山、浙江江郎山"捆绑"申报的"中国丹霞"成为世界自然遗产；2016 年 8 月，湖南省邵阳市崀山景区批准为 5A 级景区。此外，黄龙洞景区、宝峰湖景区、土家风情园（土司王城）、凤凰古城等属于国家 4A 级景区，猛洞河景区、德夯风景区、洪江古商城、芙蓉镇、坐龙峡景区、古丈红石林都是国内知名生态旅游景区。①

二是贵州武陵山区生态文化山水融合，蓄势待发。梵净山是贵州武陵山区最独特的一个地标，是生态王国和风景胜地，是一个返璞归真、颐养身心、令人遐思神往的人间仙境和天然氧吧。著名诗人王心鉴《过梵净山》一诗："近山褪俗念，唯有竹声喧。栖心皈净土，推云步梵天。禅雾入幽谷，佛光上苍岩。海内循道者，多来续仙缘。"即印证了梵净山风景优美，让人忘却尘世烦恼的魅力景色。梵净山是武陵山脉的主峰，凤凰山主峰最高海拔 2572 米，具有明显的中亚热带山地季风气候特征。梵净山为多种植物区系地理成分汇集地，植物种类丰富，古老、孑遗种多，植被类型多样，垂直带谱明显，为中国西部中亚热带山地典型的原生植被保存地。区内有植物种数 2000 多种，其中，高等植物有 1000 多种，国家重点保护植物有珙桐等 21 种，并发现有大面积的珙桐分布；脊椎动物有 382 种，其中国家重点保护动物有黔金丝猴等 14 种，并为黔金丝猴的唯一分布区。梵净山有着地球上同纬度保存最完好、最典型的原始森林，有四个气候带，五个垂直土类和林带，有常绿暖性针叶林及楠竹林、常绿阔叶林、常绿落叶阔叶混交林、落叶阔叶林到针叶、阔叶混交林；而在山顶，由于海拔高度、云雾、湿度、风力等原因，形成了粗壮、低矮的矮林。列入保护对象的动植物达 40 多种，被称为生物资源的"基因库""人类的宝贵遗产"。现存有生物种类 2601 种，其中植物 1800 种，列入国家重点保护的珍稀植物 21 种，占贵州全省受保护植物总数的 43%；动物有 801 种，脊椎动物有 382 种，列入国家重点保护动物有 19 种，占贵州全省受保护动物总数的 68%。梵净山还拥有很多珍稀物种，如黔金丝猴和珙桐等。梵净山目前是国家 4A 级旅游景区，国家级自然保护区，中国十大避

---

① 根据景区宣传资料和笔者实地考察资料整理。

暑名山，中国著名弥勒菩萨道场，国际"人与生物圈保护网"（MAB）成员。当前梵净山正在积极申报世界自然遗产，2015 年已被住房城乡建设部列入《中国国家自然遗产预备名录》中。此外，铜仁地区的思南温泉石林景区以石芽、溶沟、石林、溶洼、峰丛等多种喀斯特地质遗迹标本为特征，是一座天然喀斯特地学博物馆，也是全国首批国土资源科普基地。思南县计划总投资 3 亿元进一步完善景区基础设施和配套设施建设，并大力开发周边乡村旅游及特色文化产业。思南县地热资源丰富，全县共有 11 个地热泉点，日出水量 1.2 万吨，被中国矿业联合会命名为西南片区第一家"全国温泉开发利用示范区"。乌江山峡风景区从沿河土家族自治县西南角夹石镇入境，流经夹石、土地坳、板场、甘溪、官舟、淇滩、和平、黑獭、黑水、思渠、黄土、新景、洪渡 13 个乡镇境，至洪渡苏家村思毛坝小旁滩流入重庆市。乌江沿途不仅自然景观奇美壮观，人文景观内涵深厚，而且以土家族为主的民族风情亦丰富多彩、淳朴厚实。乌江在沿河境内形成两百多里的天然山水画廊。夹石峡、黎芝峡、银童峡、土坨峡、王坨峡这 5 个峡长达 89 千米，峡谷风光自成一体，有"乌江百里画廊"之称。两岸翠绿葱郁，重峦叠嶂，奇峰对峙，各显神姿。乌江诸峡既和谐统一，又各具特色。夹石峡高山齐云，蓝天一线，峡风呼啸，江涛逼人。黎芝峡妩媚多姿，美女峰、天门石、草帽石、佛指山神情酷似，景观多而奇美，为诸峡之冠。银童峡顽皮刁钻，左右高山不时横截江面，峰回路转，山一复，船行其间如进迷宫，令人迷惘。土坨峡，山高、水深、谷幽，奇峰峻岭间，有成片竹林，参天古树，群兽竞美，百鸟争鸣。能目睹长江三峡早已绝迹的猴群，或攀藤附葛，临江戏水，声声长啼，或对船推石惊吓游客，游憩于树枝石墩搔首弄腮。王坨峡，江面时宽时窄，江流时急时缓，两岸林木葱郁，竹影摇曳，数里外可见到温泉袅袅升腾飘拂的白雾。山峡北接重庆市乌江峡谷，南邻梵净山自然保护区，是长江三峡—乌江山峡—梵净山自然保护区—张家界森林公园旅游环线的重要组成部分。①

三是湖北武陵山区生态文化曲径通幽，潜力巨大。神农溪位于湖北省恩施州巴东县，是巴东县境内巫峡北岸的一条常流性溪流，全长 60 千米，发源于原始森林神农架南麓，由北向南，在湖北巴东县的巫峡口注入长江。神农溪以其原始、古朴、无污染的自然环境而著称。它的自然风光秀美，人文景观迷人，民俗风情浓郁，被誉为长江三峡中的"翡翠水道"。优美的自然风光和神秘的人文特色，使神农溪成为在国内外享有极高声誉的热门旅游景点，为国家 5A 级旅游景区。神农溪源头的原始森林中聚居着罕见的珍禽异兽，如飞鼠、金丝猴、苏门羚等，尤其是白色动物种类繁多，如白雉、白蛇、白山羊、白金丝猴等。这里还生

---

① 根据景区宣传资料和笔者实地考察资料整理。

长着许多珍贵植物，如蜡梅、香菊、天葱、母木莲、香果树、岩白菜等让人眼花缭乱。其中特别引人注目的是珙桐，树木挺拔伟岸，花朵洁白无瑕，满缀枝头的花朵犹如一只只展翅欲飞的白鸽，因此得名"鸽子树"。据有关资料介绍，这种树在第四纪冰川之后全部灭绝，神农架独特的自然地理环境使珙桐逃脱灭绝的命运，得以保存下来。如今珙桐作为和平的美好象征，早已走出国门，走向世界。恩施大峡谷位于湖北省恩施市境内，被专家赞誉可与美国科罗拉多大峡谷媲美，是清江大峡谷一段。峡谷全长 108 千米，面积达 300 平方千米，是国家 5A 级旅游景区。峡谷中的百里绝壁、千丈瀑布、傲啸独峰、原始森林、远古村寨等景点美不胜收。自然景区主要由大河碥风光、前山绝壁、大中小龙门峰林、板桥洞群、龙桥暗河、云龙河地缝、后山独峰、雨龙山绝壁、朝东岩绝壁、铜盆水森林公园、屯堡清江河画廊等组成。其中两座位于一炷香石柱旁的山峰于 2012 年 4 月 22 日命名为迪恩波特双子峰。除了大峡谷外，最大的景观特色是两岸典型而丰富的喀斯特地貌：有天坑，有地缝，有天生桥，有溶洞（200 多个），有层层叠叠的峰丛，还有近乎垂直于大峡谷的大断崖。峡谷内有近 10 千米长的地缝幽深奇绝，世所罕见奇山、异水、怪洞、珍禽数不胜数。曾游历欧美的张良皋教授将清江大峡谷与美洲的科罗拉多大峡谷相比。八百里清江中，恩施屯堡至沐抚的大峡谷，以气势雄阔的绝壁险峰，称奇于世。被专家誉为与美国科罗拉多大峡谷难分伯仲。它也是湖北恩施腾龙洞大峡谷地质公园的一部分。恩施大峡谷现经湖北省鄂西生态文化旅游圈投资有限公司投巨资整体开发打造，已成为一个对外开放的新兴旅游热点景区。链子溪位于长江巫峡口南岸，因链子崖上 400 多年的巨型铁链纤夫古栈道而得名，是巴东县继国际旅游景区神农溪之后开发的第二个原生态旅游景点。链子溪是长江三峡中新发现、新开发的风景名胜区。她地处长江巫峡口上游 2 千米处，藏在深山峡谷之中，山高峻险，谷深幽静，人迹罕至，丛林茂密，植被葱茏，猿猴嬉戏，鸟语花香，风光秀丽。主要景点有：门扇峡、火焰石、送子岩、链子崖、鱼目洞、龙聚会、仙人寨、铁观鞋、神水泉、大溶洞等。景区内有国家保护动物：猫头鹰、野山羊、猕猴、娃娃鱼、水獭等，还有野木莲、水苔、文母等世界珍稀植物。①

四是重庆武陵山区生态文化文景融合，异军突起。武隆喀斯特旅游区位于重庆市武隆区境内，拥有罕见的喀斯特自然景观，包括溶洞、天坑、地缝、峡谷、峰丛、高山草原等，形态全面；兼具丰富多彩的度假、休闲、娱乐、运动项目，以及土家族、苗族、仡佬族等少数民族独特的民俗风情。2011 年，它被评为国家 5A 级旅游区。武隆喀斯特旅游区包括重庆武隆旅游景点天生三桥、仙女山、

---

① 根据景区宣传资料和笔者实地考察资料整理。

芙蓉洞三部分。重庆武隆仙女山，地处重庆东部武陵山脉，乌江从其山脚绕行而过。仙女山海拔 2033 米，拥有森林 33 万亩，天然草原 10 万亩，以其江南独具魅力的高山草原，南国罕见的林海雪原，青幽秀美的丛林碧野景观而被誉为"南国第一牧原"和"东方瑞士"。其旖旎美艳的森林草原风光在重庆独树一帜。仙女山国家森林公园总面积 133650 亩，平均海拔 1900 米，最高峰 2033 米，以其江南独具魅力的高山草原、南国罕见的林海雪原、青幽秀美的丛林碧野景观而誉为"东方瑞士"，它与神奇的芙蓉洞、秀美的芙蓉江、世界最大的天生桥群地质奇观被称为重庆最佳旅游观光度假胜地。山峰、山谷、森林与草原浑然一体，交相辉映，景观层次分明，形成具有雄、峻、秀、奇、阔的地质地貌特色。冬季仙女山白雪皑皑，银妆素裹，大草原滑雪、赏雪、雪地烤羊，把酒临风，兴致盎然；夏季园内气候湿润，茫茫林海，清风吹拂，凉爽宜人，是休闲、度假、避暑的绝好去处。高山草原是最引以为骄傲的游览景观，其旖旎美艳的风光被广大游客誉为具有西欧牧园风情的"草场公园"和"南国第一牧场"，2011 年 7 月 6日，武隆仙女山国家森林公园风景区正式被原国家旅游局批准为国家 5A 旅游景区。重庆武隆"天生三硚"是世界规模最大、最高的串珠式天生硚群。三座平均高度 300 米以上的天然石拱桥呈纵向排列，大自然的鬼斧神工而成，其规模宏大、气势磅礴，在不足 1200 米的范围内平行横跨在羊水河峡谷之上，将两岸山体连在一起。三座天然石拱桥之间有青龙天坑、神鹰天坑两个天坑，形成了"三硚夹两坑"的世界奇特景观。景区林森木秀、峰青岭翠、悬崖万丈、壁立千仞、绿草成茵、修竹摇曳、飞泉流水，一派雄奇、苍劲、神秘、静幽的原始自然风貌，以山、水、瀑、峡、桥共同构成一幅完美的自然山水画卷，其中天生三桥、飞崖走壁、擎天一柱、绿茵生辉、翁妪送归、仙女洞等景点引人入胜，使人流连忘返。新增的洞内自然岩壁攀岩项目，极具挑战性。景区内游览路线从崖壁到谷底共 5000 米，以天龙桥、青龙桥、黑龙桥天生三座规模庞大，气势磅礴的石拱桥称奇于世，三桥平均高 200 米以上，桥面宽约 100 米，在距离仅 1200 米的范围内就有如此庞大的三座天生桥实属国内罕见。武隆芙蓉洞位于武隆区江口镇4000 米处的芙蓉江畔，被发现于 1993 年 5 月。经中国与澳大利亚有关溶洞科研机构两次实地勘测，评价为："世界奇观，一级洞穴景点""一座地下艺术宫殿和洞穴科学博物馆"。芙蓉洞主洞长 2700 米，总面积 3.7 万平方米，其中"辉煌大厅"面积 1.1 万平方米，最为壮观。洞内钟乳石类型几乎包括世界各类洞穴近30 余个种类的沉积特征。芙蓉洞属于国家 5A 级景区，在芙蓉江旁。1993 年发现，1994 年对外开放，洞内全长 2700 米，几乎包括了钟乳石所有沉积类型。洞内的"生命之源""珊瑚瑶池""巨幕飞爆""石花之王""犬牙晶花池"并称为芙蓉洞"五绝"，被世界洞穴专家誉为"斑斓辉煌的地下艺术宫殿"。黔江小南海位于重庆与湖北交界处，距黔江城北部20余千米。[①] 是一个融山、海、岛、峡诸风光于一体的高山淡水湮塞湖泊，也是国内迄今保存最完整的一处古地震遗址，是重庆十佳避暑休闲目的地之一。小南海是全国保存原始风貌最好的地震湖泊，海周和岛上又是天然的动植物园。其森林资源丰富，有薄皮马尾松、黄杉、水杉、铁尖杉、香柏、紫柏香樟、楠木、银杏、黄檀、白花泡桐等140多种乔木。动物有虎、豹、黄猴、羚羊、麝、大鲵、巨蚌等。鱼类有50多种，是四川的八大渔场之一和养麝基地。因此，具有广泛的综合开发价值。石堤古渡位于秀山酉水河畔，是秀山通往洞庭湖的较好水路，这里风景秀丽，历史悠久，山清水秀如桂林山水，气候适宜，物产丰富。酉阳桃花源景区总面积为50平方千米，由世外桃源、太古洞、酉州古城、桃花源国家森林公园、桃花源广场、桃花源风情小镇、二酉山世外桃源文化主题公园和梦幻桃源实景剧八大部分组成，集岩溶地质奇观、秦晋农耕文化、土家民俗文化、自然生态文化、休闲养生文化、运动康体文化于一体。因自古武陵山地区"蛮不出洞、汉不入境"的皇命戒律，景区在武陵大山中沉睡了千年，被广泛认为是陶渊明笔下《桃花源记》的原型地。呈现着"其中往来种作，男女衣着，悉如外人，黄发垂髫，并怡然自乐"绝美的"世外桃源"景观。2012年，酉阳桃花源景区被评为国家5A级旅游景区，成为继大足石刻、巫山小三峡、武隆喀斯特后，重庆第4个国家5A级旅游景区。阿依河，发源于贵州省务川县分水乡，向东北蜿蜒而入重庆市彭水县境，经长旗坝、舟子沱、三江口，最后由万足乡长溪滩处注入乌江。全长13千米，其峡深谷高，河床狭窄，礁石遍布，河水清幽而景色绝美，人行其中或泛舟江上有若陶渊明误入桃花源，仿佛身在美妙的天堂，乐而忘返。从舟子沱乘舟而下，沿途可见各种各样的峡谷地貌：有状若擎天的石笋、嬉戏的猴群、庄严的石佛、深不可测的溶洞、貌似罗汉的石笋。整个阿依河彭水河段水体资源极为丰富，其中尤以七里塘河段和儿塘河河段的水体景观最为独特，江面绿水清幽，两岸翠竹环绕。阿依河流域生物具有多样性，流域内有国家一类、二类保护动物如黑叶猴、五步蛇、金钱豹、藏猕猴等。据调查，阿依河流域有多个科属的动物95种，鸟类63种，植物169种。而在阿依河仅各类野猴就有约几百只活跃于其中。阿依河有许多奇花异草，古老的树木，如中华纹母、红豆杉等。彭水阿依河景区先后荣获"全国民族文化旅游新兴十大品牌"、"中国之美十大自驾游黄金线路"、重庆"巴渝新十二景"、"影响重庆旅游发展贡献奖·十大景区"、"中国旅游品牌总评榜·年度最具魅力景区品牌"、"清凉胜地"等殊荣，成为重庆生态旅游新宠。[②]

---

① 根据武隆县仙女山景区宣传资料和笔者实地考察资料整理。
② 根据酉阳桃花源景区宣传资料和实地考察资料整理。

五、城镇与村寨文化

武陵地区各族祖先筚路蓝缕，以启山林，创造了辉煌灿烂的文化成就，留下了里耶镇、芙蓉镇、浦市镇、边城镇、洗车河、罗依溪、江垭镇、溪口镇、王家坪、大庸所、廖城、两河口和苦竹寨等大批多姿多彩的古城古镇古村和名胜古迹。桃花源古建筑群、施州宋代城址、老司城遗址、容美土司遗址、唐崖土司遗址、凤凰县古城堡、利川市鱼木寨、利川市大水井古建筑群、通道县芋头侗寨古建筑群、碧江区东山古建筑群、松桃县寨英村古建筑群、思南县思南古建筑群等被国务院批准为全国重点文物保护单位。凤凰县被国务院批准为历史文化名城。黔江区濯水镇、酉阳县龙潭镇、恩施州利川市谋道镇、湘西土家族苗族自治州花垣县边城镇、湘西土家族苗族自治州龙山县里耶镇、邵阳市邵阳县下花桥镇、铜仁市万山区万山镇、遵义市湄潭县永兴镇 8 个镇被国家住房城乡建设部列为国家级特色小镇。黔江区濯水镇、龙山县里耶镇、永顺县芙蓉镇、泸溪县浦市镇、花垣县边城镇、洞口县高沙镇、绥宁县寨市镇、松桃县寨英镇等已被国家文物局列为中国历史文化名镇。会同县高椅乡高椅村、恩施市崔家坝镇滚龙坝村、利川市谋道镇鱼木村、龙山县苗儿滩镇捞车村、辰溪县上蒲溪瑶族乡五宝田村、会同县高椅乡高椅村、通道侗族自治县坪坦乡坪坦村、宣恩县沙道沟镇两河口村、宣恩县椒园镇庆阳坝村等 15 个村寨已被列入中国历史文化名村。酉阳苍岭镇大河口村、石柱县金岭乡银杏村、咸丰县大路坝区蛇盘溪村、永顺县大坝乡双凤村、永顺县灵溪镇老司城村、隆回县虎形山瑶族乡崇木凼村、安化县东坪镇黄沙坪老街、石阡县白沙镇马桑坪村、石阡县白沙镇箱子坪村等 59 个村寨被住房城乡建设部、文化部、财政部三部门列为中国传统村落。黔江区小南海镇板夹溪十三寨、酉阳县酉水河镇河湾山寨、秀山县海洋乡岩院古寨、利川市柏杨镇水井村、恩施州利川市团堡镇野猫水村、武隆区浩口苗族仡佬族乡浩口村、宜昌市五峰县采花乡栗子坪村、保靖县普戎镇亨章村、张家界市永定区王家坪镇石堰坪村等139 个村落被国家民委列为中国少数民族特色村寨，此外，还是省级的历史文化名镇、名村、特色小镇等 100 余处。湖南、重庆、湖北、贵州四大武陵山片区各有特色，各有优势，各有典型代表。

湖南湘西凤凰县，2001 年被列为国家历史文化名城。《凤凰厅志》记载，夏、商、殷、周以前，这里即为"武山苗蛮"之地。战国时期，属楚疆域。秦昭王三十年（前 277 年）建黔中郡。秦始皇帝统一中国后，把其所辖的广大地域划分为 36 郡，凤凰所在的黔中郡即为其一。汉高祖五年（公元前 202 年）更黔中郡为武陵郡，后几经变革。三国时期，凤凰先属辰阳县、武陵郡，归蜀；后刘备战败，吴占其地，凤凰仍属武陵郡。西晋时凤凰归镡城县地，属武陵郡；东晋时为舞阳县地，也属武陵郡。南北朝时期，凤凰一直属武陵郡。隋一统江山，改辰阳县为辰溪县。凤凰当时属辰溪县，隶属沅陵郡地。唐初为锦州地，唐高祖武德三年，置麻阳县，凤凰又属麻阳县。唐武后垂拱三年，凤凰从麻阳县分出，次年设渭阳县，县址设黄丝桥，即今黄丝桥古城。①

凤凰县隶属于湖南省湘西土家族苗族自治州，地处湖南省西部边缘，是国家历史文化名城，首批中国旅游强县，国家 4A 级景区，湖南省湘西土家族苗族自治州所辖八县市之一，史称"西托云贵，东控辰沅，北制川鄂，南扼桂边"。历史悠久，凤凰古城内明清建筑保留完好，有县级以上文物保护单位 85处，其中国家级 2 处、省级 8 处；全县共有古遗址 116 处，特色民居 120 多栋，珍贵馆藏文物和各类珍稀化石 1 万多件，是西南地区现存文物古迹最多的县市之一②。

2014 年，重庆黔江区濯水古镇荣获国家级历史文化名镇称号；2016 年，入选首批中国特色小镇，兴起于唐代，兴盛于宋朝，明清以后逐渐衰落，是渝东南地区最负盛名的古镇之一。作为重庆旧城老街的典型，濯水古镇街巷格局保留较为完整，具有浓郁的渝东南古镇格局，它既体现了与其他城市历史街区的差异，也承载着巴文化、土家文化与汉文化的融合、传承与创新，同时码头文化、商贾文化、场镇文化相互交织。濯水初称"白鹤坝"，元明之际属酉阳土司辖地。是重要的商业地理位置，使濯水自古以来便成为重要的驿站和商埠，自清代后期起，该地便已成为川东南驿道、商道、盐道的必经之路。民国二十四年，人称濯水为"濯河坝"。此时，此地已商贾云集、店铺鳞次栉比。商贸的日益发达，迅速促进了当地与外界的物资交流，创造了最为繁荣昌盛的历史，甚至已居于同时期的黔江县城之上，与酉阳龙潭古镇、龚滩古镇合称"酉阳三大名镇"。"茂生园""宜宾栈""光顺号""同顺治"等商号与多个染房、酿房、刺绣坊等手工业作坊的存在，吸引了上海、宁波、厦门、广州、南京、武汉等地的客商。山外的风琴、口琴、自鸣钟、汽灯、手摇留声机等洋货被他们带到了濯水，转而将濯水的蚕丝、桐油、茶、漆等产品远销山外。清末，甚至还有日本人来此经商，把"光顺号"的生漆和"同顺治"的药材远销日本，演绎了中日民间贸易的传奇。濯水古镇街巷格局保留较为完整。古镇文化积淀丰厚，码头文化、商贾文化、场镇文化以及丰富多彩的文化艺术遗存相互交织。非物质文化遗产后河古戏与西兰卡普、雕刻等民间工艺交相辉映，形成了濯水独特的地方文化。濯水古镇内有古

---

① 戴楚洲，熊正贤. 中国武陵文化［M］. 成都：西南交通大学出版社，2018.
② 资料来自凤凰县政府网页。

镇老街、土家吊脚楼群、古镇道德碑、古镇风雨桥等特色建筑，有后河戏、对联和民俗活动等特色文化。濯水古镇老街由青石板铺就，长约1000米，宽2~3.5米不等，街道两旁的商号、民居、会馆、学堂均为木质结构，有的是吊脚楼，有的是四合院，有的是撮箕口，错落有致，别有风韵。民居之间有画、有精美壁画的封火墙，窗花是精美的木雕，磉墩上有精艺的石刻，走在街上，犹如置身于一个多元民族文化的殿堂。濯水古镇建筑实现了土家族吊脚楼与徽派建筑的完好结合，刚中有柔，柔中有刚，刚柔相济，营造出一种独特的建筑风格，古朴而饱含哲理。土家吊脚楼群保存完整，规模庞大，古镇靠河沿建的民居和吊脚楼建在阿蓬江的河堤上，四五米高的河堤是用条石砌建的，经过了200多年的河水冲打，那些条石河堤没有一点倾斜。古镇道德碑立于清光绪十四年（公元1888年），距今已有121年的历史。石碑阴刻着"天理良心"4个大字。此石碑是武陵山地区极为少见的"道德碑"。以警示古镇商贾，经商、为人、处世之道在于"天理良心"。古镇风雨桥横跨于阿蓬江上，长303米、宽5米，据说是亚洲最长的廊桥，分为桥、塔、亭三部分。濯水古镇风雨桥桥身为纯木质结构，建筑材料之间以榫头铆眼互相穿插衔接，直套斜穿，结构牢固精密。桥建有三层塔亭，两侧有约百扇可自由开合的雕花木窗，桥内摆放有红漆长凳。

湖北恩施州利川市谋道镇素有湖北"西大门"之称，有"水杉之乡"的美誉。该镇是湖北省25个重点口子镇、首批旅游名镇创建试点单位，荣获"楚天名镇"和"中国魅力传统习俗名镇"称号，2017年入选第二批中国特色小镇。谋道镇位于利川市西北部，地处鄂西南边陲，扼鄂西渝东咽喉，素有"东据荆楚，西控巴蜀"之说，318国道、宜万铁路纵贯全境，历为兵家商贾必争之地。古称"磨刀溪"，为晋代南浦县遗址，距今已有1700余年历史。全镇国土总面积336平方千米，辖56个村564个村民小组，乡村总户数17560户，总人口7.1万人。民国四川总督赵尔丰曾为磨刀溪关庙题"大丈夫磨刀垂宇宙，土君子谋道贯古今"楹联一副。尚武可轻，修文该重，"谋道"因此而得名。该镇境内有"土家第一山寨"鱼木寨，有"南方最大的高山草场"齐岳山，有伊甸园之称的苏马荡，有黄中土司遗址船头寨，有白莲教遗址女儿寨。鱼木寨景区面积20平方千米，是一个集雄、奇、险、古为一体的旅游胜地。鱼木寨四周悬崖峭壁，两道寨门一关，仿佛与世隔绝，寨前有两道关：一是南浦雄关，二是铜锣关。寨内有土家古堡、雄关、古墓、栈道和民宅，是国内保存最为完好的土家山寨。齐岳山主峰1911.5米。草场面积30万亩，长达125千米，宽4~5千米不等，恰似一壁巍峨的城墙横亘西天，成为古时荆楚、巴蜀中间地带的一大屏障和军事要地，故有"万里城墙"之美誉。齐岳山《水经注》上叫"大山"或"平头山"。齐岳山山顶基本平齐，独有黑大包、勘金大包、罗家大包、邓家大包、万家大包、大包、彭家大包七个山包一翅儿摆开，俨如七星照耀，因此古人又称它为七曜山。"文革"时称"齐跃山"，因天下名山归岳，后叫齐岳山，一直沿用至今。苏马荡位于利川市谋道镇药材村，目前是国家 2A 级旅游景区，有"中国最美的小地方"之美誉，位于北纬 30°，地处长江南岸，海拔 1500 余米，距利川城 48 千米，西与重庆万州接壤。苏马荡一边是纵横奇美的磁洞沟峡谷，一边是一望无际的苍茫林海，一边是南方最大的草原齐岳山。麒麟峰、乌龟山、蛇山、罗汉山等美丽如画的景致，宛如多情的少女让人流连。苏马荡在土家族语言中是"老虎喝水的地方"的意思，苏马荡地处长江南岸，面积 20 平方千米，景区森林密布、气候凉爽、宁静自然，风情独特，保留着土家族原生态特色，大自然赋予它原始、自然、淳朴和美丽，堪称"森林中的伊甸园"，是人们休闲、度假、纳凉的绝佳去处。每年 5 月，这里的银花杜鹃花、红杜鹃、紫杜鹃、白杜鹃竞相开放，姹紫嫣红，堪称百里"杜鹃长廊"。苏马荡是至今仍保持着我国最具原始生态特色的土家族村落，村里人口不足 500 人，它以其"古、秀、雄、奇、幽"成为天地间灵性山水的绿色生态家园，成为天地间最为厚待生命的温床。苏马荡气候四季分明，冬无严寒、夏无酷暑，年平均气温在 18℃ 左右，是盛夏"绝无仅有"的天然空调。苏马荡风景区万余亩森林基本上处于次原始森林状态，植被保持了多样性，千年杜鹃、满山红叶、天然园林、植物奇观独具特色。景区内有着石英砂地貌所特有的优质矿泉水，苏马神水、凤凰泉闻名遐迩。女儿寨位于谋道镇南边。女儿寨景色优美，地势险要，山峰独立，瀑布高悬。与铜锣、石鼓呈三角之势。上有七里沟水库拥天湖之妙，消暑犹胜庐山；下有百丈沟溪流享逍遥之道，养神可追池瑶。传说女儿寨有一笔宝藏，有歌谣："铜锣对石鼓，银子五万五，有人识得破，买下重庆府。"船头寨位于谋道镇北部，距市城区 60 千米左右。船头寨地势险要，四面悬崖峭壁，从山麓到山顶，相距 800 余米，绝壁雄峰拔地而起，形如巨舟，破雾穿去，故名船头寨。山下仅一条小道可通其上，山顶一片开阔，上有 3 个村民小组，正中是土家英雄黄忠的土皇城遗址，人称衙门坪。如今寨上旧貌换新颜，林木郁郁葱葱，药园花香袭人，塘库星罗棋布，景色宜人。当年黄忠所筑卡门，至今能见者尚有十余道，其中接近山顶的一道保存较完好，两侧石柱上"铁壁山城盘古寨，螺蜂数道护雄关"的对联朗朗显目。衙门坪现已为龙船管理区所在地。船头寨，美丽的船头寨，吸引着许多文人游客。支罗船头寨申报国家级文物保护单位已通过国家文物局专家评审。《支罗船头寨研究》即将出版，众多专家撰文研讨，以支罗船头寨为首，以鱼木寨、女儿寨为辅构成的土家古寨群，具备冲击世界文化遗产的条件。

贵州省铜仁市松桃苗族自治县寨英镇，位于松桃苗族自治县西南部，地处国家级自然保护区梵净山东南麓，距松桃县城 58 千米，铜仁市 78 千米，大兴机场107 千米，东与普觉镇毗邻，西与乌罗镇接壤，北与孟溪镇相连，南与江口县的怒溪乡、太平乡交界。辖 20 个村 4 个（社区）276 个村民组，人口 38650 人，汉、苗、侗、土家、仡佬等少数民族世代相处。境内矿产、森林和旅游资源十分丰富，拥有全国重点文物保护单位、中国滚龙艺术之乡、中国民间文化艺术之乡和中国独具特色名镇四块金字招牌，明清时代，因水路发达，商贸极盛，时有"小南京"之称。寨英历史建制为：清代设寨英里，民国设寨英乡，新中国成立后曾设寨英乡、寨英公社，1985 年设寨英镇，1992 年合并原落满乡、邓堡乡组建为现寨英镇。松江油路、寨孟公路、愉怀铁路、松桃西部旅游公路的建成将构成寨英的干线交通网。全镇矿产、森林和旅游资源十分丰富，素有"寨英古镇""锰都"及国家级"滚龙艺术之乡"的美誉。寨英古镇建筑结构严谨，古朴典雅，错落有致，古城墙、古城门、青石板街道、红石板梵净古道，别具一格；金山寺、万寿宫、福寿宫、观音山、乌龟董、石板天然画、独岩冲、小金顶，景态万千；3 千米长的浑水洞电站库区及十里飞瀑，山色水景美如画；壮丽的四方山溶洞奇观和风格独特的"寨英滚龙艺术"吸引着八方来客。此外，寨英镇浑水洞位于寨英镇东面，其王家坪段河床宽广，蓄水至深，水流碧蓝，两岸风光瑰丽，河面微波荡漾，嗜好玩鱼者时常至此垂钓，时有闲情逸致者驱使泛舟，划着木浆，哼着调子，悠然自得。可谓"舟行碧波上，人在画中游"。鳌鱼洞位于寨英镇罗家寨村，距寨英镇街上 1.5 千米路程，其洞宽大高挑，共分上下两层，纵深约 2 千米。洞口流水潺潺，大树掩映，古桂飘香；洞内奇险瑰丽，巧夺天工，有宽敞的床地，稀奇古怪的溶石，还有清凉的地下河，传说洞内生活着犀牛，每逢久旱大雨，犀牛们就会结群戏水，其欢乐声洞外行人隐约可闻。寨英古镇的滚龙艺术独树一帜，构思奇特，造型完美，工艺精湛，具有浓厚的民族文化底蕴。滚龙全长 36 米，共分 17 节（亦称洞），由 34 人轮换舞动，以九根拇指粗的竹篾捆扎连接成龙骨，500 个直径 60 厘米左右的篾圈等距排列成龙身，再以整幅的绸布画上斑斓的鳞甲，罩在篾圈上；龙头以粗竹揉扭而成，固于龙架之上，蒙上特制的防火布料后加以描画。龙头龙身点上油捻，光彩照人，远远望去，宛如真龙。因明军曾长时间驻于寨英，对寨英滚龙高超的表演技艺十分了解，明永乐、嘉靖、万历和清乾隆、嘉庆年间多次奉召赴京表演。乾隆皇帝曾御笔亲赐"神龙"以示嘉奖。民国初年，寨英曾组织举办过一次规模盛大的滚龙灯会，为显气派，由富商牵头，众人捐资，租用三只大船下辰河经洞庭前往苏杭购买锣鼓钗号等乐器及灯饰材料。灯会期间，向松桃、江口、铜仁、凤凰、麻阳、吉首、花垣等地散发了数千份拜帖，滚龙舞遍了整个武陵山区。土家医生用药具有四个特点：一是喜用鲜药。鲜药鲜用是土家医生用药的特色，对无毒或毒性小的药物，一般不经过特殊处理，直接用于病人，以获得最佳临床疗效。二是讲究药物配伍。土家族医药学认为，各种病症的临床表现、形成原因是不相同的，所以必须选择不相同的治疗药物组成土家方剂治疗，而组成方剂的药物必须按照主药、配药、引子药的原则进行组方。三是善用药引。土家医药很多处方标明药引，如治内肠伤方：三两银、三两金、五加皮、牛膝、退血草、搜山虎、女儿红，灯草七根为引。四是讲究剂型变化。土家药匠在长期的临床实践中，创造了各种适合临床病情需要和适合药物特性的剂型，使方剂更好地发挥药效。主要剂型有汤剂、炖蒸剂、散剂、酒剂、丸剂、煎膏剂、磨汁剂、鲜汁剂、佩挂剂、外搽剂、外敷剂、包裹剂等。

六、医药文化

民族医药是中华民族医药学的组成部分，是中国医药宝库的文化遗产。武陵山片区的医药文化是祖国重要的民族医药资源，具有独特的理论哲学体系，核心竞争力显著。武陵山片区是连片贫困区，有着孕育土家医药极为丰富的自然资源。千百年来，武陵地区各民族在防病治病的历程中，发掘了许多医治各种疾病的土医疗法，主要有土家医药、苗族医药和侗族医药文化。

一是土家医药文化。土家医药是土家族先辈原创的医学体系和知识经验，理论系统完善，古老的医学典籍沿用至今，是武陵山片区人民历来信赖的医疗保障，极富丰彩、源远流长。土家医学的"三元论"和土家药学的"三元性"富有土家哲学的思维模式，在天然药材的用药部位、采摘季节、炮制方法、组方原则等方面亦与中医差别迥异，自成体系。针对某些疑难杂病如风湿病、骨病等，土家医药的诊疗手段更加简便易行，流传下来的经验组方取得令现代医学望尘莫及的确切疗效，是祖国民族医药的重要部分[①]。从 20 世纪 90 年代开始，土家医药引起学术界的广泛重视和深入研究，尤其对"竹节参"等土家药取得了丰硕的研究成果。由于土家族有语言而无文字，也就没有土家文字记载的医药古籍，只有明清时期的地方志中零星记载的土家医药内容。通过整理"口碑古籍"和民间医药抄本，我们发现，源于民间实践的土家医药经过"药匠（土家人对医生的称呼）"的探索，使之成为形式特殊、内容广博、民族气息浓厚的土家医药。从土家医药发展情况来看，分为秦汉至南北朝时期以及五代以来的两个阶段。在秦汉至南北朝时期的漫长岁月中，土家先民在生产活动中"尝草识药"，

---

① 杨瑾，刘杰书，祝建波. 武陵山片区民族医药产业化发展的思考——以土家医药为例 [J]. 中国集体经济，2014（10）：36.

治验疾病，经历本能经验积累、初期医疗活动以及巫医影响的过程；隋唐五代时期到清代雍正年间的几百年间，还是实践知识的累积阶段，只编《土王真药本草》，尚未形成比较系统的医药体系。清代"改土归流"以后，土家有识之士在前人识药治病的基础上，进行理论的总结和实践的验证，编著《医学萃精》《二十四惊症》《三十六疾》《七十二症》《医方济世》《医方守约》《外科秘方》《梧桐接骨术》等土家医药古籍，使土家医药进一步发展。土家族医药学的形成是土家先民与自然斗争的结果，山水文化、民俗文化、梯玛文化、观念文化等土家地区文化对土家族医药学发展产生重大影响①。土家医生在长期临床实践中，积累独特的诊断方法。通过看诊、问诊、听诊、脉诊、摸诊"五诊法"了解疾病发生的原因，判断疾病症结，得出疾病的正确诊断和治疗方法。看诊，就是土医生看神色、看形态、看面色、看眼睛、看鼻子、看嘴唇、看舌苔、看耳朵、看头发、看皮肤、看手指、看手掌、看背腹。问诊是土家诊断的组成部分，除询问病人的年龄、婚姻、职业、家属、籍贯、既往病史、主要病症发病经过以及治疗效果等外，还包括问疼痛、问饮食、问二便、问筋脉、问骨节、问七窍等。听诊虽然不是主要诊病方法，但可作为治疗某些疾病的参考，如听说话声、听咳嗽声、听肚响声、听呼吸声。骨断以后，药匠将特制竹筒贴于病人伤处下端，用手敲击患处上端，听是否有骨断的"嚓、嚓"响声。脉诊之时，把号脉视为重要的脉诊方法。流传在民间的脉有骨脉、命脉、芳脉、虎脉、肘关脉、踏地脉、鞋带脉、指缝脉、地支十二脉。摸诊通过药匠之手触摸病人病处，如摸体温、摸额头、摸疱疮、摸肚子、摸疼痛部位、摸骨头等，了解病情，诊断疾病。②

二是苗族医药文化。苗医诊断病情有"四诊"，即看望、号脉、问诊、触摸。看望就是观察病人掌心、外耳等部位的神色、征兆。号脉是号手脉或足脉，将脉象分为11种。问诊就是询问病情表现、病史等。触摸就是触摸病人的有关部位。苗医诊病歌诀是："一主神态二主色，三视女男当有别，四望年龄看四季，五取腕部细号脉，六细问再触摸，百病疑难有窍诀。"这些口诀是苗医多年诊断病情的经验总结。苗医学立症以民族习惯、所见所闻为基础，形象具体，易于对症下药。如蛤蟆症（肠梗阻）、老鼠症（霍乱）、飞蛾症（肺炎）、黄彭症（肝病引起水肿）、撮箕症（肝硬化腹水）、黄肿症（钩虫病）、哑巴症（破伤风）、翻眼症（颅内肿瘤）、鲤鱼症（泌尿系统结石）、勾手勾脚症（乙型脑炎）、水症（糖尿病）等。苗医学在长期的实践中，创造了简便、速效的治疗方法有20余种。妇产科有"坐产分娩法"；治脓肿有"打火针疗法"，用针引脓；治小伤小病有

"桐油点烧法"，既可治病，又可防止感染；治骨折有"背椅法""双胳膊悬吊法""悬梯移凳法"；其他还有"煲法""蒸熏法""针灸法""药热敷法""骨伤蛇伤疗法""癫痫症疗法""钻节风疗法""巴附罐疗法""刮痧疗法""体育疗法""气功疗法""挑刺法""推拿按摩法""饮食疗法""保健养生法"等，临床效果很好。苗族医学最高成就是骨科和伤科。凡属跌打损伤、刀伤枪伤，一经医治，见效甚速。湘西苗族医师的伤科医术特别著名，有"刀伤枪伤，痛不可支；一经敷药，血痛立止；肿胀渐消，不数日而愈"的技术。枪伤经敷药后，不但可使肌肉再生，而且可使弹丸退出。苗医伤科的"正骨"较有名，疗程短，疗效高。正骨原则是抢救生命第一，恢复功能第二，保持肢形第三。方法简便，仅用夹板固定，敷以伤药。一般骨折，一个月即可痊愈；粉碎性骨折也可在2~3个月愈合。[①] 苗药学主张多用生药、鲜药，现采现用。原因是生药药性好，见效快。苗药采药原则是按季节、按物种摘取生药中药性最高的部分。对不易采集而又有特效的药物，或采之晾干储存，或在庭园栽培，以备急需。对有毒药物或治疗需要加工的药物，炮制方法很多，有"蒸熟曝晒法"，如对"黄精""天冬"的炮制，减其猛性，使味变甘；"开水烫淋法"，如对"八角香"的炮制，去其毒性，又使果子不炸开；"石灰水渍法"，如对"三不跳""草乌"的炮制，目的是去其毒性。此外还有"火烤法""火燎法""夜露法""酒制法""醋制法""九节茶药制作工艺"等十多种，最特殊的是"身背汗蚀法"，就是将所采鲜药洗净擦干，装包放在贴身之处，利用人体温度将药物燥干。对怕暴晒、怕火热的珍贵药物，如"百味莲""雪里见""八角莲"等，多用此法加工。

三是侗族医药文化。侗族医药都靠口传心授，或以长歌形式代代相传，明末清初才有侗族医药文字记载。侗族医药学学术思想起源于侗族巫术和侗歌巫词。对于药物性味，侗医认为，"药苦能退热，药涩能止泻，药香能清肿止痛，关节痛要用药叶为生"。侗药有六性六味理论，给侗医临床用药提供理论基础及用药依据。用药先要掌握六性六味，再根据疾病临床表现确定用药。如冷病用热药，热病用冷药，用药才能对症。侗医诊病有问病、望诊、摸审、切脉等诊断方法。问病：侗医询问发病情况、发病原因和痛的部位。问病时必须掌握病变部位。如因饮食过量，脐眼以下疼痛是犯米；脐眼以上疼痛是犯水、酒、鱼、肉；胸口疼痛是犯酒、肉和酸。侗医以此作为诊断、治疗的依据。望诊：望脸色、皮色。脸色青是冷病；脸色黄是潮病；脸色紫是五劳七伤；脸色红是热病；脸色白是虚弱病。摸审：摸头顶发不发烧、是冷病还是热病。如为外伤，摸其有无伤筋、断

① 戴楚洲，熊正贤. 中国武陵文化［M］. 成都：西南交通大学出版社，2018.

骨、错位、错缝。切脉：有八脉、两候。八脉为平和脉、粗脉、细脉、长脉、短脉、快脉、慢脉、空脉；两候为冷病、热病。侗医治疗疾病方法有推拿法、爆灸法、拔罐法、针刺法、熏蒸法、敷药法、吹沫法、热烙法、服药法、复位法、退热法、除寒法、熨热法、发汗法、补法、手术疗法等 18 种。退热法：退热法包括滚蛋法和热刮法。滚蛋疗法是用艾叶煎水煮蛋，在全身各个部位，以胸腹部为主，来回滚动；热刮法是以热退热，用上法药物，煎水煮蛋，除去蛋黄将蛋白揉烂，放入银扣，用布包好，趁热在身体各个部位来回滚动，反复多次。滚后取出银器，观察颜色，红色为火热，蓝色为风热。药水擦洗法是对火热不退者，用凉寒苦味药物，煎水擦洗退热。除寒法：用桐油加热后，浸泡草纸，将草纸糊在脐眼周围。熨热法：用石片擦上桐油，置于火上加热，用布包好，贴在腹部，冷后重新加热又熨。发汗法：有内服发汗和外擦发汗两种。内服发汗多用热药，如木姜子、拜亚辣蓼、生姜、红糖煎水内服；或生姜、辣椒炒牛肉，服后卧床盖被取汗。外擦发汗是用辣蓼、八角枫、生姜煎水擦澡。补法：凡因气、水、血引起的疾病都用补法。根据不同病因、气、水、血选用块根药物或者味甜肉质药物，煮或蒸肉类服用。手术疗法：缝合术对骨折或皮肤肌肉撕裂等，用普通针线进行缝合。骨折复位术根据骨折部位、骨折情况，对骨折进行手术整复。

第三节　武陵山区特色文化资源开发的潜力评价

武陵山区文化资源虽然丰富，部分文化特色鲜明，社会知名较高，但并不是所有的文化资源都适合开发成文化产品。党的十九大提出要深化文化体制改革，完善文化管理体制，加快构建把社会效益放在首位、社会效益和经济效益相统一的体制机制。因此，部分文化资源应做成文化事业，而不是文化产业，如民族民间习俗文化重在传承与保护，留住乡愁；而红色文化资源应侧重社会效益与教育价值，更多应做成红色教育基地，免费对外开放。从文化资源的开发价值、难易程度等角度来看，文化资源可以分为显性文化资源、半显性文化资源和隐性文化资源。显性文化资源是指可直接开发利用并能迅速转化为现实生产力的文化资源，如民族传统工艺、民族医药、民族饮食文化等。半显性民族文化资源是指经过平台搭建之后可以直接或间接开发利用并产生经济效益的文化资源。隐性民族文化资源是指短期内难以开发的以及通过价值转换、转嫁等方式可部分开发的文化资源，如民族习俗、民族语言、民族文学、宗教信仰等①。基于此，将武陵山区文化资源分为三类：即武陵山区显性文化资源、武陵山区半显性文化资源、武陵山区隐性文化资源。

一、武陵山区显性文化资源及开发路径

武陵山区显性文化资源主要包括民族民间工艺技艺、城镇与村寨文化、医药文化等。

武陵山片区民族民间工艺技艺文化类型繁多，从表现材料和技法的不同，可以将其分为染织类、竹藤类、雕刻类、剪纸类、乐器类、器具类、银饰类等类型。从具体表现形式上，又可以将其分为刺绣、蜡染、雕刻、扎染、银饰、剪纸、竹编、纸扎等。它们是武陵山片区各民族族群文化变迁的载体，有着丰富多彩的文化内涵和较高的文化品位②。从产业开发的容易程度来看，目前有以下几类工艺文化具有广阔的开发前景。一是染织类。在武陵山片区染织体系中，根据工艺手法的不同，可分为蜡染、织锦、数纱绣、刺绣、挑花、布依族花土布、布依族地毯。纷繁多姿、艳丽缤纷的民族服饰艺术是染织的重要应用体现形式，它构筑了染织手工工艺具有优秀民族民间传统文化底蕴的艺术语境。就艺术手法而言有蜡染、扎染、刺绣、挑花、织锦、编带等若干类，再加之配之以各种图形与纹饰之后，便成就了其极为丰富的文化内容与艺术价值。在武陵山片区各少数民族民间刺绣手工工艺中从手法上就可以分为平绣、破线绣、皱绣、辫绣、戳纱绣、结籽绣、盘涤绣、饶绣、堆绣、马尾绣等数十种。二是竹藤类。竹藤类主要应用于家具、工艺品中。现在的武陵山片区，竹藤制作十分考究，需经过打光、上光油涂抹，甚至油漆彩色，使成品显得牢固耐用，根据地域特点的不同，主要有贵州竹编、怀化会同肖氏竹编、湘西徐克双的立体竹编、湘中梅山的曾氏竹编、思南藤编工艺、棕竹手杖等。三是雕刻类。雕刻类可以根据地域的不同及材料的不同，分为贵州、湘西地戏面具、贵州、湘西傩面具、贵州、湘西的木雕与石雕。四是剪纸类。可以根据地域和用途的不同分为贵州、湘西民间剪纸、湘西自治州泸溪县的踏虎凿花。五是乐器类。乐器类根据地域的民族和用途分为贵州芦笙、布依族牛角二胡、苗族古瓢琴、侗族牛腿琴、铜鼓等。六是器具类。器具类根据其材质和用途可分为牙周陶器、大方漆器、织金砂器等。七是银饰类。银饰可根据其用途分为衣饰、头饰、胸饰、手饰、足饰

---

① 熊正贤. 文化势能与西部地区文化产业发展研究 [M]. 北京：经济科学出版社，2015.

② 邹梅. 武陵山片区民族民间工艺美术类型及其特点 [J]. 怀化学院学报，2015（7）：88－89.

等，衣饰有银片、银泡、银链、银扣、银铃、银钉、银雕牌、银腰牌、银披肩等；头饰有银冠、银角、银簪、银扇、银梳、银花、银发箍、银耳钉等；胸饰有银项圈、银压领、银链、银吊片、银项链等；手饰有各式各样的手镯、手圈、手链、戒指；足饰有足链、足圈等。武陵山片区各少数民族均十分珍爱银饰，视之为财富、地位、智慧、勤劳、吉祥、美丽的象征。银饰佩戴之讲究、繁缛、丰富，尤以苗族为最。

医药文化是直接的产业资源，可以直接转化为经济效益，武陵山区的特色医药文化主要有土家医药、苗族医药和侗族医药。目前武陵地区民族医药的产业开发方兴未艾，2017 年，印江土家族苗族自治县围绕推进大健康产业供给侧结构性改革，因地制宜打造"医、养、健、管、游、食"等大健康医药全产业链。投资 700 万元，新增发展大健康地道中药材种植面积 1.2 万亩，其中天麻 300 亩、黄精 3500 亩、黄姜 1000 亩等，完成地道中药材品种 GAP 示范基地创建和认证，扶持辐射带动全县 8 个乡镇 24 个行政村，新培育中药材龙头企业 1 家，培育农民专业合作社 4 家。2013 年，黔东南苗族侗族自治州中药材种植面积已发展到44 万亩，在发展过程中逐步培育出中药材品牌品种，如太子参、钩藤等，其中，太子参占据全国 1/3 的市场。黔东南州先后组建成立了民族医药研究院、苗医医院等地方民族医药机构，创新研制开发了"益肺止咳胶囊""隔山消积液颗粒"等 30 多种民族药剂并获得了国家专利，"七香筋骨通巴布膏""风湿凝胶"等药品也将在 2014 年获得新药证书和生产批件。太子参、何首乌、头花蓼和淫羊藿四个品种已通过国家 GAP 认证，"剑河钩藤""施秉太子参""施秉头花蓼"已获国家地理标志认证。通过内联外引的方式，黔东南先后引进宏宇药业、百花医药（苗王金藤）、苗仁堂、飞云岭等制药企业，其中 7 家企业的 10 条生产线已通过 GMP 认证①。

民以食为天，饮食文化可直接转化为产业形态，武陵地区的土家族、苗族、侗族、蒙古族、仡佬族等少数民族都具有鲜明的个性化饮食特征。如土家族菜肴以酸辣为其主要特点，其中腊肉、炖腊猪蹄、石耳炖鸡、米酒、油茶等特色饮食可以商业化开发。"侗不离鱼"是其饮食习惯，食油茶、黑糯米饭和"腊也"（合拢饭）的食风，反映出侗族饮食文化的民族特点。苗家的酸汤煮鱼是风味名菜，熏制腊肉、腌肉、腌鱼、鱼干、香肠等苗族的传统佳肴。此外，苗族人还喜欢制作豆腐、豆豉，加工猪灌肠、血豆腐等，这些都是宝贵的特色餐饮资源。

武陵山区城镇与村寨文化资源易于开发的类型主要有名城名镇与特色小镇旅

---

① 来自贵州省黔东南州民宗局官方网站。

游开发、民族特色村寨民俗体验、乡村旅游休闲度假等。如贵州铜仁万山区朱砂古镇前身为万山国家矿山公园。2015 年 7 月，引进江西上饶吉阳集团，投资 20 亿元，突出独有的丹砂文化和历史意义，对现有遗址和文物进行修缮性开发利用，着力打造全国工业文化的精品典范和矿业遗址的绝版，建设中国第一个以山地工业文明为主题的矿山休闲怀旧小镇，古镇以发展朱砂工艺品、餐饮、酒店等景区服务项目为元素，加快带动原汞矿工人转型就业，解决历史遗留问题，拉动乡村旅游，助推全域旅游。同时，设立一批公益性服务岗位，缓解了原汞矿工人因技能单一造成的就业压力。为实现旅游兴业目标，朱砂古镇采取"旅游+"商业模式，带动周边贫困农户一起致富。一是招聘 2000 名贫困人口在古镇就业，以万山镇为中心，辐射黄道、敖寨、下溪贫困户从事餐饮、宾馆、环卫等服务行业；二是古镇门面、朱砂展示厅免费提供给建档立卡的贫困户经营，鼓励全区贫困人口创业；三是加大当地特色产品开发、加工、销售；四是辐射带动周边（黄家寨、相思湖、湿地公园等）乡村精品旅游线路，与欢乐世界、夜郎峡谷旅游线路相结合，推动万山欢乐一日游、二日游，激活旅游链条；五是创建"旅游+电商"的模式，鼓励景区农户开办"农家乐""家庭宾馆""特色工艺品专柜"，实现 O2O 线上线下电商模式，将旅游扶贫与商品开发、电商扶贫、脱贫攻坚紧密结合。重庆彭水鞍子镇罗家坨特色村寨位于娇阿依发祥地、民歌之乡鞍子镇新式村四组，是重庆市最大且保存较为完好的家族苗寨。全寨人住的是鲁班发明的青瓦木质房四合院吊脚楼。原始的生活习俗，火铺、鼎罐、三脚、铁锅、石碓、石磨、石滤等为生活工具。耕牛、糍粑、犁头、拢锄等为生产工具。背桶、背篼、高夹等为运输工具。鼎罐饭、糯糍粑、石磨豆腐、腊肉作为生活佳肴，是苗家人不可缺少的饮食。娶亲嫁女按周公礼节，讲三媒六证、三回九转、骑马坐轿、吹吹打打、请阴请阳方能迎亲进屋。生产生活均具少数民俗气息。罗家坨苗寨 2009 年被列为重庆市少数民族特色村寨保护与发展项目，开建以来，得到了彭水县政府的高度重视，县民宗委及交委、农委、林业、旅游等相关部门给予了大力支持，投入资金近 1000 余万元，已建成了进寨 6 千米水泥路，民居吊脚楼的修缮整修、风貌改造、改厨、改厕、改灶，铺设了青石板院坝及连户路，修建了苗寨寨门、罗氏祠堂。完工了罗家坨苗寨人畜饮水工程、接待中心和罗家坨文化广场。2011 年底，市民宗委和市财政局颁发了"重庆市少数民族特色村寨"标志牌。2012 年，市委宣传部、统战部、民宗委命名鞍子镇为"民族团结进步创建活动示范单位"。罗家坨苗寨是重庆最大且保存较为完好的家族式苗寨，2014 年入选首批中国少数民族特色村寨，被网友誉为"重庆最美苗寨"，如表 4 - 2 所示。

表 4-2 武陵山区显性文化资源类型与开发途径

资源类型	大类	小类	开发途径
显性文化资源	民族民间工艺技艺	土家织锦、苗族蜡染、染织、竹藤、雕刻、剪纸、乐器、器具、银饰工艺等；保靖黄金茶工艺、恩施富硒茶工艺等；湘西酿醋工艺等	通过以特色工艺引资，民间融资，政府投资等多种方式，建立特色工艺生产线，培育龙头企业，直接产生经济效益，可以采用"公司+农户""专业合作社+农户"等的开发模式
	医药文化	中医材种植、土家、苗族、侗族民族医药研发、医疗服务等	一是整合中小民族医药企业，加强民族医学的科学化和规范化研究，建立土家、苗医、侗医品牌；二是开发民族特色医药产品
显性文化资源	民族特色饮食	如土家腊肉、炖腊猪蹄、石耳炖鸡、米酒、油茶，苗族血灌汤、辣椒骨、苗乡龟凤汤、绵菜粑、虫茶、万花茶、捣鱼、酸汤鱼、侗族腌鱼等	一是建立民族特色饮食区（或民族特色饮食街），打造民族饮食品牌，逐步在全国范围内建立民族餐饮企业连锁店；二是通过技术创新，将不易保存和运输的特色食品进行包装、熟食化处理分销全国
	特色小镇、民族村寨	国家级、省级、地厅级、县处级的各类中国传统村落、民族特色村寨、特色小镇，以及乡村旅游示范区等	通过差异化的旅游开发和文化创意，整合农村第一、第二、第三产业资源，带动农村相关产业发展

二、武陵山区半显性文化资源及开发路径

武陵山区半显性文化资源主要包括历史遗址遗迹文化、生态文化、红色文化等。

武陵山区遗址遗迹包括墓葬、灰坑、窖穴、岩画、古代人类的居住基址、军事设施基址、生产建筑遗存和生活建筑遗存等。其中较为著名的有唐崖土司城址、老司城土司遗址。唐崖土司城址位于湖北省恩施土家族苗族自治州咸丰县唐崖镇，背靠玄武山，面临唐崖河，遗址所在地古属施州，主要族群为自古定居于此的土家族，元末起由覃氏土司世袭统治，管辖领地600平方千米。唐崖土司城始建于元朝至正十五年（1355年），鼎盛于明天启年间，废止于清雍正十三年（1735年）改土归流，共历16代18位土司，计381年。城址占地总面积74万平方米，主要遗存有张王庙、"荆南雄镇"牌坊、衙署、大寺堂、土司墓、采石场、营房、桥上桥、院落、道路等自然景观遗存。唐崖土司城址格局清晰，功能完

备，保存完整，为西南地区最具代表性的土司城址之一，对研究中国土司制度和土家族的历史文化具有重要价值。2006 年，被国务院公布为第六批全国重点文物保护单位。2015 年 7 月，在德国波恩召开的联合国教科文组织第 39 届世界遗产委员会会议上，成功列入《世界遗产名录》。土司城帅府内，布设机构颇完整，建有衙署、官言堂、大小衙门、牢房、阅台书院、靶场、万兽园等。唐崖土司曾是尖山、活龙、二仙岩、清坪一带政治、经济、文化中心。土司城内有三个主要遗址：石牌坊、石人石马、土司王墓。老司城遗址位于湘西土家族苗族自治州永顺县城东 20 余千米处的灵溪镇老司城村。本名福石城，因是土司王朝八百年统治的古都，亦称司城、老司城。是南宋绍兴五年（1135 年）至清雍正六年（1724 年）永顺彭氏土司的政治、经济、军事、文化中心。老司城分内罗城、外罗城，有纵横交错的八街十巷，人户稠密，市店兴隆，史书有"城内三千户，城外八百家""五溪之巨镇，万里之边城"的记载。老司城是土司制度的物化载体，是中国古代民族区域自治制度发展的活标本，于 2001 年被公布为第五批全国重点文物保护单位。2010 年 9 月，老司城遗址被列入中国第一批国家考古遗址公园立项名录。2015 年 7 月 4 日，永顺老司城遗址与湖北恩施唐崖土司城遗址、贵州遵义海龙屯土司遗址联合代表的"中国土司遗产"被列入世界文化遗产名录。2016 年 5 月 1 日，老司城遗址作为风景区正式对外开放。2016 年 12 月，老司城景区又列为国家 4A 级旅游景区。①

武陵山区生态文化是主旨人与自然和谐共生、协同发展的文化。武陵山区生态文化具有人性与自然交融，最本质、最灵动、最具亲和力的文化形态。生态文化以"天人合一，道法自然"的生态智慧，"厚德载物，生生不息"的道德意识，"仁爱万物，协和万邦"的道德情怀，"天地与我同一，万物与我一体"的道德伦理，揭示了人与自然关系的本质，开拓了人文美与自然美相融合、人文关怀与生态关怀相统一的人类审美视野；以"平衡相安、包容共生，平等相宜、价值共享，相互依存、永续相生"的道德准则，树立了人类的行为规范，奠定了生态文明主流价值观的核心理念②。武陵山区森林覆盖率为 59.87%，是我国亚热带森林系统核心区域、长江流域重要的水源涵养区和生态屏障。区域内水热条件较好，生境类型丰富；自第三纪以来，气候相对较稳定，受第四纪大陆冰川影响较小，物种资源丰富，属我国具有全球保护意义的生物多样性关键地区之一，素有"华中动植物基因库"之称。区域分布有阔叶林、针叶林、针阔混交林、竹林、灌丛、草丛等丰富的植被类型，亚热带常绿阔叶林是地带性植被。区域有植

① 戴楚洲，熊正贤. 中国武陵文化 [M]. 成都：西南交通大学出版社，2018.

② 国家林业局. 中国生态文化发展纲要（2016～2020 年）. 2016－6.

物 343 科、1770 属、6950 种，其中被子植物 5236 种，裸子植物 81 种，蕨类植物 712 种，苔藓植物 404 种，地衣植物 25 种，藻类植物 492 种。保存有世界闻名孑遗植物水杉、珙桐、银杏、南方红豆杉、伯乐树、鹅掌揪、香果树等；药用植物 985 种，其中杜仲、银杏、天麻、樟脑、黄姜等 19 种属国家保护名贵药材；种子含油量大于 10% 的油脂植物 230 余种；观赏植物 91 科 216 属 383 种；维生素植物 60 多种；色素植物 12 种。是中国油桐、油茶、生漆及中药材的重要产地。区域动物种类繁多，有动物 16 纲、89 目、390 科、2693 种，其中脊椎动物 789 种；在脊椎动物中，哺乳动物 135 种、鸟类 344 种、爬行动物 57 种、两栖动物 50 种、鱼类 203 种。属国家和省政府规定保护动物 201 种①。按照《国家主体功能划分》的要求，武陵山区属于生物多样性及水土保持生态功能区，是清江和澧水的发源地，对减少长江泥沙具有重要作用。目前，土壤侵蚀较严重，地质灾害较多，生物多样性受到威胁。其功能定位为：扩大天然林保护范围，巩固退耕还林成果，恢复森林植被和生物多样性。因此，武陵山区生态文化的开发利用是有限制的，在保护的基础上，构建生态经济体系是武陵山区生态保护与建设的重点之一。根据不同的自然地理和气候条件，坚持因地制宜、突出特色、科学经营、持续利用原则，充分发挥区域良好的生态状况和丰富的资源优势，转变和创新发展方式，调整产业结构，大力发展生态旅游、特色经济林、林下经济、中药材和高山蔬菜，建设产业基地，并带动种苗等相关产业发展；大力提高特色林果产品、山野珍品工业化生产加工能力，延长产业链条，提高农民收入。积极发展生物质能源，加大农林业剩余物的开发利用，发展生态循环经济。积极探索建立起较为灵活的投融资及经营机制，不断扩大提高外来资金利用规模与水平，助推特色生态产业快速发展，使生态产业在国民经济中逐步占据主导地位，形成具有武陵山区特色的生态经济格局，帮助农牧民脱贫致富。一是发展生态林业，针对武陵山区林业资源特点，以培育和保护森林资源、发展林业生产力为中心，推进以木材生产为主向、以生态建设为主转变，由无偿使用森林生态资源向有偿使用森林生态效益转变，建成比较完备的森林生态体系和比较发达的林业产业体系。建成资源丰富、布局合理、功能完备、结构稳定、优质高效的现代林业体系，发挥森林的综合效益，发展特色林业产业，建成特色林业产业基地。二是发展生态产业，创建绿色生态产品基地，突出抓好以特色山地生态农业、林业为重点的农村经济发展。发挥武陵山区生态资源优势，把丰富的山水资源和优越的自然条件，与周边市场需求结合起来，建设畜禽、中药材、蔬菜、烤烟、特色食品和有

---

① 国家林业局. 武陵山区生物多样性与水土保持生态功能区生态保护与建设规划（2013～2020 年）. 2013－12.

机食品生产基地,形成以特色种养殖为主体的生态产业链,创建武陵山区绿色生态产品基地。完成生态产业标准化、信息化、产业化进程,形成生态产业与经济发展、生态保护协调发展的生态产业体系。三是发展生态旅游,打造民族特色的原生态旅游基地,依托土家族、苗族特色优势资源,全力打造"中国土家摆手舞之乡""中国著名民歌之乡""中国土家文化发祥地""中国著名原生态旅游胜地";依托森林公园等山水自然资源,不断深化观光旅游,全面推进休闲度假旅游和特种旅游,以"原生态山水"和"土家、苗族文化"为核心吸引力,建成国内著名、世界知名的中国原生态境地和中国土家族苗族文化旅游区①。

武陵山区是红色文化资源的富集地区,有着众多的遗址和可歌可泣的"红色故事",这是宝贵的财富;同时,武陵山区风景优美、生态宜人,因而把红色文化、生态文化和古迹文化相结合,寓思想教育于文化娱乐和观光游览中,既有利于传播先进文化,又有利于把红色资源转变为经济优势,从而推动革命老区的经济发展,帮助老区人民脱贫致富。红色文化不仅是红色记忆的展示,还在生命强度与生活厚度的融合中凝结为民族精神的内核,在地域性与全球化互动的框架下,被赋予了时代精神的内涵。通过传承红色文化基因、发扬革命精神,为改革凝聚力量和思想共识。讲好"红色故事",可以激励斗志、鼓舞士气、提振精神、鼓足干劲儿,以红色精神指引未来。在新的历史语境下,武陵地区的红色文化成了经济发展的优质资源,尤其在消费服务凸显的时代,这种资源的富矿可以成为发展文化产业的优势,可在内容上提供高端化的消费产品,为拓展产业链提供有效的供应力。如在红色旅游中嵌入当下观光式旅游缺乏的体验互动,为其注入文化体验,使其升级为体验经济的一部分。可以借助现代技术以艺术的手段外化红色文化,用通俗的手法展现红色文化,对红色产品进行艺术包装,提高技术含量,积极推进红色产品内容形式、方法手段创新,努力增强红色产品的吸引力、感染力和影响力,提升对红色文化精神的认同感,如表4-3所示。

表4-3 武陵山区半显性文化资源类型与开发途径

资源类型	大类	小类	开发途径
半显性文化资源	历史遗址遗迹文化	咸丰唐崖土司遗址、保靖老司城遗址、矿山遗址、盐泉遗址等	将原遗址遗迹地圈起来保护,在附近地区修建相关设施,异地开发、适度开发,通过旅游和文化创意产品的开发,带动当前居民就业和增收

---

① 国家林业局. 武陵山区生物多样性与水土保持生态功能区生态保护与建设规划(2013~2020年). 2013-10.

续表

资源类型	大类	小类	开发途径
半显性文化资源	生态文化	国家级、省部级等各种生态保护区，草场、原始森林、湿地、天然水域等	发展生态旅游、特色经济林、林下经济、中药材和高山蔬菜，建设产业基地。发展特色林果产品、山野珍品产业
	红色文化	遗址踪迹类红色文化资源、建筑与设施类红色文化资源、重要革命历史文物、重要文艺作品	激励斗志、鼓舞士气、提振精神；打造红色文化产业基地，如建设军工特色小镇，红色文化产业园等；开发红色文化旅游线路，延长红色文化产业链，推动革命老区的经济发展，帮助老区人民脱贫致富

三、武陵山区隐形文化资源及开发路径

武陵山区隐形文化资源主要包括民族民间艺术、民间文学、民俗习俗、民族语言、宗教等文化类型。民间艺术有南溪号子、酉阳民歌、秀山花灯、舞狮、恩施扬琴、摆手舞、江河号子、张家界阳戏等众多类型，这些资源宜保护为主，适度开发。在不失真、不造谣、不造假的前提下，可以借助旅游项目或舞台景观剧目，通过演出、比赛，结合影视、网络媒体、手机音乐下载等平台，将文化元素转变为经济资源。一是通过演出团表演产生门票收入；二是作为文化旅游的一部分，将民族文化元素展现给消费者；三是通过商业运作模式，结合休闲、餐饮、友人聚会、娱乐等消费需求综合开发。民族民间文学有《打杀蜈蚣》《则嘎老》《居诗老》《活路歌》《瓷器歌》《种麻歌》《嘎茫莽道时嘉（远祖歌）》《洪水滔天》《丈良丈美》《侗族祖先落寨歌》等土家、苗族、侗族民族文学作品。这些资源在传承与保护的基础上，一是通过文学创作、剧本改编，可以推动特色影视文化产业的发展；二是结合旅游景点导游词，融入民族民间故事、神话等内容，提升旅游景区的文化内涵和趣味性。在民俗习俗方面，有土家族的情歌、哭嫁歌、摆手歌、劳动歌、盘歌、吃新节、舍巴日、赶年、牛王节、花朝节、洗神节。有苗族的吃油茶、戴银饰、三月三、过小年。有侗族的吹芦笙、行歌坐夜、斗牛等。在保护传承的基础上，可适度开发，一是策划民族节庆活动，带动旅游产业发展；二是借助实景演出，融入习俗情景，增加文化元素，提升节目特色。在民族语言和宗教文化方面，需谨慎开发利用和产业化运作。总体上，隐性文化资源也具有一定的开发价值，但是需要具备一定的开发条件，借助一定的开发平台才能实现经济效益。随着经济的发展、技术的进步以及人们精神需求进一步多元化，这些资源将逐步转化为经济资源，如表4-4所示。

表4−4　　　　　　　　　武陵山区隐形文化资源类型与开发途径

资源类型	大类	小类	开发途径
隐性文化资源	民间艺术	如南溪号子、酉阳民歌、秀山花灯、舞狮、恩施扬琴、摆手舞、江河号子、张家界阳戏等	保护为主，适度开发。借助旅游项目或舞台景观剧目，通过演出、比赛，结合影视、网络媒体、手机音乐下载等平台，将文化元素转变为经济资源。一是通过演出团表演产生门票收入；二是作为文化旅游的一部分，将民族文化元素展现给消费者；三是通过商业运作模式，结合休闲、餐饮、友人聚会、娱乐等消费需求综合开发
隐性文化资源	民间民间文学	《打杀蜈蚣》《则嘎老》《居诗老》《活路歌》《瓷器歌》《种麻歌》《嘎茫莽道时嘉（远祖歌)》《洪水滔天》《丈良丈美》《侗族祖先落寨歌》等土家、苗族、侗族民族文学	保护为主，适度开发。一是通过文学创作、剧本改编，推动特色影视文化产业发展；二是结合旅游景点导游词，融入民族民间故事、神话等内容，提升旅游景区的文化内涵和趣味性
	民俗习俗	土家情歌、哭嫁歌、摆手歌、劳动歌、盘歌、吃新节、舍巴日、赶年、牛王节、花朝节、洗神节；苗族吃油茶、戴银饰、三月三、过小年；侗族吹芦笙、行歌坐夜、斗牛等	保护传承为主，适度开发，一是策划民族节庆活动，带动旅游产业发展；二是借助实景演出，融入习俗情景，增加文化元素，提升节目特色
	民族语言	土家族、苗族、侗族、仡佬族、蒙古族等少数民族语言	文化传承与保护，难以产业化开发

第五章

武陵山区特色文化产业扶贫绩效评价

武陵山区特色文化产业主要包括文化旅游产业、特色演艺产业、特色工艺产业三大类型。

第一节　武陵山区文化旅游产业的扶贫绩效

武陵山区的文化旅游产业泛指以鉴赏武陵山区地域文化与民族文化、追寻地域文化名人遗踪、体验地方民族风情和文化活动等为目的的旅游。具体包括古城古镇旅游、乡村旅游、节庆旅游、文化遗址旅游等。武陵山区文化旅游资源十分丰富，类型多样，但开发力度不足，知名品牌不多，目前大多数资源处于待开发状态，旅游开发与扶贫效益较好的项目还比较少。乡村旅游方面，武陵地区有4处中国乡村旅游扶贫示范区，分别是武隆区天生三桥景区、铜仁市梵净山景区、新宁县崀山旅游区、湘西永顺县老司城景区，这些地区在旅游扶贫方面起到了很好的示范效应，如表5－1所示。

表5－1　　　　　　　　武陵地区的中国乡村旅游扶贫示范区

类型	地区	扶贫手段与成效	受惠群体	扶贫方式
全国旅游扶贫示范项目	武隆区天生三桥景区	一是依托旅游廊道带动增收。引导旅游公路沿线老百姓发展农家乐、农产品销售、旅游商品加工等产业，近1万名涉旅贫困群众人均年收入达10000元以上。二是通过开设家庭公寓、商品销售、特色餐饮等参与旅游服务，全县有1.8万贫困群众实现创业或就业。三是旅游企业优先吸纳当地贫困群众就业，	一是仙女山旅游景区附近的当地农民；二是武隆区内其他乡镇的务工人员；三是在仙女山景区就业创业的外地人	一是提供保安、清洁工、旅游管理人员等直接性的就业岗位；二是提供摆摊、客栈经营、交通运输、餐饮等创业机会；三是通过商业、旅行社、其他服务业等拉动就业

续表

类型	地区	扶贫手段与成效	受惠群体	扶贫方式
全国旅游扶贫示范项目	武隆区天生三桥景区	在景区进出口留出空间让农民摆摊设点，带动1.5万名贫困群众实现了直接或间接就业。喀斯特公司吸纳500余名贫困群众就业，印象公司300名演职人员中有200余人是贫困群众①		
	铜仁市梵净山景区	依托梵净山资源优势，大力发展以农家乐为主的乡村旅游业，打破了"山上热，山下冷""旅游火，群众穷"的窘境。按照"山上做吸引力、山下做生产力、乡村做支撑力"的发展方向，大力发展乡村旅游，以典型引领乡村旅游扶贫，高起点打造寨沙侗寨旅游扶贫试点，形成了"政府主导、公司经营、协会管理、农户参与"的"政府+公司+协会+农户"的乡村旅游扶贫"寨沙模式"，2014年以来，发展农家乐、精品民宿的贫困户从56户增加到123户，标准客房从1300间增加到2803间，床位从2500张增加到5616张，农家乐收入从664.5万元增加到1930.5万元，乡村旅游从业人员从3250人增加到7949人，辐射带动2万多人增收致富。此外，在景区、高速服务站等区域销售地方农产品，助推农货出山。目前，已在梵净山附近地区建成旅游商品加工等涉旅合作社550个，入股群众10319人。2016年，合作社拥有资产总额2203万元，商品销售收入7632万元，实现利润104万元，促进农民户均每年增收6000元以上，带动1500余人脱贫致富②。	一是梵净山旅游景区附近的当地农民；二是江口县内其他乡镇的务工人员；三是在景区就业创业的外地人口	一是农家乐、山货出售增加当地居民收入；二是景区内提供保安、清洁工、旅游管理人员等直接性的就业岗位；三是提供客栈经营、交通运输、餐饮等创业机会拉动就业
	新宁县崀山旅游区	一是土地流转助推脱贫。通过建设旅游休闲基地，带动景区村土地流转，盘活土地资源，既丰富了旅游产品，又让群众获得了土地收益和劳务收入。崀山镇近两年共流转土地2000余亩，集中发展农业观光游、生态体验游等旅游新业态，	一是崀山旅游景区附近的当地农民；二是新宁县内其他乡镇的务工人员；三是在崀山景区就业创业的外地人口	一是景区保洁、保安、护林防火等公益岗位就业；二是农家乐、山货出售增加当地居民收入；三是提供客栈经营、交通运输、餐饮等创业机会拉动就业

① 重庆市武隆区依托旅游扶贫带动群众致富增收成效凸显［EB/OL］.［2015－05－13］. http：//www. cq. gov. cn/zwgk/zfxx/2015/5/13/1371993. shtml.

② 李鹤. 吃上旅游饭 摘掉贫困帽——江口县探索乡村旅游扶贫新路侧记［EB/OL］.［2017－01－16］. http：//news. gog. cn/system/2017/01/16/015354889. shtml.

续表

类型	地区	扶贫手段与成效	受惠群体	扶贫方式
全国旅游扶贫示范项目	新宁县崀山旅游区	4000多名群众因此收益。二是产业发展助推脱贫。大力实施旅游产业带动扶贫，以培育壮大特色农业为突破口，搭建了脐橙、茶叶、药材等13个产业平台，崀山野生铁皮石斛药用价值高，有着很好的市场行情，但因生长在悬崖峭壁，一直没有给群众带来更大的收益。实施产业扶贫以来，模拟崀山的独特气质和地质条件，引导群众大棚种植铁皮石斛，实现了铁皮石斛的产业化、规模化发展。三是旅游就业助推脱贫。依托景区扩大就业门路，公司搭台就业岗位，让当地村民在既不离乡也不离土的情况下，解决就业问题。景区从就业方面、生态公益林方面、燃料改革方面、民居新改建方面、扶贫建房方面都给予补偿。特别是在就业补偿方面，规定崀山景区管理岗位原住民比例在50%以上，景区保洁、保安、护林防火等公益岗位必须安排原住居民①		
	湘西永顺县老司城景区	抢抓老司城"后申遗时代"机遇，突出精品线路体系、旅游交通体系和乡村旅游服务体系建设，注重依托当地资源特色，因地制宜，突出特、优、新，协调整治保护小溪、王木、咱河等50个土家族特色村落，高标准打造2个星级农家乐、乡村客栈、星级厕所、特色旅游商品；初步形成了以灵溪镇司城村、双凤村为核心的土司遗产村寨群，省道S229芙蓉镇至青坪镇沿线万亩花卉苗木果品走廊，乡村旅游接待能力大幅提高，乡村农民致富效益日益凸显，通过建好老司城乡村旅游脱贫示范村，推动旅游扶贫发展。增加旅游重点村经营收入，助推农户脱贫致富。据统计，截至目前，乡村旅游人数达10多万人次②	一是老司城旅游景区附近的当地农民；二是永顺县内其他乡镇的务工人员；三是在老司城景区就业创业的外地人口	一是景区导游解说、保洁、保安、护林防火等岗位就业；二是农家乐、山货出售增加当地居民收入；三是零售、交通运输、餐饮等创业机会拉动就业

①　新宁县委书记秦立军. 浪漫崀山邂逅精准扶贫，探索旅游扶贫"崀山模式"［EB/OL］. ［2017 – 07 – 26］. http：//news. 163. com/17/0726/09/CQ8SP6IE00018AOP. html.

②　向飞卿. 永顺县"乡村旅游脱贫工程"进入正式实施阶段［EB/OL］. ［2016 – 07 – 21］. http：// hn. rednet. cn/c/2016/07/21/4040525. htm.

此外，为深入实施乡村旅游扶贫工程，充分发挥乡村旅游在精准扶贫、精准脱贫中的重要作用，2016 年 8 月 11 日，国家旅游局、国家发展改革委、国土资源部、环境保护部、住房城乡建设部、交通运输部、水利部、农业部、国家林业局、国务院扶贫办、国家开发银行、中国农业发展银行共同制定了《乡村旅游扶贫工程行动方案》（以下简称《方案》）。《方案》指出，"十三五"期间，通过实施乡村旅游扶贫工程，使全国 1 万个乡村旅游扶贫重点村年旅游经营收入达到 100 万元，贫困人口年人均旅游收入达到 1 万元以上。提出八大行动方案，一是乡村环境综合整治专项行动。大力改善乡村旅游基础和公共服务设施，规划启动"六小工程"，确保每个乡村旅游扶贫重点村建好停车场、旅游厕所、垃圾集中收集站、医疗急救站、农副土特产品商店和旅游标识标牌。到 2020 年，全国 2.26 万个乡村旅游扶贫重点村实现"六小工程"和"厕所革命"全覆盖，50 万户建档立卡贫困户实施"三改一整"工程。二是旅游规划扶贫公益专项行动。组织和支持 300 家旅游规划设计单位开展旅游规划扶贫公益行动，围绕旅游产品建设和促进旅游产业发展，为乡村旅游扶贫重点村编制旅游发展规划。每年促成不少于 500 个乡村旅游扶贫重点村与规划设计单位结对，5 年完成 3000 个乡村旅游扶贫重点村的规划编制。三是乡村旅游后备箱和旅游电商推进专项行动。依托乡村旅游发展带动农副土特产品销售，支持乡村旅游扶贫重点村在邻近的重点景区景点、高速公路服务区、主要交通干道旅客集散点等设立农副土特产品销售专区。开展旅游电商万村千店行动，优先支持有条件的重点村利用已有资源建设旅游扶贫电商平台，组织实施贫困地区"一村一店""旅游淘宝村""旅游扶贫村＋特色馆"立体扶贫，依托村民中心、超市等营业场所建设电商服务站点，支持各大电商平台开展旅游电商扶贫行动，为贫困地区开设扶贫频道，开展在线宣传推广、特产销售、旅游线路营销。到 2020 年，全国建设 1000 家"乡村旅游后备箱工程示范基地"，销售产值 8000 亿元，带动不低于 50 万户贫困户脱贫；建设 1000 个乡村旅游扶贫电商示范村，每年实现旅游商品销售 100 亿元。四是万企万村帮扶专项行动。组织动员全国 1 万家旅游企业、宾馆饭店、景区景点、旅游规划设计单位、旅游院校等单位，对乡村旅游扶贫重点村进行帮扶脱贫。采取安置就业、项目开发、输送客源、定点采购、指导培训等多种方式帮助乡村旅游扶贫重点村发展旅游，通过 5 年时间解决 100 万左右贫困人口的脱贫。五是百万乡村旅游创客专项行动。组织和引导百万返乡农民工、大学毕业生、专业艺术人才、青年创业团队等各类"创客"投身乡村旅游发展，通过一系列的创意研发、产品开发、宣传推广，推动乡村旅游实现转型提升、创新发展。到 2020 年，全国培育 1000 个乡村旅游创客示范基地，形成一批高水准文化艺术旅游创业示范乡村。六是金融支持旅游扶贫专项行动。加快乡村旅游扶贫项目库建设，统筹资源支持国开行、农发行等银行创新金融服务，设计符合旅游扶贫项目特点、与旅游扶贫项目周期相匹配的支持产品。探索建立乡村旅游投融资主体、担保平台、风险准备金制度及信用评级体系，优先在乡村旅游扶贫重点村进行授信，为贫困户提供小额贷款，相关部门给予贷款贴息。积极探索景区带村、能人带户、"企业（合作社）+农户"等扶贫信贷政策，引导金融机构根据带动贫困村、贫困户实现增收的情况，为景区、能人、企业（合作社）提供成本低、期限长的信贷支持。每年金融支持旅游扶贫项目不少于1000个，资金不少于3000亿元①。七是扶贫模式创新推广专项行动。探索景区带村、能人带户、"企业（合作社）+农户"等多种类型的旅游扶贫新模式，按照景区扶贫加分政策，鼓励每个4A、5A级景区带动周边乡村旅游扶贫重点村不少于3个，每个能人带动不少于5户建档立卡贫困户，一个合作社带动不少于20户建档立卡贫困户，通过招工、订单采购农产品、建设绿色食品基地、成立互助社等方式帮扶脱贫。加快扶贫创新模式推广，到2020年，全国建设旅游扶贫示范景区1000个、"企业（合作社）+农户"旅游扶贫示范基地1万家，培育旅游扶贫带头人5万个，带动80万户贫困户脱贫。八是旅游扶贫人才素质提升专项行动。设立乡村旅游扶贫东部、西部培训基地，组建"全国乡村旅游扶贫专家库"，动员规划、管理、营销专业人才到扶贫开发重点县、易地扶贫搬迁小镇、乡村旅游扶贫重点村开展公益指导培训。到2020年前，各省要以市、县为基础，建立地方培训基地，实现对2.26万个乡村旅游扶贫重点村致富带头人培训全覆盖，培养旅游扶贫带头人10万人。

根据国家旅游局公布的"乡村旅游扶贫重点村名单"统计整理，武陵地区第一批和第二批全国乡村旅游扶贫重点村总计502个，其中重庆武陵山片区有63个，湖北省武陵山片区有96个，湖南武陵山片区有233个，贵州武陵山片区有110个，如表5-2所示。这些地区在国家旅游扶贫政策支持和多渠道资金融入的背景下，纷纷举起了乡村旅游的旗帜，部分地方呈现出良好的旅游减贫缓贫绩效。如重庆黔江区石会镇中元村地处羽人山景区，山形奇特，风景秀丽。村党支部利用市级美丽乡村建设示范点、市级乡村旅游示范点等扶持政策，带领搬迁户大力发展休闲农业，搞起了乡村旅游。引导群众转变思想，组织68户搬迁户成立了醉美知音乡村旅游新型股份合作社，本着以"土地和房屋变股份，保底又分红"的原则，采取"内联农户，外接市场"的经营模式，盘活了农村房屋90间、土地118亩，增加了农民务工收入159万元，增加了土地收入21万元，增加了房屋收入192万元。合作社打造QQ农场，集"休闲垂钓、特色养殖、四季

---

① 见国家旅游局、国家发展改革委、国土资源部、环境保护部、住房城乡建设部、交通运输部、水利部、农业部、国家林业局、国务院扶贫办联合发布的《乡村旅游扶贫工程行动方案》。

果园、开心农场、乡村旅游、餐饮住宿"于一体，集中打造休闲观光、绿色环保、原生态的农家乐。种植格桑花、桃花、玫瑰花 1000 亩，打造赏花经济。组建了云上武陵电商平台，帮助农民销售原生态农产品、手工艺品。2015 年接待游客 10.3 万人次，实现旅游综合收入 0.9 亿元。近年来，中元村还承办了全国中西部扶贫开发协作会、百弘杯全国钓鱼锦标赛、土家"淘宝会"等 20 余次重大活动赛事，接待非洲友人考察观摩团、香港大学生、贵州省铜仁政协考察团等30 余批团体实地参观考察，每年都有 10 所以上重庆市内高校前来开展"三下乡"活动，这让曾经的"穷山沟"知名度不断提升，打响了扶贫开发品牌，为乡村旅游及相关产业的发展积聚了人气、汇集了财气、带来了商机。中元村 2010年被评为重庆市民主法治示范村、重庆市扶贫工作先进单位、全国妇联先进基层组织；2012 年被评为重庆市创先争优先进基层党组织、民政部全国综合减灾示范社区；2013 年醉美知音乡村旅游股份合作社被全国供销社合作总社评为"全国农民专业合作社示范社"；2015 年被评为市级休闲农业与乡村旅游示范点①。武陵山区旅游扶贫效果显著的类型如表 5 - 3 所示。

表 5 - 2　　　　　　　武陵山区的全国乡村旅游扶贫重点村

地区	县区名	重点县或片区县	行政村名
重庆武陵山片区	黔江区（9）	重点县和片区县	小南海镇新建村、水市乡水市村、石会镇中元村、冯家街道中坝社区、舟白街道舟白社区、沙坝乡脉东居委、五里乡胡家坝村、中塘乡中塘村、濯水镇蒲花居委
	酉阳土家族苗族自治县（9）	重点县和片区县	黑水镇大泉村、酉水河镇河湾村、楠木乡红庄村、龙潭镇柏香村、腴地乡下腴村、苍岭镇大河口村、西酬镇江西村、龚滩镇马鞍城村、小河镇桃坡丹霞生态村
	秀山土家族苗族自治县（9）	重点县和片区县	钟灵镇凯堡村、涌洞乡楠木村、清溪场镇龙凤村、梅江镇兴隆坳村、清溪场镇大寨村、孝溪乡上屯村、溪口镇中和村、大溪乡丰联村、洪安镇贵亚村
	彭水苗族土家族自治县（9）	重点县和片区县	绍庆街道阿依河社区、靛水街道洋霍村、润溪乡樱桃村、善感乡水田村、长生镇长生居委、靛水街道文武社区、润溪乡白果村、鞍子镇新式村、岩东乡岈山村
	石柱土家族自治县（9）	重点县和片区县	黄水镇万胜坝村、冷水镇八龙村、石家乡黄龙村、悦崃镇新城村、鱼池镇山娇村、枫木乡昌坪村、南宾镇黄鹤村、三河镇拱桥村、金铃乡银杏村

---

① 黔江区石会镇中元村党支部的秘诀　几年时间把"贫困村"变为"幸福村"[N]. 重庆日报，2017 - 4 - 24.

续表

地区	县区名	重点县或片区县	行政村名
重庆武陵山片区	武隆区（9）	重点县和片区县	仙女山镇石梁子村、双河乡木根村、白马镇豹岩村、赵家乡新华村、石桥乡八角村、土地乡天生村、铁矿乡百胜村、仙女山镇龙宝塘村、土坎镇清水村
	丰都县（9）	重点县和片区县	太平坝乡下坝村、都督乡都督社区、江池镇横梁村、仙女湖镇野桃坝村、南天湖镇南天湖村、高家镇方斗山村、武平镇冷玉山社区、暨龙镇九龙寨村、栗子乡金龙寨村
湖北武陵山片区	恩施市（9）	重点县和片区县	沐抚办事处营上村、芭蕉侗族乡高拱桥村、太阳河乡双河岭村、龙凤镇青堡村、三岔乡阳天坪村、白果乡龙潭坝村、屯堡乡花枝山村、白杨坪镇麂子渡村、盛家坝乡二官寨村
	利川市（9）	重点县和片区县	毛坝镇夹壁村、柏杨坝镇水井村、汪营镇白泥塘村、谋道镇鱼木寨村、南坪乡朝阳村、都亭办事处龙潭村、东城办事处长堰村、团堡镇野猫水村、佛宝山生态综合开发区月琴坝社区
	建始县（9）	重点县和片区县	业州镇代陈沟村、茅田乡耍操门村、高坪镇石门村、高坪镇岗仕坝村、花坪镇小西湖村、花坪镇村坊村、景阳镇双寨子村、三里乡马坡村、龙坪乡岔口子村
	巴东县（9）	重点县和片区县	野三关镇石桥坪村、沿渡河镇高岩村、沿渡河镇石板坪村、东瀼口镇焦家湾村、信陵镇荷花村、信陵镇青山村、茶店子镇朱砂土村、水布垭镇围龙坝村、野三关镇冉家村
	宣恩县（9）	重点县和片区县	椒园镇水田坝村、万寨乡伍家台村、长潭河乡后河村、珠山镇封口坝村、高罗乡板寨村、沙道沟镇两河口村、椒园镇庆阳坝村、晓关乡大岩坝村、椿木营乡长槽村
	咸丰县（9）	重点县和片区县	坪坝营镇坪坝营村、黄金洞乡麻柳溪村、高乐山镇白地坪村、尖山乡谢家坝村、小村乡羊蹄村、忠堡镇板桥村、清坪镇泗大坝村、清坪镇龙潭司、活龙坪乡毛坝村
	来凤县（9）	重点县和片区县	三胡乡黄柏村、三胡乡石桥村、漫水乡渔塘村、旧司镇黄土坝村、百福司镇舍米湖村、百福司镇兴安村、大河镇冷水溪村、翔凤镇关口村、革勒车乡桐麻村
	鹤峰县（9）	重点县和片区县	容美镇屏山村、走马镇升子村、燕子镇董家村、中营镇大路坪村、下坪乡东洲村、五里乡南村村、铁炉白族乡细杉村、走马镇官仓村、五里乡湄坪村
	五峰土家族自治县（6）	片区县	采花乡栗子坪、采花乡白溢坪、长乐坪镇白岩坪、五峰镇茅坪村、仁和坪镇大栗树村、渔洋关镇汉马池村

续表

地区	县区名	重点县或片区县	行政村名
湖北武陵山片区	秭归县（9）	重点县和片区县	茅坪镇罗家村、九畹溪镇九畹溪村、屈原镇屈原村、磨坪镇磨坪村、茅坪镇泗溪村、茅坪镇兰陵溪村、九畹溪镇石柱村、归州镇万古寺村、屈原镇链子岩村
	长阳县（9）	重点县和片区县	龙舟坪镇郑家榜村、高家堰镇高家堰村、椛坪镇关口垭村、渔峡口镇龙池村、都镇湾镇津溪村、磨市镇黄荆庄村、都镇湾镇麻池村、龙舟坪镇何家坪村、渔峡口镇渔坪村
湖南武陵山片区	泸溪县（9）	重点县和片区县	红土溪村、岩门村、铁山村、黄家桥村、上堡村、黑塘村、红岩村、岩门溪村、高山坪村
	凤凰县（9）	重点县和片区县	勾良村、舒家塘村、老家寨村、早岗村、老洞村、冬就村、黄毛坪村、拉豪村、菖蒲村
	花垣县（6）	重点县和片区县	金龙村、扪岱村、老寨村、十八洞村、坡脚村、茶园坪村
	保靖县（9）	重点县和片区县	夯沙村、吕洞村、梯子村、河边村、夯吉村、黄金村、亨章村、首八峒村、金落河村
	古丈县（9）	重点县和片区县	侬溪镇毛坪村、龙鼻村、默戎镇毛坪村、树栖柯村、张家坡村、花兰村、老司岩村、列溪村、坐苦坝村
	永顺县（9）	重点县和片区县	司城村、双凤村、洞坎村、前进村、西米村、塔卧居委会、王木村、洞坎河村、小溪村
	龙山县（9）	重点县和片区县	捞车河村、长春村、乌龙山村、洗车村、茨岩社区、太平村、楠竹村、杨家村、新建村
	永定区（6）	片区县	龙凤村、石堰坪村、袁家村、余家山村、桐斗村、板坪村
	慈利县（6）	片区县	双云村、罗潭村、南坪村、新坪村、樟树村、金龙村
	桑植县（9）	重点县和片区县	小庄坪村、实竹坪村、苦竹河村、合群村、珠玑塔村、和平村、柳杨溪村、张家铺村、岔角溪村
	石门县（6）	片区县	东起乡崖脚村、大良镇石门村、仙阳湖居委会、古城堤村、南峰村、土山村
	沅陵县（9）	重点县和片区县	老街村、乌宿村、兰溪口村、牛狮坪村、真夸父山村、陈家滩村、明中村、借母溪村、黄秧坪村

地区	县区名	重点县或片区县	行政村名
湖南武陵山片区	辰溪县（6）	片区县	五宝田村、船溪村、大月山村、狮头坡村、桥湾村、龚家湾村
	溆浦县（6）	片区县	山背村、株木村、岩板村、溪口村、深子湖村、沙洲村
	麻阳县（6）	片区县	大路坳村、玳瑁坡村、豪侠坪村、盘田村、罗家冲村、溪口村
	新晃县（6）	片区县	冲首村、皂溪村、四路村、甘家桥村、丁字坳村、民主村
	芷江县（6）	片区县	碧河村、大山村、銮塘村、地婆溪村、拾万坪村、塘家桥村
	中方县（6）	片区县	黄溪村、小岩村、马家溪村、荆坪村、房溪村、桐坪村
	会同县（3）	片区县	高椅村、枫木村、大坪村
	靖州县（6）	片区县	岩脚村、地卢村、岩湾村、岩寨村、新江村、枫香村
	通道县（9）	重点县和片区县	芋头村、坪坦村、横岭村、头寨尾寨村、坪阳村、盘寨村、新寨村、官团村、太平岩村
	隆回县（9）	重点县和片区县	崇木凼村、虎形山村、大托村、旺溪村、石蒜村、热泉村、中山村、五里村、桃林村
	新邵县（8）	片区县	白水村、白云铺村、大东村、曾家嘴村、水口村、杨柳村、洞口村、龙山村
	新邵县（8）	片区县	平清村、山阳村、龙头村、曾家嘴村、水口村、杨柳村、洞口村、龙山村
	邵阳县（6）	重点县和片区县	储英村、双江口村、塘洪村、金江村、对河村、兴坪村
	武冈市（6）	片区县	浪石村、古山村、资源村、渡头桥村、扶峰村、龙门村
	绥宁县（7）	片区县	上堡村、花园阁村、大元村、大团村、赤板村、西河村、正板村
	城步县（9）	重点县和片区县	大赛村、桃林村、边溪村、下团村、清溪村、大竹坪村、大井村、长坪村、岩寨村
	新宁县（6）	片区县	湘塘村、双狮村、宛旦平村、山塘村、石田村、柳山村
	新化县（9）	重点县和片区县	长石村、正龙村、上团村、下团村、杨家边村、土坪村、粗石村、油溪桥村、高桥村
	涟源市（6）	片区县	新康村、川门村、远利村、湄塘村、蒿子村、西冲村
	安化县（9）	重点县和片区县	梅山村、锁岩村、洞市村、锡潭村、九龙池村、辰山村、杨沙社区、花木村、蚩尤村

地区	县区名	重点县或片区县	行政村名
贵州武陵山片区	万山区（6）	片区县	谢桥办事处挞扒洞村、万山镇土坪社区、高楼坪乡夜郎谷、茶店街道尤鱼铺村、下溪乡瓦田村、黄道乡丹阳村
	玉屏县（6）	片区县	平溪镇安坪村、亚鱼乡郭家湾村、新店乡朝阳村、田坪镇黄母冲村、新店乡道扒溪村、平溪镇老寨村
	松桃县（9）	重点县和片区县	大路乡长征村、盘石镇响水洞村、寨英镇落满村、寨英镇寨英村、乌罗镇半坡村、乌罗镇黔龙村、乌罗镇桃花源村、大路乡后硐村、黄板乡格党村
	印江县（9）	重点县和片区县	永义乡团龙村、永义乡大园址村、木黄镇凤仪村、新业乡芙蓉村、新业乡锅厂村、木黄镇金厂村、永义乡豆凑林村、新业乡坪所村、木黄镇昔坪村
	沿河县（9）	重点县和片区县	和平镇劳联村、沙子镇十二盘村、沙子镇南庄村、淇滩镇三壶村、淇滩镇淇滩村、思渠镇上庄村、思渠镇下庄村、晓景乡侯家村、淇滩镇艾坝村
	思南县（9）	重点县和片区县	香坝镇尖峰村、思塘镇云山社区、塘头镇青杠坝社区、塘头镇甲秀社区、长坝镇龙门村、板桥镇郝家湾村、大河坝镇鹅溪村、思塘镇白沙井社区、孙家坝镇牌坊村
	江口县（9）	重点县和片区县	德旺乡坝梅村、太平镇梵净山村、怒溪镇河口村、太平镇云舍村、桃映镇匀都村、太平镇寨抱村、官和乡江溪屯村、民和镇龙宿村、坝盘镇坝盘社区
	石阡县（8）	重点县和片区县	甘溪乡扶堰村、坪山乡佛顶山村、龙井乡关口坪村、石固乡公鹅坳村、中坝镇河口村、本庄镇葛闪渡村、龙塘镇困牛山村、河坝场乡印屯村
	德江县（9）	重点县和片区县	合兴镇朝阳村、枫香溪镇枫溪村、堰塘乡高家湾村、堰塘乡茶窝坨村、合兴镇合朋村、楠杆乡楼房村、楠杆乡兴隆社区、泉口镇天池村、泉口镇新塘村
	道真县（9）	重点县和片区县	河口乡梅江村、大磏镇三元村、三江镇群乐村、洛龙镇鹰咀村、阳溪镇阳坝村、棕坪乡苍蒲溪村、洛龙镇大塘村、隆兴镇浣溪村、玉溪镇城关村
	正安县（9）	重点县和片区县	和溪镇大坎村、凤仪镇梨坝村、杨兴乡桐梓村、芙蓉江镇保龙村、芙蓉江镇合作村、桴焉乡坪生村、安场镇自强村、班竹乡知青部落、市坪苗族仡佬族乡龙坪村
	务川县（9）	重点县和片区县	大坪镇龙潭村、大坪镇大坪村、丰乐镇庙坝村、大坪镇甘禾村、涪洋镇前进村、泥高乡栗园村、泥高乡泥高村、镇南镇桃符村、涪洋镇当阳村

续表

地区	县区名	重点县或片区县	行政村名
贵州武陵 山片区	湄潭县（6）	片区县	复兴镇两路口村、鱼泉镇仙谷山村、茅坪镇杨桥村、茅坪镇地关村、湄江镇新街村、抄乐乡落花屯村
	凤冈县（3）	片区县	进化镇临江村、进化镇沙坝村、新建镇长碛村、永安镇田坝村、绥阳镇玛瑙村

注：资料根据国家旅游局、发改委等12部门联合出炉的《关于印发乡村旅游扶贫工程行动方案的通知》整理，全国共有22651个村列入全国乡村旅游扶贫重点村。

表 5 - 3　　　　　　　　武陵山区代表性文化旅游与扶贫效果

类型	旅游目的地	旅游开发情况	文化内涵	就业领域	扶贫效果
代表性古城古镇旅游	湘西凤凰古城	国家4A级景区，2015年接待游客1200.02万人次	古城历史文化；苗族、土家族等民俗文化等	住宿、餐饮、交通、零售等从业人员	直接就业约2万人，间接带动就业6万多人
	洪安古商城	国家4A级景区，平均每天接待游客约2万人	古商城历史文化、建筑文化、侗族等民族文化	住宿、餐饮、交通、零售等从业人员	直接就业约0.5万人，间接带动就业约2万人
	西阳龚滩古镇	国家4A级景区，平均每天接待游客约0.5万人	古城历史文化、土家族建筑文化、民俗文化等	住宿、餐饮、交通、零售等从业人员	直接就业约0.5万个，间接带动就业约3万人
	贵州松桃县寨英镇	中国滚龙艺术之乡、中国民间文化艺术之乡和中国独具特色名镇，处于开发初期	民族民间文化、编扎技术和舞龙技艺等	农家乐、从事民族民间技艺的从业人员	带动就业人数约0.5万人
代表性乡村旅游	彭水鞍子镇罗家坨	首批中国少数民族特色村寨，年旅游收入约200万元	苗族民歌、罗氏家族历史、民风习俗、特色饮食等	农家乐、从事民族民间技艺的从业人员	为村民创造就业创业机会，促进居民增收
	吉首市矮寨镇德夯村	首批中国少数民族特色村寨，年旅游收入约300万元	苗鼓、苗族文化习俗、苗族特色饮食等	住宿、餐饮、交通、零售等从业人员	为村民创造就业创业机会，促进居民增收
	恩施州宣恩县彭家寨	首批中国少数民族特色村寨，年旅游收入约150万元	文化传说、土家族文化习俗、土家建筑文化等	农家乐、从事民族民间技艺的从业人员	为村民创造就业创业机会，促进居民增收
	铜仁市江口县太平镇梵净山村寨沙侗寨	首批中国少数民族特色村寨，年旅游收入约200万元	侗族文化习俗、特色餐饮、侗族建筑文化等	农家乐、从事民族民间技艺的从业人员	为村民创造就业创业机会，促进居民增收

续表

类型	旅游目的地	旅游开发情况	文化内涵	就业领域	扶贫效果
代表性节庆	湘西土家族舍巴节	文化激活旅游，提升芙蓉镇旅游目的地知名度	传统祭祀节日、毛古斯、摆手舞、梯玛歌民俗文化	—	暂无直接的节庆开发项目
	城步"六六"山歌节	文化激活旅游，提升城步苗寨旅游目的地知名度	民族山歌	—	暂无直接的节庆开发项目
	务川仡佬族吃新节	助推文化旅游产业发展	仡佬族传统采新祭拜仪式与传统文体表演	—	暂无直接的节庆开发项目

资料来源：官方网站公布资料，以及笔者访谈调查情况统计，—表示资料缺乏。

总体上来看，武陵山区文化旅游产业扶贫是当前以及未来很长一段时期的主旋律，对武陵山区扶贫攻坚的贡献远远超过其他特色文化产业类型，但是当前该片区旅游开发还处于初级阶段，除湘西凤凰古城、洪安古商城等地区外，其他项目的经济效益和扶贫效益还比较粗放。据初步估计，武陵山区从事文化旅游相关行业的就业人数约20万人左右，通过旅游就业和创业带动脱贫的人数约10万人。综合而言，武陵山区文化旅游扶贫具有如下特征：一是武陵山区文化旅游产业扶贫整体绩效较好，但参差不齐。知名景点如张家界、凤凰古城等已经处于扶贫周期中的成熟期，武隆仙女山、新宁崀山等处于扶贫周期中的成长期，众多乡村文化旅游和古镇旅游还处于扶贫周期中的投入期。二是空间层面，湖南武陵山片区和湖北武陵山片区文化旅游扶贫效果较好，重庆武陵山片区和贵州武陵山片区文化旅游扶贫效果还不明显。三是转化层面，文化旅游资源的知名度与旅游开发的经济效益不匹配，多数国家级的文化资源仅仅停留在文化口碑和社会影响方面，没有转化为经济效益和扶贫业绩。四是潜力层面，武陵山区文化旅游产业扶贫整体上还远未达到成熟期和衰退期，目前已经处于加速发展阶段，是武陵山区扶贫攻坚的产业利器。

第二节 武陵山区特色演艺产业的扶贫绩效

演艺产业主要指演出创作、演出表演、产品销售、产品消费、经纪代理、演艺场地配套服务等构成的产业体系，其产品具体包括歌舞、戏剧、音乐、戏曲、杂技、曲艺等。武陵山区特色演艺产业是指以知名旅游景区为平台、以民族文化和地域文化为特色的上述产业形态。目前比较成功的特色演艺项目有湘西烟雨凤凰旅游演艺有限公司打造的"边城"，张家界市天门狐仙公司打造的"天门狐仙·新刘海砍樵"、重庆武隆区的"印象武隆"、湖北利川市腾龙洞剧场的"夷水丽川"、张家界魅力神歌文化集团打造的"张家界·魅力湘西""武陵魂·梯玛神歌"、天下凤凰传媒公司打造的烟雨张家界以及湘西烟雨凤凰旅游演艺有限公司打造的"烟雨凤凰"，如表5－4所示。

表5－4　　　　　　　武陵山区代表性特色演艺产业发展与扶贫效果

项目名称	公演时间	地点	收益情况	文化内涵	就业领域	扶贫效果
《边城》	2015.4	湘西凤凰	—	改编沈从文著作《边城》，重现湘西民俗	本土演员、餐饮、住宿、交通等从业人员	直接就业300多人，间接就业4000多人
《天门狐仙·新刘海砍樵》	2010.3	张家界天门山风景区	总收益约3亿元	民间故事"刘海砍樵"、歌曲、杂技等	本土演员、餐饮、住宿、交通等从业人员	解决直接就业600多人，间接就业8000多人
《印象武隆》	2012.4	武陵仙女山景区	总收益约2亿元	川江号子、民族歌舞、少女哭嫁等习俗	本土演员、餐饮、住宿、交通等从业人员	直接就业300多人，间接就业5000多人
《夷水丽川》	2005.9	利川腾龙洞景区	—	土家族的历史和民俗文化	本土演员、餐饮、住宿、交通等从业人员	直接就业120多人，拉动间接就业3000多人
《张家界·魅力湘西》	2013.3	张家界武陵源景区	2014年门票收入0.95亿元	土家、苗、白、瑶、侗民族民俗文化	本土演员、餐饮、住宿、交通等从业人员	直接就业100多人，拉动间接就业2000多人
《武陵魂·梯玛神歌》	2012.7	武陵源宝峰湖景区	—	土家族起源、演变、战争、生产生活	本土演员、餐饮、住宿、交通等从业人员	直接就业130多人，拉动间接就业2000多人
《烟雨张家界》	2011.4	张家界黄龙洞景区	2014年门票收入1亿元	民族风情歌舞剧，展现民族民俗文化	本土演员、餐饮、住宿、交通等从业人员	直接就业100多人，拉动间接就业3000多人
《烟雨凤凰》	2014.3	湘西凤凰景区	—	《边城》故事，湘西民俗文化	本土演员、餐饮、住宿、交通等从业人员	拉动直接和间接就业3000多人

资料来源：官方网站公布资料，以及笔者访谈调查情况统计，—表示资料缺乏。

　　实景演出《边城》改编自文学巨匠沈从文著作《边城》，总投资 1.8 亿元，由湘西烟雨凤凰旅游演艺有限公司历时数年打造而成，2015 年 4 月 1 日首次公演。剧情分身世、初萌、端午、灵犀、魂诉、渡缘六个篇章，时长约 75 分钟。整场演出围绕主人公"翠翠"的浪漫爱情故事徐徐展开，多功能的实景舞台、炫酷的声光电技术以及庞大的演出阵容，将主人公翠翠与爷爷、傩送、天保之间的边城故事演绎得淋漓尽致。剧中，演员们重现了许多已消失的湘西民俗，演出融入独特的民族舞蹈和音乐，生动再现了民国时期的湘西民俗、民歌和民情。据实地调查，该节目在群众演员、管理人员、保安等方面提供了数百人的就业岗位，在交通、住宿、餐饮、零售等方面拉动了数千人就业，产生较好的扶贫效应。在2010 年"国家文化旅游重点项目名录"评选活动中，全国首批 35 个文化旅游重点项目——旅游演出类名录，这里面就有张家界的《天门狐仙·新刘海砍樵》和《张家界·魅力湘西》两个项目。《天门狐仙·新刘海砍樵》还荣获首届中国国际文化旅游节"影响中国旅游文化演出类"唯一金奖。张家界丰富多彩的演艺节目被《人民日报》、中央电视台、《湖南日报》和湖南卫视等中央、省直主流媒体多次报道，成为来张家界旅游观光和休闲度假的中外游客必看节目。《天门狐仙·新刘海砍樵》选址在天门山风景区山门至天门山顶的整条峡谷，全长约 10千米，海拔高差达 1100 米。观众座席及主舞台总占地面积 19880 平方米，其中全景舞台 10000 平方米，观众席位 2798 个。剧目演出阵容强大。专业演员 216人聘自四川、广西、山东、北京等艺术院校和专业团体，业余演员 270 多人来自张家界旅游职业学校和景区附近的村民（白天耕作，晚上演出），与技术运作与艺术管理人员 50 多人共同组成了 530 多人的演出阵容。现场 530 多名演员在高科技的声、光、电、机械等舞美特效的烘托中，通过音乐、歌舞、魔术、杂技、影像等表演形式，凸显张家界本土民族特色，演绎出古老而又全新的爱情传奇。2011 年 5 月，中央政治局常委、全国政协主席贾庆林看完《天门狐仙·新刘海砍樵》后称，从来没有看过这样好的节目。同年 9 月，中央政治局常委李长春观看《天门狐仙·新刘海砍樵》后评价说，不愧是一台艺术精品[1]。《天门狐仙·新刘海砍樵》自 2009 年 9 月演出以来累计演出 1600 余场，游客接待量超过 220万人次，总投资达到 1.2 亿元，产值超过 3 亿元，群众演员和群众参与队伍达530 多人，拉动交通、住宿、餐饮、零售等行业就业 1 万余人次，产生了巨大的经济社会价值[2]。《印象武隆》由印象"铁三角"张艺谋任艺术顾问，王潮歌、

---

① 瞿孝军．天门狐仙·新刘海砍樵．文化与旅游的融合，http：//blog.sina.com.cn/s/blog_4b42a8ee01012ugp.html.

② 甘惠江．张家界天门狐仙荣获"国家文化产业示范基地"称号［EB/OL］.http：//www.zjjzx.cn/news/szyw/658685.html.

樊跃任总导演，100 多位特色演员现场真人真情献唱，以濒临消失的"号子"为主要内容，展现自然遗产地壮美的自然景观和巴蜀大地独特的风土人情。剧场选址在重庆市武隆区桃园大峡谷，距仙女山镇约 9 千米。峡谷呈"U"形，高低落差 180 米，远山神秘、近山雄奇、沟壑清幽。剧场的选择不仅保护了生态，也为演出提供了绝佳的表现空间。剧场共设计安装观众座位约 2700 个，舞台延伸至看台，看台又融入舞台，演员与观众零距离接触。2012 年 4 月 23 日公演以来，接待国内外游客 180 余万人，实现门票收入超过 2 亿元。该项目直接解决了当地民众就业 300 多人，间接带动 100 余农户发展农家乐和创业，实现 5000 余当地居民就业，促进乡村旅游接待游客 20 万人次，接待收入超过 2 亿元①。《夷水丽川》系湖北恩施利川腾龙洞景区排演的一档歌舞节目，旨在通过歌舞形式向游客展示土家族先民在大迁徙过程中的艰辛历程、与大自然搏斗的顽强精神以及土家族的风土人情，向游客展示肉连响、毛古斯、西兰卡普、哭嫁、女儿会、六口茶等经典土家文化。从 2005 年至今，《夷水丽川》共演出了 7000 多场，1000 多万名中外游客观看了该节目。带动群众演员、交通、餐饮、住宿、零售等就业 3000 多人。

　　总体而言，武陵山区特色演艺产业已经步入快速发展阶段，除表 5 - 4 中的项目之外，重庆酉阳桃花源景区的《梦幻桃源》大型实景演出于 2015 年 5 月 1 日公演，目前已经累计演出 70 多场，观众 6 万多次，市场前景看好。此外，洪安古商城、湘西凤凰古城等景区的小型演艺项目也展现了较好的发展潜力。根据现有资料估计，武陵山区特色演艺产业拉动直接和间接就业人数约 5 万人左右，涉及人群有本土演员、景区附近的交通、住宿、餐饮营业人员，② 其扶贫特征可以概括如下：一是特色演艺产业扶贫整体处于倒"U"形曲线中的成长期，扶贫效果处于较好状态；二是特色文化产业发展为贫困地区树立了文化自信和脱贫自信，但直接就业门槛较高，间接就业需要一定的资金投入，而且存在相对贫困增大的风险；三是精品的特色演艺产品必须借助知名旅游景点，而武陵山区国内外知名景点有限，因此该产业发展前景和空间受限，小型演艺产品创新不足，类型不多，扶贫的"广化"效果不足。

---

① 熊正贤. 特色文化产业扶贫的特征分析与绩效问题研究——以武陵山区为例 [J]. 云南民族大学学报（哲学社会科学版），2017（4）：108 - 111.

② 资料由笔者实地调研和深度访谈所得。

第三节 武陵山区特色工艺产业的扶贫绩效

民间工艺产业指通过手工劳动为主要生产方式，以民族特色和地区特色为标签的工艺产品的生产、加工、销售及相关仓储、物流、服务等行业的总称。武陵山区的民间工艺产业包括手工技艺、特色建筑、雕饰、刺绣、蜡染、编织、民间绘画、纸工艺等。这些工艺技术经过几千年的传承与积淀，已经成为武陵山片区的文化瑰宝，既是文化遗产，又是民间智慧，更是经济产业发展的资源宝藏，其代表性工艺技艺产业与扶贫效果如表5-5所示。

表5-5   武陵山区民间工艺产业与扶贫效果

基本类型	主要内容	资源开发方式	扶贫效果
手工技艺	苗族银饰锻制技艺、土家族织锦技艺、踏虎凿花、湘西苗族、土家族服饰、傩面具、水冲石砚、木刻、石雕、竹雕、凿花、香烛制作、乾州板鸭制作、湘西苗锦芭排、河溪香醋传统制作纸扎、苗画、苗族挑纱、孝堂竹纸扎、苗族织花带等	借助旅游景区和游客市场，以旅游商品方式销售；通过定制、订购等方式销往全国乃至世界各地	受益群体主要为民间艺人，由于技艺传承不畅，目前从业人数约2万人
锻造品与雕刻品	银饰耳柱、耳坠、项圈、项链、亚领、手镯、戒指等，牛角杯、牛角饰品等	借助旅游景区和游客市场，以旅游商品方式销售；通过定制、订购等方式销往全国乃至世界各地	受益人群主要为民间艺人，以及相关领域的销售人员，目前就业人数约5000人
特色建筑	土家族转角楼、吊脚楼、商埠木楼、苗族"籽蹬屋"、窨子屋、湘西木雕、凉亭风雨桥、石雕、水碾坊、榨油坊、苗寨标志物、小型的建筑附属设施等	作为旅游景区的组成部分，提升旅游目的地的知名度和影响力	无直接扶贫效果，间接促进地方旅游业发展
刺绣品	荷包、服装饰品、帕、带、其他日常用物	借助旅游景区和游客市场，以旅游商品方式销售；通过定制、订购等方式销往全国乃至世界各地	受益人群主要为民间艺人，产品销售人员，目前规模不大
纺织品	苗族纺织粗布等	小规模、个体户生产	没有形成规模，效果不明显
蜡染品	蜡染画、蜡染服饰品等	家庭作坊式生产为主	没有形成规模，效果不明显

基本类型	主要内容	资源开发方式	扶贫效果
编织品	木质编制品、竹篾编织品、草编织品等	农村家庭自给自足	没有形成规模，效果不明显
民族乐器	苗族铜鼓、木鼓、钵、竹唢呐、乐芦笙、皮鼓等	小规模生产	没有形成规模，效果不明显

资料来源：官方网站公布资料，以及笔者访谈调查情况统计，—表示资料缺乏。

武陵山区特色民间工艺产业种类较多，目前经济效益较好的不多。其中土家织锦初具规模，形成了企业规模化生产、民间小作坊式生产、企业与民间艺人契约合作生产的多元发展格局。土家织锦，是一种极古老珍奇的民间工艺织锦，土家语称"西兰卡普"。"西兰"即铺盖，"卡普"是花，汉语叫"土花铺盖"。土家织锦具有古老的原始性、特殊的民族性、浓郁的草根性（平民性）、濒危的稀世性和绝妙的美学特性。目前土家织锦作坊和企业主要集中在湘西和鄂西地区，仅湘西州龙山县就有 12 家织锦厂，懂土家织锦技艺的织工约 5000 余人①，直接从事生产的就业人员达 600 人，总产值达 8000 万元，员工工资在 2500～4000元/月之间。龙山土家织锦经过长期发展，现有传习所、织锦厂 30 余家，产品主要销售深圳、上海、北京等大中城市，有的产品已经走出国门，远销美国、马来西亚等地，总产值达到 3000 万元②。在产业扶贫方面，土家织锦产业起到了带头作用，如湘西土家织锦品牌"乖幺妹"依托张家界大旅游，推出了土家织锦研发、设计、生产与传承项目，目前拥有固定产业工人 300 余人，配备织机 300 余台，在永定区、武陵源区、桑植县、龙山县创建了生产基地。据品牌创始人丁世举介绍，近几年来，"乖幺妹"土家织锦形成了"创品牌、扩影响、闯市场"的创新发展思路和"公司＋基地＋农户＋市场"的发展模式，走出一条"文旅融合发展，产业带动扶贫"的特色路子。其中，武陵源区生产基地已列入重点产业扶贫项目，2017 年底为 1400 多户贫困户分红 154 万元，人均增收 1100 多元。不仅解决了剩余劳动力再就业问题，为贫困户增加了收入，也为产业扶贫项目探索出了一条路子③。

---

① 张卫华. 关于龙山县土家织锦产业发展的情况调查［R］. 2014 年湘西州政府工作通报第 38 期.

② 湘西州旅游港澳外事侨务局. 龙山县助推土家织锦产业转型升级［EB/OL］.［2015－11－25］. http：//www. hnt. gov. cn/xxgk_71423/gzdt/szdt/201511/t20151125_1992467. html.

③ 文旅融合发展　产业带动扶贫——张家界旅典文化有限公司扶贫纪实［N］. 湖南日报，2018－9－12，http：//zt. voc. com. cn/Topic/article/201809/20180912173337070100014. html.

此外，湘西凤凰和贵州黔东南地区的苗族银饰锻制技艺、手工蜡染技艺、苗族刺绣也逐步走向了产业开发阶段，在旅游景区、工艺品市场、网上商店都有苗族银饰产品、蜡染产品、刺绣产品的销售，但其市场规模还较少，带动直接就业的人数约在3000人左右。其他特色工艺产品如木质编制品、竹篾编织品、草编织品、苗族纺织粗布、纸扎、苗画、苗族挑纱等特色工艺产品还处于待开发阶段，有些属于自产自销，有些由于市场销路狭窄，生产规模很小。总体上，特色工艺产业扶贫具有以下几个特点：一是特色工艺产业扶贫整体处于扶贫周期中的投入期；二是市场瓶颈没有打开，武陵山区特色工艺产品市场停留在局部市场，产品没有形成全国性品牌，导致工匠艺人的收入没有明显超过外出务工收入，近几年工艺传承出现了危机，反馈到产业发展上，就出现了工艺产品创新不足，甚至千篇一律的情况；三是发展潜力方面，武陵山区特色工艺多数属于国家级非物质文化遗产，具有很高的社会知名度，在政府的资金、政策、信息等支持下，这些技艺具备了产业转化的物质条件和基础，扶贫惠民潜力巨大。

第六章

武陵山区特色文化产业扶贫
过程中存在的问题

特色文化产业是富民产业，但在精准扶贫的路上，需要克服贫困群体的自我发展能力不足、各利益相关者的利益纠纷、乡村社区在文化传承、生态保护方面的诉求与保障等问题。基于此，笔者以武陵地区特色文化产业代表性地区和乡村旅游景区为例，发出问卷调查 183 份，收回有效问卷 167 份，深度访谈 50 份，访问对象涉及社区居民、旅游公司管理者、政府官员、社区基层干部、消费者（或游客）五大群体。资料表明，特色文化产业的发展对极度贫困群体、社区传统文化以及生态环境均不同程度地存在"挤出"现象，在产业扶贫的过程中存在一定程度的理论和实践误区。

第一节　特色文化产业发展中的挤出现象

本质上讲，特色文化产业扶贫的效果取决于两个因素，一是产品开发红利的分配公平，二是开发中"挤出现象"的规避。开发红利更多留在社区、留在贫困居民的手中，扶贫效果就越好。

一、增收空间的"挤出"现象

以文化旅游中的文创项目为例，文创项目的扶贫效应主要体现在为贫困群体提供就业和创业机会。通常而言，文创项目由文创公司来实施，文创公司挂靠在特定的旅游景区内或附近。消费者文化体验所需的入场费以及吃住行等其他消费额度是本地群众就业创业机会的源泉。游客在景区的消费额包括两个部分：一是固定消费部分，包括门票以及与门票绑定的部分，或者旅行社固定的票价（几日游包吃住）；二是自发消费部分，即除固定消费外的自行消费。从游客的消费资金流向来讲，游客的固定消费资金主要流入旅游公司、景区内的其他文创公司以及旅行社等，极少流入本地社区居民手中。游客的自发消费所形成的消费资金会部分地流入本地社区居民手中，如小餐馆、小客栈、旅游小商品、土特产以及其他旅游服务（擦皮鞋、卖矿泉水、报纸等）。从旅游扶贫效果来看，固定消费部分对社区居民的扶贫效果甚微，不仅如此，固定消费挤用了游客的消费预算，占用了游客的停留时间，会导致自发消费部分减少，因此不利于精准扶贫。而自发消费部分越多，则会产生富民效应，积极促进景区旅游扶贫。基于这种逻辑，本书构建模型如图 6 - 1 和图 6 - 2 所示。

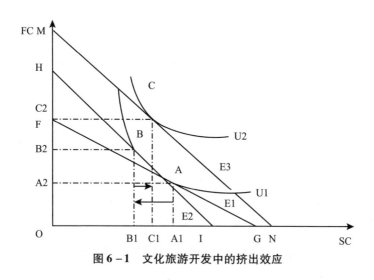

图 6 - 1　文化旅游开发中的挤出效应

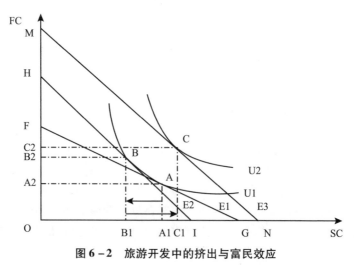

图 6 - 2　旅游开发中的挤出与富民效应

图 6-1 中的纵轴 FC 表示游客的固定消费部分，横轴 SC 表示自主消费部分，短时间内，游客的总消费金额相对稳定。E1（FG 线）、E2（HI 线）、E3（MN 线）都是游客消费金额预算线，离原点越远，说明游客总消费金额越高。U1、U2 表示景区开发的综合经济效益，离原点越远，说明景区的综合经济效益越好。

景区开发的初始状态，游客消费金额预算线 E1 与综合经济效益曲线 U1 相切于 A 点，此时游客的固定消费金额为 OA2，自发消费金额为 OA1。旅游公司为了获取更多收益，往往会调整旅游产品结构，提高游客固定消费金额比重，控制游客自发消费比重，如绑定旅游景点提高门票或者导游指定公司服务游客的吃、住、行、游、购、娱的一站式服务，此时，游客消费金额预算线由 E1 调整为 E2，游客固定消费金额上升为 B2，自发消费部分下降为 B1，公司严重挤出社区居民。与此同时，在旅游开发过程中，假设地方政府和旅游公司通过宣传策划、文化创意等手段促使景区升级，游客量增加，此时游客总消费金额上升至 E3。此时，如果旅游公司为了获取游客量增加带来的红利，设计旅行社—宾馆—餐馆—购物消费链绑定消费，或者通过门票绑定消费项目等方式提高固定消费金额，景区综合效益曲线往右边移动至 U2，与综合经济效益曲线相切于 C 点，此时固定消费总金额部分上升至 C2，自发消费部分移至 C1，结果是旅游公司获取了大量利润，而自发消费金额略有上升，从 B1 增加至 C1，相比于初始点 A，社区居民就业创业机会不升反降，A1C1 段距离为公司对社区居民的挤出效应，不利于精准扶贫。

从 A 点至 B 点，再到 C 点的过程中，有两个群体的就业创业机会和增收愿望会最先被挤出，一是资源禀赋的弱者被挤出。通常旅游景区开发的红利辐射是呈现"点"状和"线"状分布，离核心景区、马路、河流的距离越近，资产（土地、建筑物等）收益就越多，就业创业机会也越多。二是技能的弱者被挤出。身体素质较差、经商缺乏头脑、缺乏其他技能的居民容易被挤出。因此，在图 6-1 的发展模式中，特色文化产业扶贫变得相当困难，尤其是对精准扶贫几乎没有多少价值。

另一种情况，A 点至 B 点的情况与图 6-1 相同，不同的是从 B 点至 C 点的变化可能会由于以下情况而发生：一是景区打造升级非常成功，形成区域特色和全国知名度，游客量暴增，络绎不绝，从而形成了固定消费部分和自发消费部分都大幅度提高的情况；二是在景区开发升级的过程中，旅游公司在和地方政府及社区居民的博弈过程中做出妥协，让利于民。如图 6-2 所示，景区开发升级之后，游客消费金额预算线与综合经济效益线相切于 C 点，固定消费部分为 C2，自发消费部分为 C1，相比于 B 点，固定消费部分略有增加，而自发消费部分大幅度增加，相比 A 点，固定消费部分和自发消费部分都有增加，形成富民效应，有利于社区居民脱贫。

武陵山区文化旅游扶贫存在较为明显的"挤出"现象，问卷调查和深度访谈资料表明，在被访问的四个群体中，个体经营户对旅游扶贫的认可度最高，有

63%的访问对象认为旅游开发之后收入有明显提高。外出务工人员和景区就业人员认可度一般，而景区拆迁户满意度最低，有58%的居民认为政府的拆迁款太少，不能弥补自己的损失，甚至有19%的访问对象认为政府和企业勾结，恶意拆迁，政府的承诺和公司拆迁款至今没有完全到位。调查中发现，景区居民与旅游公司存在严峻的竞争关系，×××苗寨一位当地村民反映，村里的用水问题异常严峻，原来的水井被占用，公司答应村民的自来水问题迟迟得不到解决，目前只能自己从小溪中挑水用。该景区多数居民认为政府不作为或乱作为，旅游公司与村民争利非常激烈，景区开发初期，村民经营的客栈和餐馆还能接待一些游客，但最近几年来，公司通过绑定和导游带领的方式，直接将游客带到公司开设的客栈和餐馆消费，居民小客栈和小餐馆已经难以为继，无法生存下去了。此外，也有一些景区村民的满意度很高，认为旅游开发之后，村里富裕多了，如在×××古镇调查中发现，几乎家家户户都参与到旅游餐饮、住宿、旅游小商品销售等行业中去了，被问到"政府和旅游公司有没有禁止或限制你们经营"时，村民自豪地回答："这是我们的土地，我们的山林，我们村每家每户都可以到景区里做生意，不用交一分钱，我们是这里的主人。"如表6-1所示。

表6-1　　　　　　　　　武陵山区乡村旅游扶贫情况调查表

调查对象	人数	旅游开发之后，收入和生活水平是否明显提高？	旅游开发之后，生计方式有无显著变化？	当地政府和旅游公司有无返利于民的具体举措？	旅游开发之后对村民造成哪些不利影响？
个体经营户：从事餐饮、住宿、旅游小商品经营	67	63%的访问对象认为收入水平有较大提高；21%的访问对象认为略有提高；16%的访问对象认为没什么影响	72%的访问对象认为旅游开发带来了就业创业机会；23%的对象认为外出务工仍然是主要生计；5%的对象认为没有变化	在调查的12处景区中，其中3处有公司的生态保护资金返回当地群众，其中1处有公司的房屋维修款返回居民，但额度都不大，人均每年每人不到3000元。公司直接招聘本地的员工主要是清洁工、保安等岗位，工资在1000～2000元之间	45%的访问对象认为游客素质不高，留下大量垃圾，造成了环境污染；37%的居民认为公司占用村里的山林和土地，但补偿不足，土地失去之后，自己变得更穷了；47%的访问对象认为原来的邻里关系变淡薄了，传统的习俗节日和庆祝活动也少了
景区拆迁户：房屋被政府和旅游公司征用，用于停车场建设和景点项目	32	58%的访问对象认为拆迁款太少，难以弥补自己的损失；23%的访问对象认为拆迁款能暂时改善经济条件；19%的访问对象认为政府和企业勾结，恶意拆迁，政府的承诺和公司拆迁款至今没有完全到位	62%的访问对象认为房屋拆迁后，生计被迫改变，只能就近做点小生意维持生计；30%的访问对象认为房屋拆迁后只能外出务工；8%的访问对象认为房屋拆迁之后生计困难，政府和企业不理不睬		

续表

调查对象	人数	旅游开发之后，收入和生活水平是否明显提高？	旅游开发之后，生计方式有无显著变化？	当地政府和旅游公司有无返利于民的具体举措？	旅游开发之后对村民造成哪些不利影响？
外出务工人员：常年在广东、上海、福建等地打工，春节回家	67	85%的访问对象认为旅游开发对家庭收入影响不大，主要还是靠务工增加收入；15%的访问对象认为旅游开发促进了收入增加，并有返乡创业的想法	76%的访问对象认为将来一段时间将继续外出务工；17%的访问对象将亦工亦农；7%的访问对象打算返乡就业和创业		
景区就业人员：在旅游公司从事保安、清洁工、群众演员等工作	23	46%的访问对象认为就近就业的收入没有外出务工收入高，但可以兼顾老人小孩；54%的访问对象认为收入虽然不高，但是比较稳定，而且不用出远门	37%的访问对象认为在旅游公司上班能学到新知识和新见识；46%的访问对象认为自己的收入和岗位比较低微；13%的访问对象认为在公司上班比种地强，其他人表示无差别		

资料来源：根据调查资料整理。

　　由此可见，武陵地区文化旅游扶贫效果参差不齐，形式复杂多样。整体观察而言，旅游开发的红利主要流入了旅游公司，村民的增收空间遭到了"挤出"。漏出的红利部分又主要进入了精明能干的个体户手中（包括外来的商户）。而真正的贫困群体，或者由于缺乏生存技能，或者由于缺乏经商头脑，或者由于"没有关系"等原因，难以从中获利。在调查走访中发现，即使是清洁工和保安等低级岗位的招聘，一般也会提出年龄、无疾病、初中以上学历等要求，而极度贫困群体显然成了"弱者"，难以达到要求，因此"致富有余，扶贫不足，弱者被挤出"的尴尬局面仍然存在。

二、生态空间的"挤出"现象

　　特色文化产业的开发对当地生态空间的挤出会间接影响扶贫效果。一是区域整体扶贫角度。文化资源的开发以及文化产业的发展相对于工业经济而言，其对环境的破坏作用要少一些，但特色文化产业所需的硬件设施建设、项目施工等也会引起当地生态环境的破坏（尤其是文化旅游项目），生态环境的破坏反过来会导致文化旅游资源减少甚至消失，从而导致文化旅游丧失生命力，可持续发展受到挑战。如广西巴马长寿村因为空气中含高负氧离子，良好的自然环境和适宜的气候，被评为世界长寿之乡，2012 年当地百岁老人超过 80 人，近年来，每年上百万游客涌入巴马，尤其是各地的疑难杂症病人趋之若鹜，目前巴马已经成了名副其实的"癌症村"和"糖尿病村"。随着游客数量的大幅度增加，当地的生态环境被破坏，当地居民的生态空间被严重挤出。2014 年，当年长寿村申报的助推者国际自然医学会会长森下敬一先生叹息"再也不想去了"①。二是精准扶贫角度。随着特色文化产业项目的实施，各种体验、购物、消费、游客数量将会快速增加，果皮、纸屑、垃圾袋、塑料盒、建筑废料、扔弃的食品等垃圾大幅度增加，部分垃圾不可降解，将成为永久性的污染源，对当地居民产生永久性危害，从而增加因病致贫的风险和概率。

根据环境库兹涅茨曲线理论，当一个地区经济开发水平较低的时候，环境破坏较少，污染较轻。但随着经济发展水平的提高，环境破坏将会显著增加，随着特色文化产业经济的进一步发展，居民收入上升到一定高度，越过某个临界点以后，景区的环境污染将趋于下降，环境质量将不断改善。因此，文化产业开发对环境的影响会遵循倒"U"形库兹涅茨曲线的普遍规律，如图 6-3 所示。第一个图表明临界点过后会迅速缓解环境破坏，乡村生态环境将逐步好转，第二个图表明临界点区间较长，特色文化产业所在地区环境将持续很长一段时间处在恶劣的状态。据新闻报道，祁连山由于旅游过度开发、违规开矿、水电设施违建、偷排偷放等原因，生态环境遭严重破坏，专家称祁连山经历了近 40 年的开发性破坏，短时间难以得到修复②，其中旅游设施（娱乐场所、餐饮、住宿）占用土地，植被破坏以及游客的不良嗜好造成刻画、践踏、损伤、采摘等是主要原因之一。按照自然规律，环境有一定的自我修复功能，但修复过程是漫长的，更多的情况下，环境的保护与修复需要人为的力量。因此，处理好"金山银山"和"绿水青山"的关系是特色文化产业发展不容忽视的重要环节，特色文化产业扶贫不能仅仅从当前利益着想，要为子孙后代留下空间，产业扶贫不能仅仅从经济利益角度着想，要全方位考虑贫困群体的幸福指数。

---

① 李记.《再也不想去巴马》的教训［N］. 福建日报，2014-4-11，http：//news. 163. com/14/0411/09/9PHSG18C00014AED. html.

② 周群峰. 祁连山生态遭破坏已有半个世纪 上百人被问责［EB/OL］.［2017-8-8］. http://news. 163. com/17/0808/20/CRBI8AMN0001875N. html.

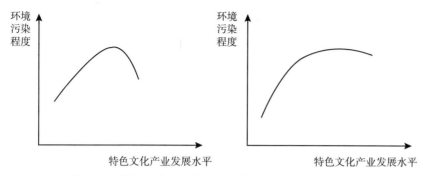

图6-3　特色文化产业发展对环境影响的库兹涅茨曲线

近年来，武陵山区一些地方文化产业项目投入大，周期短，项目多，一个接一个，从立项到建成，有的不到1年，长不过3年，可谓热火朝天，但欲速则不达，部分地区放松了生态环境方面的约束，仍然存在不少隐患。深度访谈和问卷调查表明，在回答"旅游开发之后，是否感觉环境变好了？"时，本土居民65%的人认为开发之后，本地的水质变差了，树林植被有不同程度的破坏；22%的人认为生活环境更好、更方便了，社区内地面环境有所改善；13%的人认为没有明显变化。在公司管理人员访问群体中，86%的人认为旅游开发之后，街道、社区、建筑物等环境变得更好了；14%的人认为没有明显变化。在政府基层干部群体中，73%的人认为环境变好了；12%的人认为项目开发对山水河流、动植物的原生态有一定破坏；15%的人认为没有明显变化。在回答"旅游公司对改善当地的生态环境做了哪些工作？"时，本土居民中82%的人认为公司只关心与销售和游客相关的卫生和环境，不关心本地居民的山水和植被环境；18%的人认为公司请清洁工打扫卫生改善了社区的环境。公司员工中84%的人认为公司对环境很重视，有固定的清洁工打扫卫生，对社区内的河道、山林治理也设计了环保资金；16%的人认为开发前后，生态环境没有明显变化。78%的人认为政府非常重视社区内的生态环境，在监督公司环保问题方面比较到位；22%的人认为多数环境问题是游客和消费者带来的，在治理方面，公司安排了专项资金。在回答"政府对改善当地的生态环境做了哪些工作？"时，本土居民中67%的人认为政府和公司是一条心，只关心项目的成效，对社区的环境治理"雷声大，雨点小"；33%的人认为政府的环保资金很有限，不够用。公司人员中76%的人认为政府对当地的环境问题是非常重视的，经常性地调研检查，也有专项资金治理环境；24%的人认为政府重视不够。在基层政府人员中，86%的人认为政府在项目签订、环境治理资金、清洁工安排等方面做了大量工作；14%的人认为旅游旺季时，环境压力比较大，但政府一直在努力改进，如表6-2所示。

表 6 - 2 武陵山区乡村旅游开发中的生态环境变化情况调查表

调查对象	人数	旅游开发之后，是否感觉环境变好了？	旅游公司对改善当地的生态环境做了哪些工作？	政府对改善当地的生态环境做了哪些工作？
本土居民	56	65%的人认为旅游开发之后，本地的水质变差了，树林植被有破坏，但景区内地面环境还是不错；22%的人认为生活环境更好、更方便了；13%的人认为没有明显变化	82%的人认为旅游公司只关心与景点和门票相关的地方的卫生和环境，不关心本地居民的山水和植被环境；18%的人认为旅游公司请清洁工打扫卫生改善了社区的环境	67%的人认为政府和旅游公司是一条心，只关心旅游项目上马，对社区的环境治理"雷声大，雨点小"；33%的人认为政府的环保资金很有限，不够用
旅游公司员工和管理人员	14	86%的人认为旅游开发之后，街道、景点、建筑物等环境变得更好了；14%的人认为没有明显变化	84%的人认为旅游公司对环境比较重视，有固定的清洁工打扫卫生，对景区内的河道、山林治理也设计了环保资金；16%的人认为开发前后，生态环境没有明显变化	76%的人认为政府对当地的环境问题是非常重视的，经常性地调研检查，也有专项资金治理环境；24%的认为政府重视不够
基层政府人员	15	73%的人认为环境变好了；12%的人认为旅游开发对山水河流、动植物的原生态有一定破坏；15%的人认为没有明显变化	78%的人认为政府非常重视旅游景区内的生态环境，在监督旅游公司环保问题比较到位；22%的人认为多数环境问题是游客带来的，在治理方面，公司安排了专项资金	86%的人认为政府在项目签订、环境治理资金、清洁工安排等方面做了大量工作；14%的人认为旅游旺季时，环境压力较大，但政府肯定会不断改进

资料来源：根据调查资料整理。

　　笔者在走访中发现，乡村旅游景区开发越好的地方，建筑密度越大，同时刻画破坏、植被破坏也越多，垃圾纸屑等废弃物也多，本地居民的抱怨也越多。在环境问题上，本地居民与旅游公司的意见不一致，如×××古镇、×××苗寨等地区，旅游公司都安排了 20 万~50 万元不等的专项资金用于环境保护和治理，但村民们不领情，认为自己的山林被占了，被破坏了，不能种植生产了，专项资金杯水车薪，根本就弥补不了损失。

　　综合而言，武陵地区文化旅游开发中的环境治理问题，由于缺乏规范的标准，合理的保护治理机制，各地情况复杂多样。多地的环境保护与治理问题由政府、旅游公司和村委协商决定。而在实际运行过程中，违规修建，违规排放时有发生，此外，游客的破坏和垃圾丢弃也是另一个污染源，在所调查的景区之中，河流、山体、植被有不同程度的破坏，青山绿水被部分挤出。

三、文化空间的"挤出"现象

文化涵化理论认为由于与异质文化的经常性接触，原生文化形式会产生变迁。游客旅游过程，创造了外界文化与旅游景区居民交流接触的机会，这种接触对旅游景区的文化影响是非常明显的。从外部文化来看，随着旅游目的地知名度的提高和宣传力度的加强，游客的文化圈变得越来越大，文化类型越来越多元化，景区成熟之后，全国各地游客，甚至世界各地游客都将进入旅游目的地接触和影响本土文化。从文化内部来看，随着旅游开发的推进，原有的"居住社区"演变成"旅游社区"，原有的"熟人社会圈"变成了"半生半熟社会圈"，原有本土文化的环境与空间都会发生变化，伴随着旅游开发的需要，部分原生态文化甚至发生基因变异。从外部文化与内部文化的接触和融合来看，外来文化代表着现代文化和都市文化，游客作为该文化的载体，对本土文化产生深刻影响，逐步挤出原生态文化。如图6-4所示，第一个图表明在景区开发初期，本土文化的边界是明显可见的，外来文化与本土文化的接触并没有深入本土文化圈的内部。但随着旅游经济发展的深入，外来文化将逐渐融入本土文化之中，本土文化圈逐渐缩小，边界消失，内容减少甚至消失。

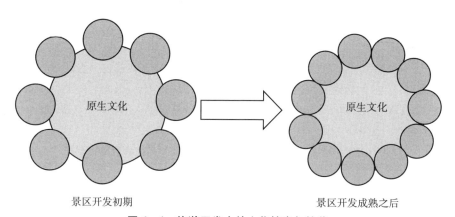

原生文化　　　　　　　　　　　　　　　　　　原生文化

景区开发初期　　　　　　　　　　　　　　　　景区开发成熟之后

图6-4　旅游开发中的文化挤出与扶贫

归纳起来，旅游目的地文化空间"被挤出"的具体表现形式有三种：一是原生态文化逐步消失，文化圈缩小，取而代之的是本土文化的变迁和现代化倾向；二是原生态文化基因变异，取而代之的是文化造假、造势、造谣；三是原生态文化的粗俗化，取而代之的是文化资源开发的庸俗化、低俗化和媚俗化。这三种情况对旅游扶贫存在以下几种影响：一是地域特色文化逐步消失，文化势能消散，文化资源开发泛滥，景区的吸引力逐步下降，旅游开发失去生命力，旅游扶贫不可持续；二是淳朴的本土文化被现代商业文化所替代，互助互帮的邻里意识被市场化意识所代替，村民之间贫富差距拉大，相对贫困问题越发严重。

在武陵山区特色文化资源开发与产业发展的实践过程中，出现了文化变异，乡愁被挤出的现象。调查中发现，武陵地区90%以上的民族村寨和村落都提出了乡村旅游或文化产业项目计划，干部、群众基本都有文化资源开发意识，但在文化资源开发与保护的关系上，仍然还存在不少误区。调查发现，本地留守居民对本土文化更为热衷，在回答"你对本地的典型习俗和文化还记得吗？是否还喜欢？"时，65%的人认为本地的习俗文化还记得，但是现在很多习俗已经被现代城市里流行的东西代替了；35%的人表示传统的文化是老祖宗留下的东西，要恢复。在回答"旅游开发之后对本地传统文化有何影响？"时，61%的本土居民认为，旅游公司进来之后，本地文化变味了，不是原来的感觉了；32%的认为本地文化是一笔财富，但不应该用来开发买卖。在回答"是否赞同旅游公司对本地文化的开发利用？"时，52%的本地居民表示赞同；10%表示无所谓；38%的人表示不赞同。本地外出务工人员持相对开放的态度，43%的人表示本地的文化习俗基本上忘记了，但听老一辈的人说起过；52%的人表示现在都为了赚钱，本地的传统文化也谈不上喜不喜欢。46%的人认为旅游开发之后对本地传统文化的影响不大；34%的人认为旅游开发影响了本地传统文化的传承；20%的人认为旅游开发有利于本地文化的传承。78%的人表示赞同现有的文化资源开发方式；20%的人表示无所谓，2%的人表示不赞同。外来务工人员中有62%的人表示本地的传统文化基本没看到过，54%的人表示希望能看一看本地的特色文化。76%的人表示旅游开发有利于本地文化的传承；24%的认为旅游开发扭曲了本地文化原来的面貌，如表6-3所示。

表6-3　　武陵山区乡村文化旅游项目开发中的文化传承与变异情况调查表

调查对象	人数	你对本地的典型习俗和文化还记得吗？是否还喜欢？	旅游开发之后对本地传统文化有何影响？	是否赞同旅游公司对本地文化的开发利用？
本土留守居民	32	65%的人认为本地的习俗文化还记得，但是现在很多习俗已经被现代城市里流行的东西代替了；35%的人表示传统的文化是老祖宗留下的东西，要恢复	61%的人认为，旅游公司进来之后，本地文化变味了，不是原来的感觉了；32%的认为本地文化是一笔财富，但不应该用来卖钱	52%的人表示赞同，10%表示无所谓；38%的人表示不赞同

续表

调查对象	人数	你对本地的典型习俗和文化还记得吗？是否还喜欢？	旅游开发之后对本地传统文化有何影响？	是否赞同旅游公司对本地文化的开发利用？
外出务工人员	45	43%的人表示本地的文化习俗基本上忘记了，但听老一辈的人说起过；52%的人表示现在都为了赚钱，本地的传统文化也谈不上喜不喜欢	46%的人认为表示影响不大；34%的人认为旅游开发影响了本地传统文化的传承；20%的人认为旅游开发有利于本地文化的传承	78%的人表示赞同；20%的人表示无所谓；2%的人表示不赞同
外来务工人员	21	62%的人表示本地的传统文化基本没看到过；54%的人表示希望能看一看本地的特色文化	76%的人表示有利于本地文化的传承；24%的人认为旅游开发扭曲了本地文化原来的面貌	81%表示赞同；12%的人表示无所谓；7%的人表示不赞同

注：根据调查资料整理。

　　此外，在调查中发现，多数地区的传统文化面临消失的危机，传承困难，如×××苗寨的歌鼟是本土特色文化节目，也是国家级非物质文化遗产，但苗寨内能够表演歌鼟的人很少，接近失传。每遇到大型活动或节庆表演时，表演队伍很难找齐，有时候把附近几个村庄都发动起来都难以完成任务。部分地区的传统文化与现代文化混杂在一起，不伦不类。如×××侗寨，政府修建的文化设施比较齐全，场地宽敞，但村民们并不习惯于在空旷的文化广场上跳民族舞、唱民族歌曲。白天男人们在鼓楼里休闲打牌、下棋，晚上，妇女们聚集在一起跳坝坝舞，音乐是现代流行的广场舞音乐，传统的民族歌舞消失得无影无踪。被问到"为什么不去文化广场跳？""为什么不跳自己民族的舞蹈？"村民回答说："文化广场也喜欢，但不自然啊！如果有旅游团观看时，我们就会去广场上跳民族舞。"在×××古镇调查时发现，土家族是该古镇的主体少数民族，但极少有人穿土家族服饰，村民基本都穿现代服装，被问到"你们为什么不穿自己民族的服饰呢？""平时不穿了，只有重要节日的时候才穿啰"。

　　综上所述，武陵地区的乡村旅游开发虽然重视对传统地域文化的挖掘和开发，但是这种挖掘都带有"趋利性"和"功利性"，有的甚至扭曲了本土文化的内涵，仅仅抓住一些外在的形式，由此导致了文化传承的失序和基因变异，尤其是在大量年轻人外出以及游客进入之后，传统的乡土气息已经荡然无存，现代都市文化和商业文化已经在乡村地区生根发芽，乡愁的记忆被悄然挤出。

第二节　特色文化产业扶贫的误区

产业扶贫成效并不取决于物质输送和政策支持的绝对数量大小，从经济规律来讲，产业成效取决于市场需求；从扶贫成效来讲，取决于能否激发群众的生产激情和培养贫困群体的自我发展能力。产业扶贫能否成功有三个必备条件：一是要有"门槛值"以上的资本金，并允许有试错机会，这类似于"水泵"原理，要想抽水灌溉，首先要将引水泵灌到一定高度，才能发动机器实现抽水；二是要有充足的人力资源储备，尤其是要有既懂业务，又擅长经营管理的真正创业精英人才，同时又务必使贫困群体通过培训成为一群合格的生产者，两者缺一不可；三是要有合适的，具有持续生命力的项目选择。但从武陵地区的调查来看，存在以下几个误区。

一、重视物资输送的产业扶贫，忽视精神食粮的励志制度

当前，武陵山区脱贫攻坚正如火如荼地展开，贫困人口大幅减少，贫困地区群众的物质生活得到明显改善，取得了一系列可喜的成绩。但与此同时，"精神扶贫"的紧迫性也逐渐凸显出来：有的群众脱贫主动性不足，对政策依赖性太强，"等靠要"思想严重，生产积极性严重不足。如武陵山区某贫困村，A 户一家 4 口，子女读书，户主外出打工，每年能赚 1 万元左右的纯收入回家，户主的妻子在家从事农业生产，家庭总收入能达到 1.5 万元左右，人均约 3600 元，超过了贫困线，因此村上并未将其划定为贫困户。B 户同样一家 4 口，子女初中后辍学，户主整天打牌喝酒，游手好闲，房屋破烂不堪，家庭年均收入不到 1 万元，低于贫困线，最后被划定为贫困户。调查中发现，A 户家庭对扶贫政策意见很大，认为很不公平，甚至影响了户主的生产积极性。而 B 户家庭则不以为然，坐等政府来送钱、米、油等扶贫物质，一有不如意，还多方打听，向外来工作组反映情况。有的地方，基层干部对贫困群众思想状况关注不多，造成群众缺乏脱贫励志，信仰空虚，失去了自力更生的信心，如调查中发现，年龄在 50 岁以上的无一技之长的贫困户，80% 的人自我放弃，得过且过，认为这辈子就这样了，再折腾也做不了什么事情了；有些地方存在着投机倒把者和唯利是图的企业家摸准扶贫政策和扶贫资金去向，搞官商勾结，设计虚假扶贫项目和"僵尸"项目，将一些不具备申请扶贫贷款贴息资金条件的公司项目，通过造假的手段，骗取扶贫贷款贴息资金的现象；有些地方存在基层政府在扶贫实施过程中的权力过大，

恣意妄为，在贫困户选择、扶贫项目选定过程中，照顾自己亲戚朋友，或者寻租的现象。如某县扶贫办主任利用职务上的便利，先后为多家企业在申请扶贫项目资金过程中给予"关照"，从中获取"好处费"。此外，有些职能部门以"工作经费"的名义违规向获得扶贫贷款贴息的企业、产业扶持发展项目实施单位和个人收取资金，纳入小金库管理使用，并与班子成员及个别中层干部进行私分。[①]

种种情况表明，纯粹物资输送式的产业扶贫方式会导致"寻租"行为，虚假的扶贫企业会进来；雷声大、雨点小的"僵尸"项目会进来；玩物丧志而利欲熏心的贫困户会进来；贪恋滋生的扶贫干部也会卷进来。因此，从长远来看，产业扶贫也需要既讲效率，又讲公平，尤其要重视贫困群体的精神面貌，从脱贫立志抓起。

二、重视自上而下的政府主导，忽视自下而上的产业选择

长期以来，政府主导、社会参与、自力更生是武陵山区多数贫困地区开展产业扶贫的基本顺序，政府在产业扶贫过程中起着至关重要的作用。选择什么样的产业，选择怎么样的规模，采用什么样的技术和方式都由政府来决策。但是市场经济是顾客经济，消费者选择有其自身规律，市场起着主导性作用。在调查中发现，有些地方政府针对贫困地区采用"一村一品"的产业扶贫战略，免费给贫困户提供培训、生产工具等生产要素，推动产业扶贫项目扩规模、上产量。由于贫困群体素质较低，产品品质不高，或者市场销量过于狭窄导致滞销，或者由于其他技术问题，最终产业扶贫项目成了昙花一现，浪费了大量宝贵的扶贫资源。如武陵山区某乡镇为提高农民技能，推出培训计划，不但不收费，而且还免费午餐和补助。政策的初衷很好，但武陵山区是留守现象严重地区，一些老人儿童留守在家，年轻的青壮年都外出打工，留守的老人和儿童接受培训的主动性不强。能够参与到培训的人员只是少部分，或者是因为琐事而缺席培训，课程培训不能够引发学生主动学习的积极性，一些人也是为了赚中餐和补助，应付参与到培训的队伍中来，却没有学到实质性的知识，新技术并没有渗透到实践中去，结果，政府资金打了水漂。目前武陵山区乡村旅游项目、民族民间工艺和文化旅游项目如雨后春笋般涌现，但是资金渠道主要依靠政府，民间融资和社会资本比例较少。如武陵山区某县启动了一项乡村综合旅游项目，总投资 600 多亿元，绝大多数由政府投资，经过不到 2 年时间就建设完成，项目包括旅游休闲度假、演艺创意、

---

① 玉纪. 贵州玉屏扶贫办腐败窝案：主任视项目为发财路，下属有样学样 [N]. 中国纪检监察报，2017 - 6 - 4.

教育医疗、农业观光、小孩娱乐、老人养老等一应俱全。这些项目基本上由政府主导，投资主要来自中央或地方政府财政，但能否实现预期效果仍有待检验，以武陵山区旅游经济效益最好的地区张家界为参照物，2015 年，张家界旅游税收总收入不到 7 亿元，而一个 600 亿元的项目即使能达到张家界同样的经济效益和火热程度，也需要 80 多年才能收回成本。由此可见，该项目的市场风险是极大的。产业发展规律要求市场应发挥配置资源的主导性作用。自下而上的产业选择，以消费者需求为导向的供给侧改革应成为一种常规性的决策机制。忽略这一点，产业扶贫容易陷入"拍脑袋"出项目，"拍胸脯"做保证，"拍屁股"走人的误区。

三、重视特色文化资源的宣传，忽视特色文化产业的发展

武陵山区不同地区之间的自然禀赋、文化资源、生活习惯和社会风俗的差异不小。正所谓"十里不同风，百里不同俗，千里不同情。"虽然很多地区都拥有具备一定区域特点和民族特色的文化资源，但仅拥有特色文化资源并不代表能够发展好特色文化产业。第一，特色文化资源之"特"往往是相对的。一个地区的特色文化资源往往在较大的范围内是具有特色的，但在相对较小的范围内也许会缺乏特色甚至毫无特色。据不完全统计，武陵山区有侗族自治乡有 38 个，土家族自治乡 54 个，苗族自治乡 49 个，[①] 毫无疑问，这些少数民族自治乡的民族文化具有特色，但那是针对其他民族和武陵山区之外的地区而言的，针对这些地区之间而言，其文化同源、习俗同根、毫无特色而言。这意味着，对于区域文化资源的特色性需要辨证看待。第二，特色文化资源优势并不意味着特色文化产业优势。在文化资源的产业化过程中，还有许多不容易迈过去的"坎"。例如，一些地区拥有不少具有区域特点和民族特色的文化资源，但生产组织形式落后、配套服务体系缺乏、关键产业链条缺失等因素，都极大地制约着文化资源的产业化之路。从木桶原理来讲，特色文化资源是武陵山区产业发展要素的"长板"，而决定文化产业发展成效的要素是"资本""管理"等短板。第三，武陵地区某些特色文化资源不具有产业化价值和前景。调查中，常常遇到一些朋友兴高采烈地介绍某地区具有区域特点的文化资源，并满怀期待地憧憬其产业化之路。问题是，不少区域性的特色文化资源往往缺乏大众性和时代感，并不具有产业开发价值。在特色文化产业发展过程中，必须分清文化资源的"大特色"和"小特点"，厘

---

① 资料来自国务院扶贫办、国家发展改革委印发的《武陵山片区区域发展与扶贫攻坚规划（2011～2020 年）》。

清制约特色文化产业发展的主要约束条件，认清具有产业开发和市场前景的文化资源同仅具有保护和传承意义的文化遗产之间的界线。

由此可见，特色文化资源并不等于特色文化产业，不论是宣传，还是产业发展，需要厘清文化资源开发的秩序，定位好产品开发的消费群体，瞄准好产品销售的区域界线。

四、重视域外企业的招商引资，忽视土生土长的业态培育

从理论上讲，在特色文化产业发展过程中，文化龙头企业和文化骨干企业在创意研发、渠道建设、品牌培育和市场推广等方面都发挥着带动区域特色文化产业发展的重要引领作用。因此，政府相关部门也从财税金融扶持，强化人才支撑，建立重点项目库和完善交流合作机制等多个方面给予了政策上的大力支持。问题是，武陵山区很多文化资源丰富的经济欠发达地区，缺的正是特色文化产业发展主体。尽管引进外地的文化龙头企业和文化骨干企业不失为一条跨越式发展的重要途径，然而，包括文化类个体创业者、经营者和工作室，以及小微文化企业在内的土生土长的小微文化主体更是特色文化产业发展的主力。从经验来看，盲目引入外来投资的风险不小，效果也未必佳。例如，某地为大力发展特色文化产业，从文化产业规划上就强调大手笔，给出优厚的土地和税收政策招商，但引来的却是空手套白狼的骗子，该公司不仅利用当地政府的招商政策低价获得大量土地资源，而且利用该特色文化产业项目的政府背书效应进行非法集资。结果，既在拆迁过程中出现一系列矛盾和冲突，又因非法集资给当地政府留下一个烂摊子。事实上，第一，与外来的文化龙头企业和文化骨干企业相比，本土小微文化主体的"在地优势"明显，对本土文化资源的认识远比外来企业全面和深刻。第二，与外来的文化龙头企业和文化骨干企业相比，本土小微文化主体的"事业"不是一个简单的项目，而是生存和发展的全部内容，在产业扶贫方面具有广阔的潜力和群众基础。第三，与外来的文化龙头企业和文化骨干企业相比，文化类个体创业者、经营者和工作室本身就是微观文化品牌，不仅是区域文化品牌的有力支撑，而且很可能发展为区域龙头品牌。因此，特色文化产业的发展必须激发本土小微文化主体的内生动力和创新活力，充分发挥市场机制的作用，促使小微文化主体通过公平竞争和优胜劣汰提高整体发展水平，走"专、精、特、新"和与大企业协调配套发展之路①。

---

① 马健. 特色文化产业发展的误区与应对［EB/OL］.［2012－9－23］. http://finance. ce. cn/jade/gdxw/201509/23/t20150923_6562236. shtml.

五、重视千篇一律的规模效益，忽视个性特征的产品供给

传统意义上的文化产业过于强调文化产品的可复制和商品化推广，是文化与经济的双向融合，但特色文化产业不能只是对文化产品的简单复制，它更强调运用文化艺术创造性推动经济的新兴理念和经济实践。当前，武陵山区部分地区的手工技艺陷入了规模效益的误区，有些纯手工技艺被植入了机械生产，用规模化的、流水线的方式代替个性化生产。这种生产方式，产量大、盈利能力强，因此在短期内产生了很好的经济效益，但从长远来看，这是一种杀鸡取卵、竭泽而渔的模式。机器生产的高效性、大产量让纯手工艺制作的阵地频频失去。民族民间手工艺品是用手一针一线、一锤一剪做出来的，每件器物倾注无限的心血和智慧，凝聚手艺人对生活的思考，其中有温度、有感情，更有灵魂，拿在手里，觉得格外温暖。手工艺品是个性化产品、是艺术品，如刺绣、蜡染、手工木雕、皮雕、泥塑、陶艺、剪纸等，体现了文化传承，是心灵的产物，量少而珍贵。近年来，武陵山区的民间艺人在大幅度减少，留守下来的匠人们并没有享受到产品开发带来的红利，与"外出打工"相比，收入差距较大。由此导致很多手工艺传承人转型。在此背景下，国家通过财政拨款，对文化遗产传承人进行保护，鼓励其文化传承。据统计，① 自2006年起到2014年，中央财政累计投入35.14亿元用于非遗保护，其中30.4亿元对地方开展1372个国家级非遗项目、1986名国家级代表性传承人、18个国家级文化生态保护实验区的保护工作予以支持。截至2013年底，各省共公布了9647项省级非遗项目，认定了7713名省级项目代表性传承人，并通过省级财政予以不同程度的经费支持。在国家大力扶持下，近年来，武陵山区民间工艺传承有所改观，但从产业发展来看，市场份额还偏少，产值不高。尤为重要的是，一些小作坊，小微企业都从规模化方面做文章，忽略了文化产品需求个性化的特征，忽略了消费者对文化产品的审美价值、收藏价值、纪念价值方面的需求。

特色文化产业既要遵循经济规律，又要讲究文化艺术规律，经济规律强调规模效应和边际成本递减，但文化艺术规律强调个性化和差异性的产品。特色文化产业需要突破传统的产业发展模式，跳出规模经济的范式，以满足个性需求为突破口，采用定制生产、订单生产、差异化生产，只有这样，特色文化产业才能真正实现特色，产业扶贫才能实现可持续发力。

---

① 周玮. 中央财政9年累计投入35.14亿元用于非遗保护 [EB/OL]. [2015-01-23]. http：//politics. people. com. cn/n/2015/0123/c70731-26440073. html.

第七章

对 策 建 议

特色文化产业扶贫是一项系统性的工程，需要政府、企业、贫困群体、社会力量等各方努力。归纳起来，制度建设是产业扶贫的根本，遵循特色文化产品的需求规律是产业扶贫的基础，供给侧改革是产业扶贫的动力。

第一节　加强特色文化产业扶贫的制度建设，以资源优化促扶贫

特色文化产业扶贫的落脚点是贫困群体，特色文化中小企业和精英人才是扶贫的中干力量。因此，不论是人才培训、财税减免、金融支持、土地政策，还是贸易政策都应围绕这两个核心群体展开。

一、制订合理的人才培训计划，实现不离家门就业扶贫

特色文化产业的人才培养对象主要有两类，经验管理人才和工艺匠人的技能培训。经营管理人才的培训方面，政府和企业应协作发力，共同设立创意和管理人才培训专项资金，定期组织骨干成员进行文化创意设计、经营管理、现代传播、市场营销、技术创新等方面的专项培训，提高从业人员的专业素质。并通过与武陵山区内的高校如吉首大学、长江师范学院、湖北民族学院、怀化学院、铜仁学院等紧密合作，在高校组织培训班，对企业骨干人员进行定期培训，增强文化企业骨干人员的专业知识，培养企业家和精英人才，只有特色文化企业多起来，精英人才强起来，特色文化产业经营活跃旺起来，贫困群体才能更好地参与到特色文化产业的生产经营过程中去，实现家门口就业，摆脱贫困。工艺匠人的技能培训方面，需建立系统性的培训计划。一是由政府职能部门组织，从文化遗产传承保护角度展开培训，提升非物质文化遗产传承人的技能素质和传播能力。2015 年，为了满足非遗传承的现实需要，促进非遗的可持续发展，根据《保护

非物质文化遗产公约》《中华人民共和国非物质文化遗产法》《国务院办公厅关于加强我国非物质文化遗产保护工作的意见》中关于非遗保护的具体要求，文化部、教育部实施了中国非遗传承人群研修研习培训计划。培训计划所需资金由国家非物质文化遗产保护专项经费统一拨付，以中央转移地方支付方式下达各省级文化行政部门。各省级文化行政部门根据财政部、文化部下达的经费使用指标，按照工作进展情况，分批拨付给本地区培训计划参与的高校使用。目前全国已有57所高校先后参与，举办研修、研习、培训180余期，加上相关延伸培训，培训学员近万人次，涉及纺染织绣、陶瓷烧造、金属工艺、雕刻塑作、漆艺、建筑营造、编织扎制、家具木作、工艺绘画、服饰制作、造纸和笔墨砚制作、印刷等传统工艺项目。在各地文化、教育行政部门的积极响应和有序组织下，参与高校根据地域文化特点和专业优势设计培训内容。目前来讲，该计划取得了一定成效，但总体上仍处于探索阶段，下一步应进一步整合中职、高职力量，延伸培训范围。二是企业协会组织实践培训。民间工艺技艺的培训不同于一般知识的学习，在课堂上的理论学习是不够的，因此企业协会应组织在职员工、工艺匠人等开展实践教学培训和"干中学"训练，提高职工的技能熟练程度和文化创新能力。以湘西土家织锦为例，土家织锦的工艺原始而复杂。传统的挑织方法，使经纬线浮沉均匀，结实耐用，光泽持久不败。土家织锦使用古老的纯木质腰式斜织机织造，其技艺流程主要由纺捻线、染色、倒线、牵线、装筘、滚线、捡综、翻篙、捡花、捆杆上机、织布、挑织12道工序组成，另以"反织法"挑织成图案花纹，土家织锦是土家历史文化的沉淀物，具有浓郁的生活气息及鲜明的民族特点，主要表现在题材的选用、纹式风格、色彩运用等方面，但土家织锦工艺不仅仅只是文化传承，也是一个文化创新的过程。首先是图案纹样富于变化，有月亮、猴掌、寿字、泽罗里、苏匹、扎土盖、藤藤花等多种图案组合；其次是装饰纹样风格多样，有原始的几何纹、汉代的云气纹、六朝的莲花、唐代的牡丹、元代的松竹梅、明代的串枝莲等各历史时期的典型图案纹路；最后是图案的色彩鲜明多变，有一首三字歌诀唱道："黑配白，哪里得。红配绿，选不出。蓝配黄，放光芒"。因此，土家织锦的企业、民间作坊也在不断地创新图案、花纹和色彩，在传承过程中不断地创新和发展。只有通过培训学习，公司员工才能做到与时俱进，创造性传承。三是组织贫困群体学习和培训工艺技能。让贫困群体脱贫是特色产业扶贫的落脚点，企业有了，产业兴了，关键还要看贫困群体能否就业和创业，因此，组织贫困群体学习地方特色的工艺技艺，学会一技之长非常重要。可以由乡村基层进行摸底，组织具有培训价值的贫困群众学习培训，并与特色文化企业联系，定点输送员工，或采用松散的订单式生产方式，切实解决贫困问题。

二、制定有效的财税优惠政策，推动精英人才带动扶贫

武陵山区的特色文化产业还属于"小、散、弱"阶段，产值和规模都还在初级阶段。因此，通过财税优惠政策的引导尤为重要。建议从中央到地方，应由财政出资设计特色文化产业发展资金，对符合要求的特色文化企业采取信贷贴息、项目补助、奖励等方式，支持特色文化产业的发展①。制定税收优惠政策，在增值税、营业税、所得税等方面进行减免、先征后返等方式，扶持特色文化产业项目，促进特色文化产业集聚。如有些民族风格的手工艺产品，如土家织锦、蜡染、银饰等，从产品研发到制作出成品的周期相对较长，对于周转资金的需求也相对较高，可以根据具体情况提供贷款和税收减免；对于带有一定探索性和实验性的演艺演出项目，由于市场反应不确定，经营风险难以评估等原因造成融资困难，也可以给予一定的专项资金补助。有些常年由政府主办的文化艺术节想要扩大影响力，需要更多的社会资本，则可以通过灵活多样的财税政策优惠吸引非公有资本投入。在整体宏观经济放缓的背景下，出台有针对性的财税政策不仅有利于调动企业的积极性和能动性，活跃市场、拉动消费，也有助于将社会投资方向逐步吸引到特色文化产业这一低碳、绿色且发展潜力巨大的领域中，从而优化产业结构，转变发展方式。最为关键的是，武陵山区特色文化产业扶贫亟须一个活跃而朝阳的产业业态。目前该地区的特色文化产业发展基本上依靠中小微企业，本土精英人才可以充分发挥扶贫龙头作用，从小作坊做起，带领邻居、乡亲们脱贫致富。通过财税优惠政策可以助推特色文化小微企业一臂之力，促进本土精英人才从小做大，从弱做强，产业扶贫辐射力越来越大。与此同时，财税优惠政策能鼓励"城归"居民返乡创业扶贫。为"城归"居民返乡创业提供宽松的创业环境，避免大企业对本土小企业的"挤出"，促进本土精英带动村民脱贫致富。

三、制定倾斜性金融支持政策，鼓励龙头企业关注扶贫

由于武陵山区特色文化产业规模都比较小，多数还处于家庭作坊式的生产方式，借助金融政策提供产品创意研发能力，促进资源整合，科学合理地扩大生产规模显得很有必要。可以在国家支持小微企业金融政策的框架下，针对特色文化产业进一步优化小额贷款、利率优惠、信贷优先等方面的优惠力度。建议由政府主管部门出面与银行协商，对具有发展前景，扶贫成效显著的中小微企业和项目

---

① 齐勇锋. 中国文化的根基：特色文化产业研究［M］. 北京：光明日报出版社，2014.

给予大力支持。武陵山区民间艺术种类众多，可开发成特色文化产业和产品的文化资源比较散乱。如不加以整合，单一开发某一小类文化资源，难以形成气候，如戏剧歌舞方面，傩戏、花灯戏、阳戏等在武陵山区很多地方流行、派别众多，区域影响力有限。摆手舞、芦笙舞、木鼓舞等在土家族和苗族地区十分流行，但又各有千秋。这种情况下，就需要依靠龙头企业进行整合，借助有效的金融和财政政策支持，以大带小，通过项目合作、收购兼并等方式，实现百家争鸣的发展格局。由于特色文化产品和服务受到消费者审美偏好的影响，因此市场不确定性很难估计，由此导致投资风险也很大。因此，特色文化产业的投融资政策必须加强风险管理。政府要发挥好引导作用，尤其在产业发展初期，政府应通过政策撬动引导金融资本、社会资本优先流向具有发展潜力、具有真正文化审美价值的特色文化产业项目和企业，成为公共文化资源的管理者和"引路者"。政府应加大力度支持龙头企业，并结合扶贫战略，针对入驻企业设计一套扶贫指标体系（如解决本土就业人数、扶贫捐助资金数等），对达到要求的企业加大金融支持力度，如推出中小微文化企业优惠利率政策，增强特色文化产业成长活力。与此同时，政府应充分发挥好行业企业和协会的作用，加强对特色文化项目的评估和审核，对"空手套白狼"、过度包装的项目和企业明察秋毫，防范企业短期行为，坚决打击以套取国家资金为目的的"僵尸"项目和"空壳"企业。

四、制定科学的土地优惠政策，促进土地流转增收扶贫

土地是贫困群体最大的财产，也是当前武陵山区贫困农民廉价的财产。具体原因有以下几点：一是武陵山区农村产权软环境建设滞后致使财产权虚置。通过农村土地确权登记颁证和"三权分置"改革，让农民能够更有保障、更加灵活高效地获取财产性收入。但相对于农民实现土地财产权的迫切愿望，山区农村产权的软环境建设却相对滞后。二是特困山区财产性资源交易平台边缘化。受自然和土地利用条件、区域经济发展水平，以及家庭背景等影响，武陵山区的土地、林权等的流转，仍然以农户间的自发型流转为主，流转交易价格普遍低于各级土地交易平台的最低成交价格。三是特困山区基础设施提升细节不足，拖累农民财产性收入增加。农村道路供给"最后一千米""最后一步路"问题仍然存在。武陵山区农村道路体系中断头路、入户路、人行便桥等细节问题较多，给农户居住生产生活中"最后一步路"的通行造成诸多不便。水、电、气等能源供给设施建设滞后影响农村发展质量，一定数量的村社还存在着饮水困难、时常断电和没有通天然气等情况。这些问题导致武陵山区农村土地廉价而难以流转。在国家"精准扶贫"和"乡村振兴"的战略背景下，可以预期，未来几年里，武陵山区的农

村基础设施建设、可进入性将会大大改观。优美的自然风光、丰厚的特色文化资源，良好的可达性等要素会对外来文化企业、本土文化精英人才、城归创业人才形成强烈的吸引力，通过农村土地流转，贫困群众可以获得一次性的财产性收入，或者持续性的土地租金，实现脱贫致富。但洪流之中必有砂砾，土地优惠政策需要规范而科学的设计。

如在特色文化项目用地审批方面，针对模仿抄袭的项目要谨慎审批用地，针对以圈地为目的，以套取土地优惠政策"挂羊头卖狗肉"的企业和项目要严加审核和监督，凡是对申报特色文化产业项目的用地指标，在后期没有按期实施，或者改作他用的情况，要加大惩罚力度。而对于真正实施的特色文化产业项目，建议在国家土地政策范围内，要在土地出让金、使用权方面出台优惠政策。针对古村落、古建筑、古城镇等历史文化遗产而建设的特色文化旅游项目，要全面科学合理地做好土地规划和原生态建筑规划。对于"无中生有"的仿古性文化旅游项目，要充分调研，科学评估项目风险，处理好与本地群众的关系，合理流转土地，返利于民。要尽量利用好原有建筑遗产，合理地在原有遗产空间中融入新的文化元素，形成新的特色文化魅力，只有这样，才能真正实现项目开发与社区居民的利益共享，实现生产、生活、生态的功能融合。

五、实施文化产品"走出去"战略，加强文化产权返利扶贫

文化产品和服务"走出去"战略，从国际贸易角度来说即中国文化商品的对外输出，从区域贸易角度来讲即武陵特色文化产品和服务走向全国各地。国家贸易层面，武陵山区具有100余项国家非物质文化遗产，有多项世界性非物质文化遗产，这些内容都具有走出国门的潜质。尤其是在表演艺术方面，类型十分丰富。表演艺术因其生产过程和消费过程的同一性而被认为是最典型的文化服务类别。从我国对外文化贸易列表中可清楚地看到，表演艺术在其中占据了极为重要的地位，成为文化服务"走出去"的主要力量①，但从武陵地区特色表演艺术的实际情况来看，应注意以下几个问题：一是注重内容的原创性和本土化。知识经济和创意经济时代只尊崇原创，复制、模仿就必须向原创交纳专利费。因此特色文化产品和服务必须在原创性上下功夫。同时，中国文化产业肩负着全方位向世界展示我国优秀的历史文化与当代文化成果的重任。因此，在传承和弘扬传统文化的同时，应更多地推出题材多样、技法创新、风格新颖、内涵丰富的当代优秀

① 巩玉丽. 谈中国文化产品和服务"走出去"的战略——以表演艺术类为例［J］. 新疆艺术学院学报，2007（9）：83－84.

文化商品，既要让人领略到中国传统文化的永恒魅力，更要让人体会到当代中国文化的深厚底蕴，进而塑造当代中国的新形象。二是注重创精品和树品牌。一个好的文化品牌，首先必须是精品，必须是经过不断打磨，不断完善而成的。只有如此，才能为文化品牌的不断延伸发展留足空间。一个品牌的最终确立是一个不断积累的过程，短则几年，长则需要经过几代人的努力。因此从现在起，就应树立对外文化产品和服务的品牌意识，培养自己的文化品牌，并使越来越多的中国文化品牌早日跨入国际文化品牌之列。三是建立健全文化产业市场运作机制。中国文化产品和服务要"走出去"，市场运作非常重要。首先，要有准确的文化商品出口市场信息；其次，要有准确的出口市场定位；最后，要有广阔的出口贸易渠道。区域贸易角度，可以运用"采蘑菇"战略①，即首先采摘最大的"蘑菇"，设计一批有别于东部文化和大都市文化的原生态、民族性旅游项目，开拓旅游需求最旺盛的珠三角、长三角、京津唐地区旅游市场；其次采摘第二大的"蘑菇"，设计一批历史文化、土司文化、生态文化旅游项目，开拓旅游需求较为旺盛的武汉、长沙、郑州等中部地区旅游市场；最后再向中小城市和本土市场延伸，设计一批乡村休闲旅游项目、农家乐周末旅游激发中小城市游客市场。这种差别性的市场战略有利于发挥武陵地区文化势能的潜力，突出武陵民族特色文化、原生态文化与现代大城市文化的"差异感"。

在文化产品和服务"走出去"过程的同时，应加强返利于民的红利分享。特色文化资源是武陵地区各民族千百年来积累起来的宝贵财富，武陵地区的广大民众是文化的创造者，理所应当享受文化转化所带来的经济红利，这是文化产权赋予的法律权利，也是文化产业扶贫的必然要求。基于此，一是加快文化产权立法，保护特色文化传承地区的居民权益，这是特色文化产业扶贫的最根本、最直接、最有效的方式。二是在文化产权立法的基础上，用特色文化资源以参股方式进入企业股本来保护特色文化地区居民的权益，不论是演艺演出、民族民间工艺技艺，还是实景舞台剧，都应要求相关企业配置文化资源股本红利，部分用于村民分红，部分作为文化传承基金，推动特色文化的保护与产业发展②。

---

① 熊正贤. 文化势能的特征、消散与测算：西部文化旅游视角 [J]. 湖北民族学院学报（哲学社会科学版），2017（3）：64–66.

② 熊正贤. 特色文化产业扶贫的特征分析与绩效问题研究 [J]. 云南民族大学学报（哲学社会科学版），2017（4）：108–115.

第二节 研究特色文化产品扶贫的需求侧规律，以产业红利促减贫

特色文化产业扶贫归结到底还是落在产业的兴衰上，产业兴，就业带动和民间创业就多，扶贫效果自然就好；产业衰，扶贫效果自然就差。而产业发展的决定性因素是需求侧，市场需求把握准确，产业必然兴旺。

一、研究特色文化产品消费群体的区域特征，以靶向营销促产业发展

优秀的营销方式是差异化营销。差异化营销的前提是了解区域人群思维方式、文化艺术、生活习性、行为规范等诸多不同。20 世纪 70 年代，铁路维护人员根据从火车上扔下来的骨头碎屑，可以分辨是哪个省市的人扔下来的。国外在用大数据分析不同地区消费群体的消费特征方面走在了前面，英国《金融时报》发表文章称，美国大多数消费品公司正在运用大数据技术监测消费者的消费动向，甚至关注美国各个地区工资与福利金发放周期的变化。相对于经济衰退之前，如今用食品券购物的人增加了 1 倍，消费模式随之发生了变化。这种区域划分的差异化营销方式尤其适合特色文化产业。

文化产品是一种特殊的消费品，其功能性弱，其审美功能和精神享受功能强。而不同地区的消费群体，在文化偏好和审美方面存在较大差别。武陵山区地处渝湘黔鄂四省市交界地带，历史上属于巴文化和楚文化交界地带，属于土家族和苗族等民族的主要集聚区，其文化特色主要是山地丘陵文化、民族文化和土司文化。与西部及周边的文化圈有区别，如西北的河套文化板块地域上以黄河中游为中心，覆盖内蒙古的鄂尔多斯、土默川平原和巴彦淖尔，宁夏北部广大区域，以"长城文化"和历史文化见长，以多民族汇集文化为主要特征；秦陇文化板块，地域上它主要包括陕西和甘肃地区，以古都文化和红色文化见长，历史上西安是 14 个王朝建都之地，甘肃的敦煌遗书和汉代简牍堪称我国文化考古奇观；西域文化板块，地域上主要指新疆及周边地区，以"丝绸之路"文化和宗教文化见长；巴蜀文化板块，地域上包括重庆、四川及周边地区，以农耕文化和饮食文化见长，同时它也是三国文化的发源地；内蒙古文化板块，地域上包括内蒙古草原，文化特色主要体现在草原文化和歌舞文化两方面；滇黔桂文化板块，地域上包括云南、贵州和广西等地区，其文化特色主要是山地农耕文化和多民族杂居文化；西藏文化板块，地域上主要包括西藏和四川、青海和甘肃藏区。西藏文化的

主要特征是高原文化及其衍生文化，它以藏族文化为代表，以藏传佛教文化颇具影响①。

武陵山区在特色文化产品输出时，应注重四个方面的问题，以靶向营销促产业发展。一是国外市场，可以借助"一带一路"倡议，向"一带一路"沿线国家输出"武陵山区茶旅文化之旅""武陵土司文化之旅""红军遗址之旅"等精品旅游线路，吸引国际游客到武陵山区消费旅游、度假休闲；二是针对武汉、重庆、贵阳、长沙等周边大都市游客，集中输出休闲养老、高山避暑等文旅项目；三是针对北京、上海、广东等东部沿海城市消费者，注重输出民族特色工艺产品、演艺产品、原生态的绿色食品、吊脚楼民俗旅游等项目，针对内蒙古、新疆、云南等少数民族地区的消费者，输出民族歌舞、演艺等表演性的项目；四是针对武陵山区内部市场的开拓，可以输出农家乐、自驾游、动车沿线之旅等项目。

二、研究特色文化产品消费群体的知识特征，以精准定位促产品销售

知识结构与文化因素主要由文化教育水平与职业、习惯风俗、宗教信仰等因素构成，消费群体的知识结构和文化环境与产品销售模式有着密切联系。教育程度的高低、职业的差别，都会使消费者产生不同的消费需求、消费观念和消费特点，文化程度较高的消费者和教育普及程度高的地区对文化市场需求较大，购买商品的行为也较慎重。工人、农民购物较注重商品的品质，而知识分子则较强调商品的外观与艺术性等。从事市场推销而不了解推销地区的风俗习惯和推销对象的宗教信仰是推销工作的大忌。风俗习惯的差异、宗教信仰的不同，直接导致消费需求、消费观念的不同。常常在此地畅销的商品，在彼地却滞销，其原因往往就是风俗习惯或宗教信仰的不同所致。随着人类文明的进步，文化环境也处在不断发展变化之中，与文化活动有关的消费需求在整个消费需求中所占比例将会越来越大。

文化产品的消费具有知识传递和学习的功能，如历史文化遗址遗迹旅游开发，其核心是讲好故事，因此懂历史，具有一定的历史知识的人群会更有兴趣前往消费，并乐在其中。又如民族民间戏曲、歌舞的产品开发，其核心是原汁原味和地方特色，而具有一定戏曲欣赏水平的消费者会更感兴趣，特色演艺项目的欣

---

① 熊正贤.西部地区文化资源的分布特征、利用原则与开发秩序研究［J］.西南民族大学学报（人文社会科学版），2013（7）：151－152.

赏也需要一定文艺基础和地方性知识。而民族民间杂技、饮食、服饰、手工技艺等特色文化产品，对消费的知识要求要低一些。基于此，武陵山区特色文化产品开发因根据消费群体的知识结构，精准定位进行促销。如针对武陵山区的两处世界文化遗产：唐崖土司和老司城的旅游开发，则要定位在懂历史、懂考古的知识分子群体方面，重点推销对象是高校师生、中学老师、大学生以上学历的消费群体。而针对傩戏、花灯戏等地方性戏曲的项目，重点推销对象是艺术类专家学者、大中专艺术类学生和艺术类爱好者群体。而针对土家织锦、蜡染、刺绣等民族民间工艺类产品，重点推销对象是中高档消费市场、专卖店，而不宜在一般农民市场上销售。而针对民族医药、饮食等产品项目，则适合在知识层次较低的消费群体类推销。

三、研究特色文化产品消费群体的性别特征，以精确瞄准促企业发展

男性与女性消费者在消费心理上是存在较大差别的，男性消费者更喜欢购买耐用型消费品，注重品质，女性更喜欢购买时尚型消费品，注重漂亮美观；男性消费者对产品的价格不太敏感，而女性消费者对产品价格比较敏感，一有折扣就比较容易冲动；男性更喜欢购买实用性消费品，女性更喜欢购买能外在展现的消费品；女生"宅"的性格特性使得她们更愿意把更多的时间和精力花在网购上，去淘到物美价廉的商品，而偏重男生则更愿意把时间花在"必须品"上，即在现实生活中确实需要某件物品时才会选择网购行为。基于这些特点，特色文化产品的销售应精准捕捉这些特点，有针对性地销售。一是有针对性地搭建销售平台。针对男生相较于女生更理性的特点，商家在搭建网购平台时，对于面向以女生为主要客户则应增加一些折扣的宣传信息，美化广告的视觉效果，提高商品的物流速度，对于女性为主要消费群体的网购平台最好搭建有买卖双方的交流沟通平台。而对于以男生为主要客户群来说，更多是要加大产品品质宣传，对于商品类型中比较稀缺或性价比较高的商品多做宣传，在平台中留有评论性栏目，让男生购买者在购买前能够看到其他客户的评论内容。二是有针对性的促销策略。女性的大脑思维模式是从"表象思维—多任务导向—本能反应—社交和口才—担忧/换位思考"，而男性的大脑会优先思考"具象思维—结果导向—逻辑的解决方案—竞争/防卫"。因此，对于不同消费群体的广告宣传的促销策略应该有所侧重：对于目标受众为女性时，促销广告应该使用一些创意元素和风格来响应女性大脑的思维方式。例如，运用以情感为基础的视觉意象，要比依靠有利于她的事实和数据更能有效地吸引女性关注。同时需要保持可信度，不要使用明显的广告

信息如"就要到期啦"或"马上拨打电话",女性更欣赏和接纳细节的表现。由于女性大脑的思维倾向于交际的和谐,所以传递的信息不应该关注在冲突上。当营销活动对准男性群体时,应该用积极的语句快速、明确地直入主题。男性更关注专门为自己设计的产品,他们是强迫性的购物者,所以可以考虑把广告信息设立在结账出口处,并在售卖点上打上节约成本的旗号。三是有针对性的价格策略。从前面关于男女对于价格敏感的分析结果来看,女性要比男性对于商品的价格更加敏感,精打细算的心理使他们更喜欢物美价廉的商品,而男性则更多看重的是商品的价值,对于自己看重的商品往往并不太在意其价格①。因此,在营销过程当中,对于以女性消费为主的商品要在现金折扣、打折优惠方面加大营销模式,创新营销手段,将价格的宣传信息尽可能多地传递给女性消费者;而对于男性消费者为主要宣传对象的商品,应该更加突出产品的性能宣传。

四、研究特色文化产品消费群体的年龄特征,以精细对接促业态培育

不同年龄的消费群体,其消费心理和消费偏好是不同的。如少年客户好奇心强,青年客户购买欲望强,中老年客户较为理智忠诚。面对这些消费者时,要区别对待。少年客户消费群体好奇心强,喜欢和成年人相比,购买行为逐渐趋向稳定,开始显现出一定的购买倾向性。逐渐由受家庭影响转变为受社会影响,并乐于接受社会影响。青年客户消费群体内心丰富、敏锐、富于幻想、勇于创新,敢于冲破旧的传统观念与世俗偏见,易于接受新鲜事物,追随时代潮流。他们的购买行为趋向求新求美,喜欢购买富有时代特色的商品,展现其现代化的生活方式,以博得他人的赞许和羡慕。青年人的消费心理特征一方面表现出果断迅速、反应灵敏,另一方面也表现出感情冲动、草率从事。因此其购买动机具有明显的冲动性特点。首先,讲究商品美观、新异;其次,才注意质量、价格,而不能冷静地分析商品的各种利弊因素,许多人凭着对商品的感情与直觉判断商品的好坏、优劣,形成对商品的好恶倾向。因此,动机的随机性、波动性较大。因此,销售员需要尽力向他们介绍新商品,具备社会流行性的某一商品,都会引起他们极大的兴趣和购买欲望,购买动机也会随之形成。中老年人消费群体视觉、听觉、味觉、嗅觉、触觉等能力较年轻时明显下降,反应迟缓,记忆力减退,睡眠减少,对冷暖等外界刺激较为敏感,容易疲劳、厌倦等,这使得他们对消费品的需求,从范围广泛、品种繁多逐渐集中到他们最需要、最感兴趣的商品上。而这

---

① 徐薇薇. 网购行为性别差异及营销策略 [J]. 中国外资, 2013 (12): 98 – 99.

些商品主要是能够弥补老人身体方面的某些缺陷与不足，有助于老人身体健康，给老人的生活带来更多的方便与舒适的各种商品。如有营养、易消化的食品，各种滋补品，以及各种消遣性的商品。购买动机形成与否常取决于这些商品给他们带来的方便与舒适的程度。大多数中老年人一方面习惯了节俭的生活，另一方面也必须保持部分积蓄以备不时之需，所以，有时消费欲望并不十分强烈。同时，由于中老年人见多识广，不会因为一时的冲动而做出购买决定，所以较难说服。遇到这样的老年客户，销售员必须要清楚，他们的年龄不是影响购买的主要因素，能否满足需求才是根本的原因。因此，在武陵特色文化产品和服务的销售策略上，应着重瞄准中青年消费群体，从消费者的"求奇""求异"心理出发，不断推出文化创意产品。

第三节 探索特色文化产业扶贫的供给侧规律，以品质建设促脱贫

一、加强文化产业的基础设施，增强文化产品的供给质量

特色文化产业的繁荣发展离不开活跃的文化消费市场，而文化产业消费市场需要固定的场所，场所的好坏影响市场发展规模和品质。一是鼓励有条件的地区，积极争取中央财政拨款或专项资金，由政府主导、民众参与、社会资本共同规划建设特色文化产品交易市场和文化基础设施，为产品生产、流通创造有利条件。如对特色民居、苗寨、侗寨等风貌进行适当改造，重点突出武陵杆栏建筑特色，继承和传习本地特有的地方性民居建筑风格，营造良好的文旅产业发展环境和招商引资环境。如可以在民族特色村寨内建设文创商品街、民族服饰街、特色饮食街、民间手工艺品和古玩街等。也可以在交通便利的县城建设特色文创产品交易市场，形成3~5个武陵地区特色文创产品的集散地。二是鼓励有条件的地区建设特色文化产业集聚区或园区，促进生产要素集聚和企业集群出现。目前武陵地区缺乏以特色文化产品生产和流通为目的的产业园区，导致很多地方的特色手工艺品、文创产品生产分散，流通零散，缺乏对外的窗口。因此，可以选择吉首、张家界、怀化、黔江、恩施、铜仁等中等城市建立特色文化产业园，汇集各类文化企业，催生特色文化产业集聚的形成。三是夯实特色文化产业发展的群众基础。一切文化都是人民创造的，广大人民是一切文化的根。加强大众化的文化基础设施建设，完善其功能，管理科学化，让它更便捷地服务于广大民众。建设带有地域特色的文化馆、博物馆、演艺中心等项目，完善现有的综合文体设施和

一批文化广场，为推进文化产业发展奠定坚实的物质基础和群众基础。

二、畅通公共服务平台的建设，加强文化渲染和价值传递

为支持特色文化产业健康、快速发展，建议从中央到地方的政府主管部门，按照建立公共服务型政府的要求，为产业发展提供综合性的公共服务，推动管理理念向服务理念转变。一是加强工商管理服务。各地工商管理部门应为特色文化产业发展开辟绿色通道，简化手续，缩短时间，提高效率，为特色文化产业企业提供更便捷的优质服务。二是加强信息服务。建议政府主管部门开设特色文化产业公共信息平台，为我国特色文化产业的招商、交流、推广、流通、营销打造全面交流的服务平台。目前，武陵山区的文化产业信息平台不多，能真真实实地促进地区特色文化产业融资、招商的多功能性平台更少。如一些地方举办特色文化演出节目、手工艺设计比赛、大型民族歌舞表演等，但缺乏后续的开发实体参与。三是增强营销推广服务。政府主管部门、行业协会应加强组织、推动特色文化产业博览会、特色文化产品展销会，为特色文化产品交流、展示、推广、交易提供平台。鼓励区域类各类特色文化企业参加国际性或全国性的推介会、文博会、招商会，并给予一定的资金补贴。通过特色文化产业的专题纪录片、工艺广告片、创意文化节、影视节等方式参与国际国内文化交流活动，加大文化传播力。四是通过综艺节目、微电影、微信公众号等方式传播本土的特色文化资源，加强区域特色文化的渲染，政府鼓励本地的能工巧匠、民间艺人等参加全国性的表演，推广本土文化价值，为后续的文化产品设计做好铺垫。

三、走内涵发展和个性化道路，形成差异化供给运行体系

当前武陵山区各类文旅开发项目千篇一律现象不少；文旅商品、文创产品规模化生产，同质化现象存在，类似的文旅产品在多个旅游景区销售，走产品个性化设计和产业内涵式发展才是武陵地区特色文化产业的最终出路。一是提高乡村旅游开发门槛，走内涵式发展方式。国家层面提出到 2020 年，全国乡村旅游扶贫计划数是 1 万个，但事实上全国各地乡村旅游开发数早已超过 10 万个，武陵地区实施乡村旅游的乡镇和特色村寨超过了 1000 个。如此高密度、运动化的乡村旅游开发方式不利于乡村旅游的健康发展。因此，应提高乡村旅游开发门槛，避免"户户生火、家家冒烟"的粗放式发展方式。比如，从制度层面要求有地市级以上文化遗产、自然遗产，或其他同级别的旅游资源，方可实施大型的乡村旅游项目。此外，正在实施的乡村旅游项目，要严把关，从生态环境、经济效益、

扶贫效果等方面进行全面普查评价，及时淘汰一部分落后的乡村旅游点，从供给侧角度提升旅游产品的品质与内涵。二是文创产品的供给个性化设计，充分体现地域文化内涵，功能性产品加强文化融入，如在手机扣、提包、饰品等实用性物件上绣上本土文化符号，刻上民族文化元素，彰显纪念意义。在观赏性、纯纪念性的文旅创意产品方面切记规模化生产，应加强差异化供给。可以根据景区旅游商品需要实施订单生产方式，定量生产，形成一定的饥饿营销效果。三是形成特色文化产品层次化供给体系。针对高端消费群体，供给上一对一设计与生产，生产特色文化极品，助推区域名牌的形成；针对中高端消费群体，供给上高标准设计与生产，生产特色文化精品，培育良好口碑；针对大众消费者，供给上规范化设计与生产，将文化性与适用性有机融合。

参 考 文 献

［1］龙良文．产业扶贫是脱贫的必由之路［J］．中国扶贫，2016（24）．

［2］胡振光，向德平．参与式治理视角下产业扶贫的发展瓶颈及完善路径［J］．学习与实践，2014（4）．

［3］李云，张永亮．大湘西地区文化产业扶贫探讨［J］．民族论坛，2013（11）：48 –49．

［4］周建军，张爱民．论特色文化产业的内涵和发展途径［J］．社会科学研究，2010（6）：119．

［5］齐勇锋，吴莉．特色文化产业发展研究［J］．中国特色社会主义研究，2013（5）：90．

［6］姜长宝．区域特色文化产业集聚发展的制约因素及对策［J］．特区经济，2009（9）：218 –220．

［7］李树启．面向文化复兴的民族特色文化产业建设：路径与策略［J］．中国浦东干部学院学报，2012（6）：87 –89．

［8］纪明辉．关于吉林省特色文化产业的调查与思考［J］．吉林工程技术师范学院学报，2013（4）：31 –33．

［9］李炎，王佳．文化需求与特色文化产业发展［J］．学习与探索，2012（1）：22．

［10］李建柱．论区域特色文化产业发展的困境与对策——以吉林省为例［J］．延边大学学报（社会科学版），2013（5）：118 –120．

［11］熊正贤，吴黎围．我国特色文化产业研究综述与展望［J］．中华文化论坛，2015（6）：101 –107．

［12］周建军，张爱民．论特色文化产业的内涵和发展途径［J］．社会科学研究，2010（6）：119．

［13］杨敏芝．地方文化产业与地域活化互动模式研究［D］．台北：台北大学博士学位论文，2002：69．

［14］齐勇锋．中国文化的根基：特色文化产业研究［M］．北京：光明日报出版社，2014．

[15] 云南大学国家文化产业研究中心. 中国特色文化产业培育与设计规划研究 [A]. 文化部文化产业司. 国家文化产业课题研究报告 [M]. 云南：云南大学出版社，2011.

[16] 聂爱文. 民族民间传统工艺的特点 [J]. 广西民族学院学报（自然科学版），2002（8）：55 – 56.

[17] 王攀. 用户至上：体验式文化产业特征与发展策略研究 [D]. 南宁：广西大学，2016（6）：12 – 16.

[18] [英] 贝拉·迪克斯，冯悦译. 被展示的文化——当代可参观性的生产 [M]. 北京：北京大学出版社，2012.

[19] 马骋，吴桥. 艺术品市场与集群发展——从文化资源到文化产业 [M]. 上海：上海人民出版社，2013.

[20] 王秀伟，汤书昆. 文化授权：地方特色文化产业发展的模式选择——以中国宣纸集团宣纸文化产业为例 [J]. 同济大学学报（社会科学版），2016（1）：61 – 62.

[21] 施永红. 产业融合理论视角下长三角文化产业发展研究 [J]. 上海师范大学硕士学位论文，2010.

[22] 胡振光，向德平. 参与式治理视角下产业扶贫的发展瓶颈及完善路径 [J]. 学习与实践，2014（4）：99 – 100.

[23] 尹利民，赵珂. 产业扶贫的确定性与不确定性——基于产业扶贫政策的一项效果分析 [J]. 南昌大学学报（人文社会科学版），2017（4）：63 – 68.

[24] 林毅夫. 新结构经济学：反思经济发展与政策的理论框架 [M]. 北京：北京大学出版社，2012.

[25] 徐翔，刘尔思. 产业扶贫融资模式创新研究 [J]. 经济纵横，2011（7）：85 – 88.

[26] 吕国范. 发达国家资源产业扶贫的模式及经验启示 [J]. 商业时代，2014（29）：120 – 121.

[27] 张慧君. 赣南苏区产业扶贫的"新结构经济学"思考 [J]. 经济研究参考，2013（33）：65 – 72.

[28] 李志萌，张宜红. 革命老区产业扶贫模式、存在问题及破解路径——以赣南老区为例 [J]. 江西社会科学，2016（7）：61 – 67.

[29] 申红兴. 构建青海藏区产业扶贫动力机制研究 [J]. 宁夏社会科学，2014（4）：54 – 59.

[30] 黄承伟，周晶. 减贫与生态耦合目标下的产业扶贫模式探索——贵州省石漠化片区草场畜牧业案例研究 [J]. 贵州社会科学，2016（2）：22 – 25.

[31] 许汉泽，李小云．精准扶贫背景下农村产业扶贫的实践困境——对华北李村产业扶贫项目的考察 [J]．西北农林科技大学学报（社会科学版），2017（1）：9－16．

[32] 郭利芳．攀西民族地区资源型产业扶贫研究 [J]．技术经济与管理研究，2011（11）：125－128．

[33] 张亚男．乌蒙山民族走廊产业性贫困与产业扶贫研究 [D]．武汉：中南民族大学，2013．

[34] 李文敏．云南藏区在全面建成小康社会目标中农业产业扶贫的困境及对策研究 [D]．昆明：云南大学，2016．

[35] 谭健星．武陵山片区产业扶贫开发现状调查研究——以清太坪镇"150"模式生猪养殖为例 [D]．兰州：西北民族大学，2014．

[36] 张琰飞，朱海英．武陵山片区的人类贫困与基本公共服务均等化 [A]．游俊，冷志明，丁建军．中国连片特困区发展报告（2013）"武陵山片区多维减贫与自我发展能力构建"[M]．北京：社会科学文献出版社，2013（3）：119．

[37] 李峰，周信君．武陵山片区的信息贫困与信息扶贫 [A]．游俊，冷志明，丁建军．中国连片特困区发展报告（2013）"武陵山片区多维减贫与自我发展能力构建"[M]．北京：社会科学文献出版社，2013（3）：150．

[38] 杨瑾，刘杰书，祝建波．武陵山片区民族医药产业化发展的思考——以土家医药为例 [J]．中国集体经济，2014（10）：36．

[39] 熊正贤．文化势能与西部地区文化产业发展研究 [M]．北京：经济科学出版社，2015．

[40] 邹梅．武陵山片区民族民间工艺美术类型及其特点 [J]．怀化学院学报，2015（7）：88－89．

[41] Rui Benfica, David Tschirley, Liria Sambo, Agro-industry and smallholder agriculture: institutional arrangements and rural poverty reduction in mozambique. *Food Security Collaborative Policy Briefs*, 2002 (10), No. 33E.

[42] Joachim Ewert, Jeffrey Henderson, How globalization and competition policy inhibit poverty reduction: the case of the south African wine industry. Paper presented to the 3rd International Conference of the Centre for Competition and Regulation, Cape Town, September 7th－9th, 2004.

[43] Wayan R. Sulila, Contribution of oil palm industry to economic growth and poverty alleviation in Indonesia. Journal Litbang Pertanian, 2004, 23 (3).

[44] Cyriaque Hakizimana, Julian May, Agriculture and poverty reduction: A critical assessment of the economic impact of the avocado industry on smallholder farm-

ers in Giheta – Burundi, published by the School of Development Studies, University of KwaZulu – Nata, 2011.

[45] Andrew Holden, *Tourism, Poverty and Development.* Routledge, 2013: 200 – 216.

[46] Harold Goodwin, The Council for Community and Economic Research Executive summary [J]. *Applied Research in Economic Development*, 2008, 5: 103 – 112.

[47] Fariborz, Tourism industry for poverty reduction in Iran. *Aref, African Journal of Business Management*, 2011, 5 (11): 4191 – 4195.

[48] Edwards, Meghan E. , Crafting culture: artisan cooperatives in Oaxaca, Mexico. UC San Diego Electronic Theses and Dissertations, M. A, UC San Diego, 2009 (1): 95 – 100.

后　记

　　2015年，本书选题确定以后，作者个人或组队深入武陵山区40多个区县调研10余次，深入了解武陵山区特色演艺、特色工艺、特色文化体验等多种特色文化产业类型，问卷调查和深度访谈200多人，涉及政府官员、企业管理者、本土居民、外来务工者等多个群体。在调研过程中，吉首大学尚道文、谢正发等同志给予了大力支持和真诚的帮助。

　　本书从选题、构思、搜集资料、写作、修改润色到最后定稿，感谢西南大学王志章教授给予了悉心指导和帮助；感谢长江师范学院领导们的关怀、关心和帮助，给我们提供了调研和写作之便；感谢长江师范学院武陵山区特色资源开发与利用研究中心、长江师范学院武陵山片区绿色发展协同创新中心为我们的写作提供了平台和优越的工作学习环境，让我们心无杂念，专心写作。

　　由于本人能力所限，知识积累和实践经验不足，写作过程中难免会出现纰漏，甚至错误，恳请各位学界同仁批评指正。

熊正贤　吴黎围

2018年11月21日